中华人民共和国海船船员适任评估教材

交通运输类"十四五"创新教材

符合《海船船员适任评估规范（2024版）》评估要求

U0771134

航海实操评估Ⅴ

——航海仪器的使用、
雷达操作与应用

Ⓜ 中国海事服务中心　组织编写

大连海事大学出版社
DALIAN MARITIME UNIVERSITY PRESS

ⓒ中国海事服务中心　2025

图书在版编目(CIP)数据

航海实操评估. Ⅴ, 航海仪器的使用、雷达操作与应
用 / 中国海事服务中心组织编写. — 大连：大连海事
大学出版社, 2025.6. — (中华人民共和国海船船员适
任评估教材). — ISBN 978-7-5632-4742-4

Ⅰ. U675；U666.15；U665.22

中国国家版本馆 CIP 数据核字第 2025YR5633 号

大连海事大学出版社出版

地址：大连市黄浦路523号　邮编：116026　电话：0411-84729665(营销部)　84729480(总编室)

http://press.dlmu.edu.cn　E-mail：dmupress@ dlmu.edu.cn

大连天骄彩色印刷有限公司印装　　　　　　大连海事大学出版社发行

2025 年 6 月第 1 版　　　　　　　　　　2025 年 6 月第 1 次印刷

幅面尺寸：184 mm×260 mm　　字数：406 千　　　　印张：16.25

出版人：余锡荣

策　　划：李明阳　　　　　　　　　　　　组　　稿：沈荣欣

责任编辑：杨　洋　　　　　　　　　　　　责任校对：陶月初

封面设计：张爱妮　　　　　　　　　　　　版式设计：张爱妮

ISBN 978-7-5632-4742-4　　　定价：60.00 元

中华人民共和国海船船员适任评估教材

编审委员会

主　　任：单红军

委　　员：(按姓氏笔画排序)

于忠武　　王　勇　　万　健　　吴中平　　吴丽华　　施祝斌

唐强荣　　温华兵　　曾庆成

审定委员会

主　　任：单红军

委　　员：(按姓氏笔画排序)

马洪涛　　王平义　　王明春　　王　琪　　吕　明　　刘金华

刘锦辉　　闫松银　　李忆星　　李　丽　　李明月　　杨甲奇

肖亚明　　何江华　　张庆宇　　张守波　　陈东水　　陈常晖

周明顺　　黄江昆　　景向伟

编写委员会

主　　任：曾庆成

执行主任：王　勇　　余锡荣　　张玉波

副 主 任：(按姓氏笔画排序)

王方金　　王希行　　方　诚　　邓　华　　邓志华　　叶晓飞

代勇刚　　曲　涛　　朱永祥　　朱耀辉　　刘月鹏　　刘世伟

刘志军	刘克忠	刘宗正	刘宪珍	许　亮	孙长飞
李先强	李江华	李　志	李明阳	李　颖	李　翼
杨神化	吴晓赟	何　毅	汪益兵	张世峰	张芳亮
张秀霞	张洪朋	张　洋	张　强	邵国余	范　鑫
林杰民	林珊仟	周欣花	郑学贵	俞万能	俞文胜
贾宝柱	徐言民	徐　攀	郭文波	郭　敏	唐　锋
黄党和	盛进路	隋江华	彭周华	董远志	蒋庆伟
程文阁	曾冬苟	曾志伟	黎冬楼	薛丛华	魏　安

委　　员：(按姓氏笔画排序)

王立军	王建军	王　勇	王乃璋	王维伟	韦国栋
方　力	卢艳民	田学军	付乾坤	冯海龙	宁　波
吕二广	吕建明	朱永强	刘长青	刘沁源	刘新亮
关长辉	江建华	许志彬	许媛媛	苌占星	李连博
李继凯	李道科	李富玺	杨双齐	杨　林	杨　栋
吴叶平	沈荣欣	张一久	张　华	张远强	张　明
张春阳	张选军	张　磊	陆宝成	陈永利	陈丽芬
陈维军	武　斌	林　郁	岳现杰	金建元	念　静
周娅琼	宗永刚	赵志强	赵俊豪	赵贵竹	郝振钧
胡贤民	柯洋洋	姜广丰	夏　楷	奚　瑞	高世有
高　颖	高增云	席建龙	唐德才	黄　华	黄兴旺
阎　义	蒋　龙	韩晓春	温清洪	赖云灵	赖　强
雷绍权	裴景涛	戴　武			

前　言

作为全球贸易主动脉的海洋运输,承载着90%以上的国际货物流动,在世界经济格局中发挥着举足轻重的作用。海船船员是全球航运体系的核心,其专业素养与适任能力直接决定着全球海上物流链的安全畅通与运营效能。在智能船舶技术日新月异、新能源装备迭代升级、自动化系统深度应用的当代航运变革中,国际公约和国内海事管理法规亦呈现动态演进态势,这些深刻变化对海船船员的知识架构、技术应用与应急处置能力提出了前所未有的高标准。

为精准对标高素质船员培养标准,打造与世界一流海运强国相匹配的船员队伍,交通运输部海事局颁布了《海船船员适任评估规范(2024 版)》,并于2025 年4 月1 日正式实施。此规范旨在通过科学、系统的评估体系,确保船员具备与岗位相匹配的专业技能与素质。鉴于这一重要背景,中国海事服务中心积极响应行业需求,凝聚行业专家智慧,组织编写了这套《中华人民共和国海船船员适任评估教材》。该系列教材严格遵循评估规范要求,结构严谨,重点突出,实用性强,既为船员备考提供精准指导,又着力于培训过程中对船员实操技能与复杂场景处置能力的强化,切实提升船员的岗位胜任能力。

本套评估教材分为航海、轮机、电子电气三大专业,共 16 册。

航海专业包括:《航海实操评估Ⅰ——船舶操纵、避碰与驾驶台资源管理》《航海实操评估Ⅱ——航次计划、气象传真图分析》《航海实操评估Ⅲ——货物积载与系固》《航海实操评估Ⅳ——航线设计、电子海图显示与信息系统》《航海实操评估Ⅴ——航海仪器的使用、雷达操作与应用》《航海实操评估Ⅵ——GMDSS 设备操作》《航海实操评估Ⅶ——水手工艺、水手值班》;

轮机专业包括:《轮机实操评估Ⅰ——轮机模拟器、动力装置测试分析与操作》《轮机实操评估Ⅱ——机舱资源管理》《轮机实操评估Ⅲ——动力设备拆装》《轮机实操评估Ⅳ——电气与自动控制》《轮机实操评估Ⅴ——动力设备操作》《轮机实操评估Ⅵ——船舶电工工艺和电气设备》《轮机实操评估Ⅶ——金工工艺》;

电子电气专业包括:《电子电气员实操评估Ⅰ——船舶电站操作与维护、船舶电子电气管理与工艺》《电子电气员实操评估Ⅱ——通信与导航设备维护、计算机与自动化》。

本套评估教材的出版具有多重意义。一是有利于行业发展,通过系统提升船员实操能力,为航运业转型升级注入强劲动能,推动我国航运业向绿色航运、智慧航运发展;二是有益于船员职业发展,引导船员精准掌握实训要点,提高培训效率和学习效果;三是有助于评估考试管理,为海船船员适任评估工作提供更加符合行业需求的标准和内容,推动海船船员适任评估工作从实施流程、评估方式到评判标准的全国统一。

中国海事服务中心邀请全国航海院校知名专家,航运企业资深船长、轮机长,以及海事局船员考试领域业务骨干共同参与本套评估教材的编写和审定工作。编审团队深度融合国际公约、国内法规最新要求与航海新技术发展趋势,注重理论联系实际,突出"用、学、考"一体化思维,通过贴合实际的案例、深入浅出的讲解,阐明评估要义,突出评估要点,使整套评估教材既具专业深度又易学易用。我们衷心期望这套凝聚航海智慧的评估教材能够成为广大船员职业成长的加速器,为我国高素质船员队伍建设发挥积极作用。同时,也热忱欢迎行业同仁和广大船员对本套评估教材提出宝贵意见和建议,以便我们不断完善,使其更好地服务于我国的航海事业。

中国海事服务中心
2025 年 4 月

编者的话

STCW 公约马尼拉修正案生效后,交通运输部对《海船船员适任考试和发证规则》进行了修订,并配套编制了《海船船员适任评估规范(2012 版)》。随着海事公约的修订,以及船舶设备的更新和新技术的应用,该规范部分内容已不相适应,亟需修订。于是,《海船船员适任评估规范(2024 版)》应运而生,其在评估项目、内容、时长、任务、场景、要素、评判标准及方式等方面都进行了调整和优化。为配合《海船船员适任评估规范(2024 版)》的实施,满足海船船员适任评估和培训的需要,我们编写了这本《航海仪器与雷达操作评估》书。

本书主要面向参加海船船员适任评估的考生,也可作为航海院校航海技术专业学生的实操训练参考资料,以及航运企业对船员进行相关技能培训的教材。通过使用本书,读者能够更好地理解和掌握卫星导航仪、回声测深仪、陀螺罗经、磁罗经、自动识别系统、计程仪等航海仪器设备及船舶导航雷达的实操技能,理解评估规范中有关《航海仪器的使用》与《雷达操作及应用》的评估标准及要求,了解和熟悉智能评估系统在海船船员适任评估中的最新发展及应用。

本书由大连海事大学杨晓、中国海事服务中心王方金、天津海运职业学院张弘、江苏海事职业技术学院芮乐军、江苏航运职业技术学院杜加宝、滨州职业学院巴忠峰。大连航运职业技术学院张健参与了本书的编写工作。中国海事服务中心刘长青、上海海事局陈雷、江苏海事局薛国平担任本书主审。全书最后由杨晓统稿。希望本书能为广大读者在海船船员适任评估及相关航海实践中提供有力帮助,也期待大家对本书提出宝贵意见和建议,以便我们不断完善。

编 者
2025 年 4 月

目　录

第一篇　航海仪器的使用

第二篇　雷达操作与应用

第一篇
航海仪器的使用

第一章

卫星导航仪使用及评估

评估规范要点概述:要求 500 总吨及以上船舶二/三副,能正确开启卫星导航仪,正确选取信号源(GPS 或北斗);能核对导航仪定位状态并进行初始化检查和设置;能正确选择导航仪的显示模式,并读取经纬度、对地航向和航速、MOB 等数据;能正确输入航路点,设置、查询及监控航线信息;能正确设置锚位报警、到达报警、横向偏航报警等。要求未满 500 总吨船舶二/三副,能正确开启卫星导航仪,正确选取信号源(GPS 或北斗);能核对导航仪定位状态并进行初始化检查和设置;能正确选择导航仪的显示模式,并读取经纬度、对地航向和航速、MOB 等数据;能正确设置锚位报警、到达报警、横向偏航报警等。

第一节　卫星导航仪设备概述

卫星导航系统(Satellite Navigational System)由导航卫星、地面站和用户设备三部分组成。导航卫星用于发送定位信号;地面站对卫星进行跟踪控制并注入导航信息;位于用户运设备上的导航接收机接收卫星信号以实现定位与导航。

卫星导航系统的导航台设在人造地球卫星上,属于星基导航系统,与台卡、罗兰等陆基导航系统相比,卫星导航系统借助少数几颗卫星即可覆盖全球,导航范围从地面、水面、近地空间延伸到外层空间,可实现高精度(从几十米级到厘米级)、全天候、连续和近于实时的导航,而且卫星导航系统的功能多样(主要提供定位、导航、通信、识别、授时等服务)、抗干扰性好、保密性强、自动化程度高。

一、GPS 系统设置

GPS(Navigation Satellite Timing And Ranging/Global Positioning System,NAVSTAR/GPS)是美国国防部研究的卫星导航系统,美国从 1973 年底开始研究 GPS,1993 年年底 GPS 初步部署完毕,1995 年底投入全部运作能力,前后耗资近 300 亿美元。

（一）GPS 地面站

GPS 地面站由跟踪站、主控站和注入站三部分组成。跟踪站设置有精确的原子钟（铯钟）和能够连续测量所有可见卫星的接收机，它的任务是接收包括环境数据在内的卫星的各种信息，并将测定的信息传送到主控站。主控站对从各跟踪站收集的跟踪数据、卫星的轨道参数、时间偏差进行评价，并计算出各卫星原子钟的校正参量、卫星历书、卫星星历、系统状态等，将其编制成导航数据电文，送给注入站。注入站每天将导航信息注入导航卫星 1~2 次。

（二）GPS 导航卫星网

GPS 导航卫星额定 24 颗，其中 21 颗为工作卫星，3 颗为备用卫星，平均分布在 6 个轨道平面内，如图 1-1-1 所示。各轨道接近于圆形，相对于赤道面的倾角为 55°（属任意轨道型）；轨道高度约为 20 183 km（属高轨道型）；运行周期约 11 h 58 min，卫星每天提前约 4 min 经过同一地点。全球任何地方的观测者，在地平线 7.5° 以上至少可以看到 4 颗卫星，在地平线以上至少可以观测到 5 颗卫星，最多可看到 11 颗卫星。

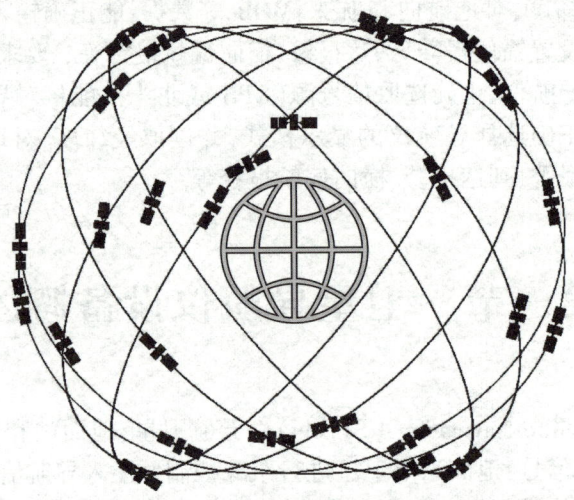

图 1-1-1　GPS 导航卫星网

目前，卫星发射两种载波频率信号，分别为 1 575.42 MHz（L_1 波段）和 1 227.60 MHz（L_2 波段）。L_1 波段由导航数据电文和两个相位正交的伪随机噪声码 P 码和 CA 码调制，L_2 波段则由导航数据电文和 P 码进行调制。

P（Precision）码是一种连续、快速、长周期的伪随机二进制序列码，码率为 10.23 MHz，周期为 7 天，每个周期开始于每星期六格林尼治标准时午夜 12 时。这种码具有精确的时间和距离测量能力，美国国防部对其加密构成 Y 码，供特许用户使用，目前未开放民用。

CA（Clear Acquisition）码是一种低速、短周期的伪随机二进制序列码，码率为 P 码的 1/10，即 1.023 MHz，其周期为 1 ms。CA 码测距精度较低，但它具有协助获得 P 码的能力。

导航数据电文包括卫星上各有关系统的工作状态、系统时间、卫星钟偏差校正参量、卫星星历、卫星历书数据、卫星识别标志以及与卫星导航有关的其他信息。

二、GPS 的定位原理

GPS 接收机接收其视界内一组卫星的导航信号,根据各卫星星历计算出卫星当时在空间的位置。同时,根据卫星信号的传播时间,换算出卫星与用户间的距离,测得 3 颗卫星的距离就可以得到以卫星在空间的位置为球心,以卫星至用户的距离为半径的 3 个球面,3 个球面的交点就是用户的三维空间位置。此外,还需增加一颗卫星的测量数据来解算出用户接收机的时钟与系统时的偏差。对航行于地球表面的船舶而言,只要确定其二维(经度、纬度)位置即可,所以船舶视界内有 3 颗合适的卫星便可确定船位和用户的时钟偏差。

三、GPS 接收机的主要功能

GPS 接收机的生产厂家和产品的型号很多,归纳其主要的功能如下:
(1)显示船位的经度、纬度;
(2)显示导航信息:航迹向、航速、至转向点的恒向线或大圆航线的航向和距离以及所需的航行时间、任何两个转向点之间的航向和航程、流向和流速等;
(3)转向点存储和航线设计及存储;
(4)位置更新时间约为 1 s;
(5)导航数据更新时间约为 3 ~ 5 s;
(6)报警:偏航、锚位监视、到达转向点、接收机故障等;
(7)设置参数:HDOP、二维(2D)定位、三维(3D)定位等;
(8)变换使用大地坐标系,如 WGS-84、TOKYO、NAD-72 等;
(9)卫星信息:卫星号、方位、仰角、卫星工作状态、被跟踪卫星的信噪比;
(10)星座预报。

四、GPS 卫星导航系统的定位误差

GPS 卫星导航系统的定位误差主要包括伪测距误差、几何误差、海图标绘误差及美国 GPS 政策带来的误差。

(一)伪测距误差

伪测距误差包括卫星误差、信号传播误差和 GPS 接收机误差。

1.卫星误差

卫星误差包括星历表误差、卫星钟剩余误差和群延迟误差等。

2.信号传播误差

在信号从卫星传播到用户设备的过程中,由于受电离层、对流层及传播介质的影响,其传播路径和传播速度发生变化而产生的测距误差称为信号传播误差,它包括电离层折射误差、对流层折射误差和多径效应等。

3.GPS 接收机误差

GPS 接收机误差包括接收机通道间偏差、接收机噪声及量化误差。

综合以上伪测距误差预算数据，总的合成误差引起的 GPS 导航仪等效测距误差为 4.3 m（P 码）和 8.6 m（CA 码）。

（二）几何误差

在测距误差一定的条件下，观测点与卫星间的几何图形不同时，定位误差的大小也不同。

用户与卫星间的几何关系对定位误差影响的大小，可用几何精度因子 GDOP 来表示。GDOP 的值越小，表明所选用卫星的空间几何图形的配置越理想。也就是说，4 颗卫星与测者所构成的空间几何图形的体积与 GDOP 成反比关系，即体积越大，GDOP 越小，定位精度就越高。

接收机的选星原则是将 4 颗（3D）或 3 颗（2D）仰角满足 5°~85° 的要求，且构成的空间几何图形能使几何精度因子 GDOP（HDOP）值最小的一组卫星作为最佳选择。船用 GPS 接收机通常将 HDOP 的门限值设置为 10。

（三）海图标绘误差

海图标绘误差是指选用的海图坐标系与 GPS 接收机所使用的坐标系不同所带来的定位误差。目前世界各国编制的海图和生产的 GPS 接收机采用了不同的大地坐标系，使得在采用与接收机不同的大地坐标系的海图上直接标绘 GPS 船位产生位置误差，因此在高精度定位时，需要在接收机上进行大地坐标系的转换，航海人员应注意正确使用。

（四）美国 GPS 政策带来的误差

为了保障美国的利益和安全，GPS 还采取了一些措施来限制用户获取 GPS 观测的精度，这些措施主要包括：对不同的 GPS 用户提供不同的服务方式、选择可用性（SA）政策、反电子欺骗 AS（Anti-Spoofing）技术等。

五、DGPS 卫星导航系统原理及组成

受美国 GPS 政策影响，普通的 GPS 用户利用 CA 码定位的精度不高（无 SA 时为 20~30 m，有 SA 时为 100 m），这极大地限制了 GPS 在精密导航、大地测量、精密工程测量等众多领域的应用，于是 DGPS（Differential GPS，DGPS）即差分 GPS 导航系统得到了较快的发展。DGPS 是利用差分技术对 GPS 用户的观测量进行修正，从而获得高精度的定位结果的。目前 DGPS 可以将 CA 码接收机的定位精度提高到米级，甚至是亚米级。

DGPS 由 GPS 卫星网、基准站、数据链及用户四部分组成，如图 1-1-2 所示。DGPS 基准站的位置精确已知，基准站用 GPS 接收机定位后，与其已知位置比较，计算出修正量（伪距、位置修正量等）。一般 DGPS 用户和基准站之间距离较近（300 n mile 以内），两者的 GPS 接收机观测定位误差基本相近。

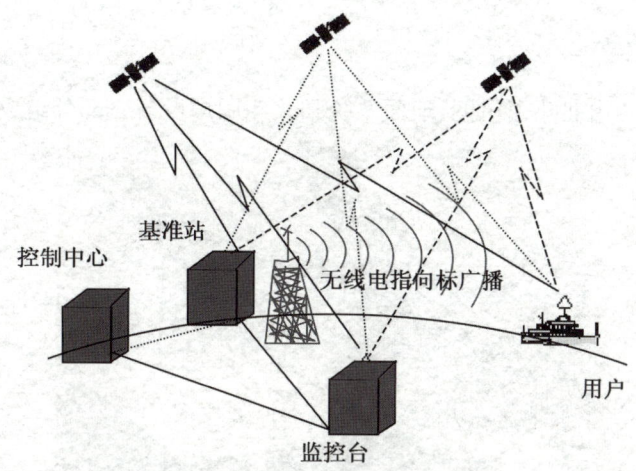

图 1-1-2　差分 GPS 系统组成

六、DGPS 定位误差

DGPS 总的定位误差可由精度几何因子(GDOP)和用户等效测距误差之乘积表示。用户离 DGPS 基准站近,定位精度高,通常用户应位于差分 GPS 基准站 100 n mile 以内。DGPS 的定位精度为 $8 \sim 12$ m(2 drms),定点定位精度为 5 m,甚至为 1 m。

DGPS 基准站能够修正用户定位误差是基于在同一地区、同一时间内,GPS 缓慢变化的系统误差对定位精度的影响是相同或相近的,这些误差包括:卫星钟误差、星历误差、电离层折射与对流层折射误差、SA 政策,称之为公共误差;多径效应、导航仪噪声与量化误差、通道间偏差对于基准站和用户来说不具备相关性,所以称之为非公共误差。

七、北斗卫星导航系统简介

我国于 2000 年 10 月 31 日和同年 12 月 21 日分别发射两颗"北斗一号"地球静止卫星(GEO),2003 年 5 月 25 日,又发射了第三颗"北斗一号"导航定位卫星的备份星。这三颗工作卫星组成了完整的"北斗一号"卫星导航定位系统。2003 年 6 月,"北斗运营服务平台"正式开通,这标志着北斗卫星导航系统进入了实质性大规模应用阶段,为覆盖范围内的入网注册用户提供定位、导航、通信和增值信息服务,我国已经拥有了完全自主的卫星导航系统。2007 年 2 月 3 日,第四颗北斗导航试验卫星发射成功。

2007 年 4 月 14 日,我国在西昌卫星发射中心成功将第二代北斗导航系统的第一颗代号为"COMPASS-M1"的北斗导航卫星发射成功,标志着我国已进入"北斗二代"卫星导航发展阶段。2009 年 4 月 15 日,第二颗"北斗二代"卫星发射成功。2010 年 1 月 17 日,第三颗"北斗二代"卫星发射成功,并按预定计划组网工作,并于 2018 年面向共建"一带一路"国家和地区提供基本服务;2020 年 6 月,我国完成 35 颗卫星发射组网,建成"北斗三号"系统,于 2021 年 7 月 31 日宣布为全球用户提供服务。

(一) 北斗卫星导航系统的组成

北斗卫星导航系统由北斗卫星网、地面系统和北斗用户设备三部分组成,如图 1-1-3 所示。

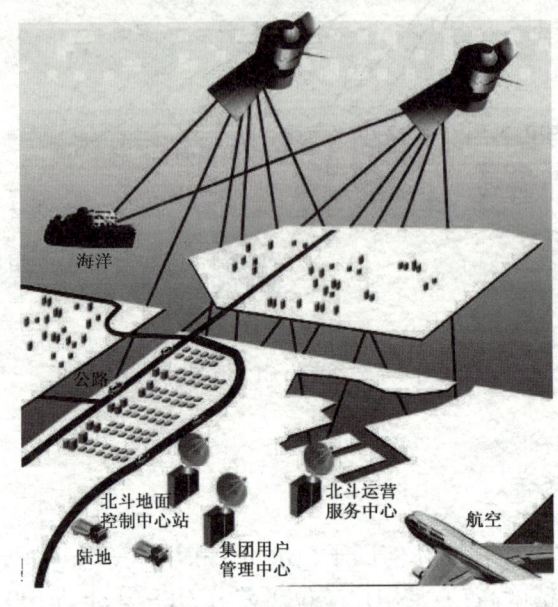

图 1-1-3　北斗卫星导航系统

1.北斗卫星网

北斗卫星导航系统的空间段计划由 35 颗卫星组成,包括 5 颗静止轨道卫星、27 颗中地球轨道卫星、3 颗倾斜同步轨道卫星。其主要任务是执行地面中心与用户终端之间的双向无线电信号中继业务。

(1)轨道高度:同步轨道卫星为 36 000 km 左右;中轨道卫星为 21 000 km 左右。

(2)运行周期:同步轨道卫星为约 24 h;中轨道卫星为 11 h 58 min。

(3)轨道倾角:约 0° 或 55°。

(4)覆盖范围:目前,已覆盖亚太地区及其周边;在 2020 年,已建成北斗全球系统,向全球提供服务。

(5)发射频率:上行为 L 频段(频率 1 610~1 626.5 MHz),下行为 S 频段(频率 2 483.5~2 500 MHz),卫星到中心站链路通信采用标准 C 频段。

(6)卫星电源:由太阳能电源、电池组成。

(7)卫星钟:所有的北斗卫星全部装有原子钟。

2.地面系统

地面系统包括北斗地面控制中心站、集团用户管理中心、北斗运营服务中心。其主要任务包括:

(1)对卫星定位、测轨和制备星历,调整卫星运行轨道、姿态和控制卫星的工作。

(2)测量和收集导航定位参量、校正参量等,对用户进行导航定位。

(3)完成地面系统和用户之间以及用户和用户之间的通信。

(4)对系统覆盖区内的用户进行识别、监视和控制。

3.北斗用户设备

北斗用户设备是带有全向收发天线的接收、转发器,它用于接收卫星发射的 S 波段信号,并向卫星发射应答信号,完成信息存储和显示。用户设备本身无定位结算功能,其位置数据是在地面中心得到后,通过卫星发送给用户的。

(二)北斗卫星导航系统的功能

1.定位导航

北斗卫星导航系统可提供区域性、全天候、高精度、连续、快速、近于实时的定位与导航。系统信号在地面中心—卫星—用户—卫星—地面中心的信号传播路径上的传播时间为 $0.48\sim0.56\,s$,地面中心信号的处理时间少于 $0.4\,s$,对于优先级最高用户,定位在 $1\,s$ 内完成,精度优于 $20\,m$。地面中心还有庞大的数字化地图数据库和各种丰富的数字化信息资源,根据用户的定位信息,参考地图数据库可以迅速地计算用户距目标的距离和方位,实现近于实时导航的功能。另外,北斗卫星也可用作全球导航系统的区域增强系统的转发卫星,使差分 GPS 的定位精度达到 $2\sim5\,m$。

2.简短通信

可提供双向数字(报文)通信,一次可以传送 120 个汉字信息。

3.精密授时

可提供 $100\,ns$ 的双向授时精度和 $20\,ns$ 的单向授时精度。系统的授时与定位、通信是在同一信道中完成的,地面中心站的原子钟产生标准时间和标准频率,通过询问信号将时间信息传送给用户。

(三)北斗卫星导航系统的定位误差

(1)卫星和地面中心的位置误差。

(2)电波传播误差,包括电波在大气传播产生的误差和设备的群延时误差。

(3)测量误差,包括距离测量误差、高程误差、时钟误差等,主要取决于数字地图的精度或测高仪器的精度。

(4)卫星和用户间的相对几何关系引入的几何误差。

(5)定位滞后误差。由于信号需要在地面中心、卫星、用户间往返传播一周,地面中心解算出用户位置后再通过卫星传送至用户,每次定位约需0.8 s,对于高速用户而言,这将带来较大的滞后误差。

在以上误差中,卫星位置误差、高程误差、大气传播误差对定位的影响较大。高程误差在高纬度区影响较小,低纬度区影响较大,当用户处于北纬5°区时,1 m 的高程误差将引起近10 m 的定位误差,且高程误差即使采取差分技术也难以消除。因此,对低纬度地区用户的定位,高程误差是主要的误差源,它严重制约了系统定位精度的进一步提高。

第二节　卫星导航仪设备操作

GPS 卫星导航仪是指专门用于定位导航的 GPS 接收机。目前,船舶上使用较多的是 CA 码单频 GPS 卫星导航仪。下面将介绍航海型 GPS 卫星导航仪的技术性能、主要功能及实船具体应用等方面的内容。

一、CA 码单频 GPS 卫星导航仪主要技术性能

(1)接收频率:1 575.42 MHz±1 MHz(L1),接收码为 CA 码。
(2)接收通道:必须能跟踪 4 颗以上的卫星。
(3)接收灵敏度:小于−130 dBm(仰角 5°以上的卫星),跟踪速度为 100 kn 左右。
(4)精度(视美国的政策确定):定位 15 m(rms,HDOP≤3,CA 码),速度为 0.1 kn(rms)。
(5)数据更新率:位置更新时间约 1 s,导航数据更新时间为 3~5 s。
图 1-2-1 所示为日本 FURUNO 公司生产的 GP-150 型 GPS 卫星导航仪。

图 1-2-1　GP-150 型 GPS 卫星导航仪

二、GPS 卫星导航仪启动

IEC 1108−1 和我国 GB/T 19391 标准对 GPS 的启动定义了三种启动模式。

(1)冷启动(Cold Start):GPS 接收机在不知道星历、历书、时间和位置的情况下(如用户位置变化超过 1 000 km 未开机或超过 7 天未开机)开机,需要较长时间(一般 30 min 之内)才能正常定位。

(2)温启动(Warm Start):GPS 接收机在不知道星历,但存有历书、时间和位置的情况下(如设备掉电 24 h)开机,达到正常定位的时间比冷启动短(一般 5 min 之内)。

(3)热启动(Hot Start):GPS 接收机在存有星历、历书、时间和位置的情况下开机,达到正常定位的时间比温启动短(一般在 2 min 之内)。

历书与星历都是表示卫星运行的参数。历书包括全部卫星的大概位置,用于卫星预报,可

缩短卫星锁定时间,历书是从导航电文中提取的,每 12.5 min 的导航电文才能得到一组完整的历书。星历只是当前接收机观测到的卫星的精确位置。

三、GPS 卫星导航仪初始化

在 GPS 卫星导航仪首次开机、冷启动或温启动等情况下,需要对其进行初始化操作,主要包括系统初始化(SYS SETUP)和 GPS 初始化(GPS SETUP)。

系统初始化主要包括:

(1)坐标系(DATUM)设定:根据所使用海图设定,通常选择 WGS-84;

(2)时差(TIME DIFF)输入:根据所在时区输入,如北京为+8:00;

(3)时间显示(TIME DISP)模式:选择 24 h 或 12 h;

(4)自检(SELF TEST):机器自检,显示故障。

GPS 初始化主要包括:

(1)平滑位置(SMOOTH POS):修正定位解算误差,商船一般输入 1 s;

(2)平滑速度和航向(SMOOTH S / C):修正导航数据解算误差,商船一般输入 3~5 s;

(3)平均航速(AVR SPEED):求取航速的平均值,一般输入 1 min;

(4)纬度修正量(LAT OFFSET):人工修正纬度误差,根据误差大小输入;

(5)经度修正量(LON OFFSET):人工修正经度误差,根据误差大小输入;

(6)不可用卫星(DISABLE SV):屏蔽不可用卫星,在卫星(SATELLITE)状态显示中查询不可用卫星,输入其编号;

(7)定位模式(FIX MODE):定位模式选择,在海上选择 2D/3D,如选 2D 需输入天线高度。

某些机型的导航仪在初始化时需输入大概的船位,如美国 GARMIN-182 导航仪,误差不超过 200 n mile;某些导航仪还可根据定位精度需要设置 HDOP 值,如大洋航行 HDOP 值可以选择 4 左右,狭水道或近岸航行可选择 1 左右(注:DOP 值选择越小,定位精度越高,定位越容易中断)。

四、GPS 卫星导航仪显示方式

通常有导航数据显示、用户显示、标绘显示、航路显示、操舵显示等显示方式。

(1)导航数据显示:提供了船位(纬度、经度)、对地航向(COG)、航速(SOG)、时间(Time)和定位方式。常见的定位方式英文缩写有:2D(二维定位)、3D(三维定位)、D2D(差分 GPS 二维定位)、D3D(差分 GPS 三维定位)、SIM(模拟定位)。

(2)用户显示:显示的数据由用户根据应用需要选择,这些数据有时间、接收机的状态、航速(SPD)、航向(CSE)、到达航路点的方位(BRG)和距离(RNG)、预计到达目的地的时间(ETA)和航行时间(TTG)(Time-To-Go)、航行的距离(TRIP)和电源电压(PWR)。

(3)标绘显示:提供了本船航迹(Track)标绘、船位、航向、航速、标绘视图范围等信息。

(4)航路显示:提供了船舶驶向目标航路点的 3D 航路意向图、导航数据及偏航值(XTE)。

(5)操舵显示:提供了船舶操舵信息、方位标尺、船舶标志、操舵的状况、航速(SPD)、航向(CSE)、到达航路点的方位(BRG)和距离(RNG)、预计到达目的地的时间(ETA)和航行时间

（TTG）。

五、利用 GPS 卫星导航仪进行航路点和航线导航

　　船舶欲到达的地理位置称为航路点（Waypoint），如图 1-2-2 所示。航路点可用作导航的目标，也可以用其编制航线。导航前，先将航路点键入 GPS 卫星导航仪编制好的航路点表后，再选中一个航路点；导航时，GPS 卫星导航仪将引导船舶驶向此航路点。

　　航线（Route）是 GPS 卫星导航仪内存中存储的一组包括起始点、中点和终点的坐标值的连线，它由一系列的航路点组成。船舶在航行过程中，依照驾驶员预先设置的航路点顺序沿着航线航行，显示导航参数，逐个驶过各个航路点到达目的地，称之为航线导航，如图 1-2-2 所示。

　　利用 GPS 卫星导航仪进行航路点导航和航线导航的操作是分别通过 GPS 导航仪主菜单（MAIN MENU）中的 Waypoints 和 Routes 菜单进行的。

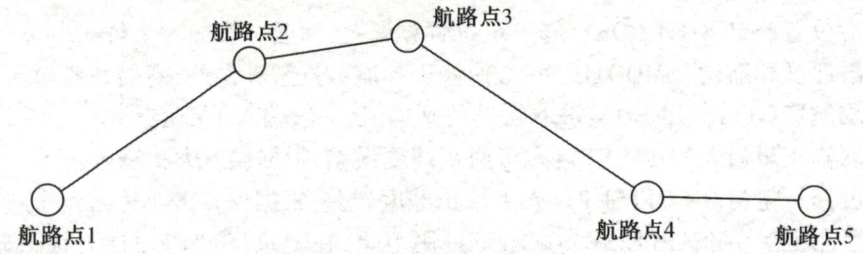

图 1-2-2　GPS 航路点与航线导航

六、利用 GPS 卫星导航仪进行定点导航

　　将船舶定点位置（抛锚、丢锚、人员落水、特殊事件的位置）键入 GPS 卫星导航仪（一般在 GPS 面板上选择 MOB 按键），设定偏航的界线（例如：0.1n mile、0.5 n mile、1.0 n mile、5.0 n mile 等）。船舶定点作业（值锚更、捞锚、救人、处理特殊事件）时，依键令显示船舶相对于定点的导航参数，按此导航参数可实现定点漂泊，船舶漂泊超界时发出导航报警，这种导航被称为 GPS 定点导航，如图 1-2-3 所示。

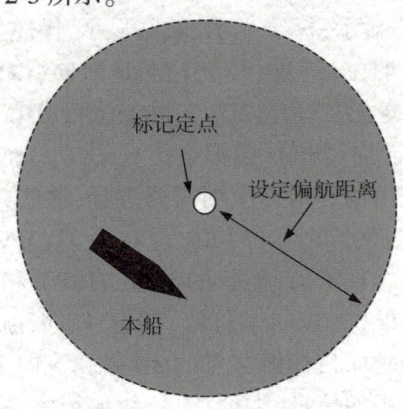

图 1-2-3　GPS 定点导航

七、利用 GPS 卫星导航仪报警

GPS 还可以用于报警。通常报警的种类有：到达警、锚更警、偏航警、速度警、DGPS 警、时间警、距离警。GPS 卫星导航仪按照设置报警的种类进行报警。从 GPS 卫星导航仪的主菜单中选择报警（ALARMS）项，显示报警菜单以后，设置报警的种类和报警范围（报警的半径、报警带的宽度及限定的时间等）。报警用字符、音响和视觉示警。

八、利用 GPS 卫星导航仪定位注意事项

（一）卫星状态显示

航海型 GPS 卫星导航仪大多可以显示星空卫星状态，以 FRUNO GP32 导航仪为例，从 SATELLITE 菜单调出如图 1-2-4 所示的状态显示。

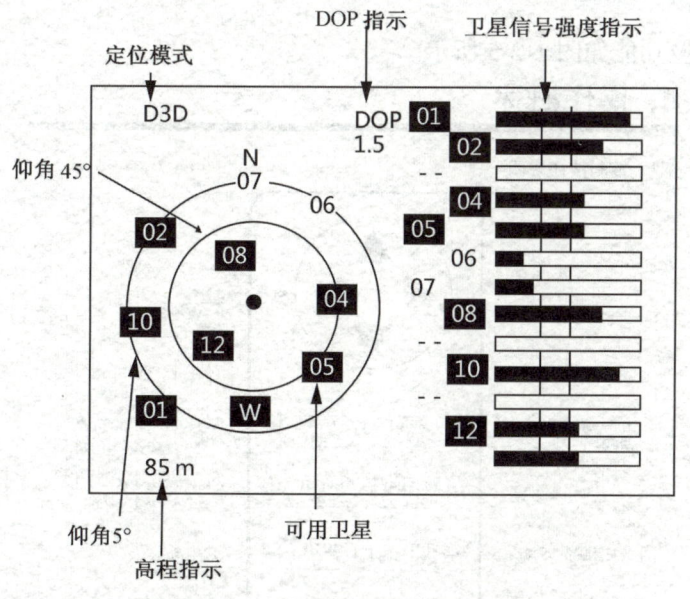

图 1-2-4　GPS 导航仪卫星状态显示

左侧带有同心圆的星座图显示了可视卫星的编号及仰角分布；右侧显示所有卫星的信号强度，越过第一条竖线（25%）为可用卫星，未越过第一条竖线为不可用卫星。用户可以根据信号强度指示在 GPS SETUP 菜单中屏蔽不可用卫星（DISABLE SV），提高接收机的定位精度。

（二）定位模式选择

某些 GPS 导航仪可以选择 2D/3D（二维/ 三维）定位模式或者 2D（二维）定位模式，2D/3D 定位模式是根据可视卫星数目自动选择定位模式的，当可用卫星数目是 4 颗时为 3D 定位模式，可用卫星数目是 3 颗时为 2D 定位模式。船舶在风浪中航行时，天线高度变化较大，驾驶员应尽量避免使用 2D 定位模式。

(三)坐标系选用

驾驶员使用 GPS 卫星导航仪输出定位结果时,应采用和所使用海图一致的测地系,若导航仪坐标系与驾驶员所使用的海图测地系不同,且不做坐标系修正,定位时易出现较大的误差。

(四)GPS 显示的航向和速度

GPS 导航仪显示的航向和速度是根据船位和定位时间间隔计算的平均航向和速度,称之为航迹向和航迹速,在实际应用中,仅供驾驶员参考。除非船舶一直沿直线航线航行,否则 GPS 提供的航向是不准确的,在变向时更是不准,该航向并不能用于实际操舵。

九、典型 GPS 导航仪操作

现以 FURUNO GP150 GPS 为例,介绍其基本操作。

(一)面板按键及功能

GPS 面板按键及功能如图 1-2-5 所示。

1. 操作概述

1.1 控制按钮说明

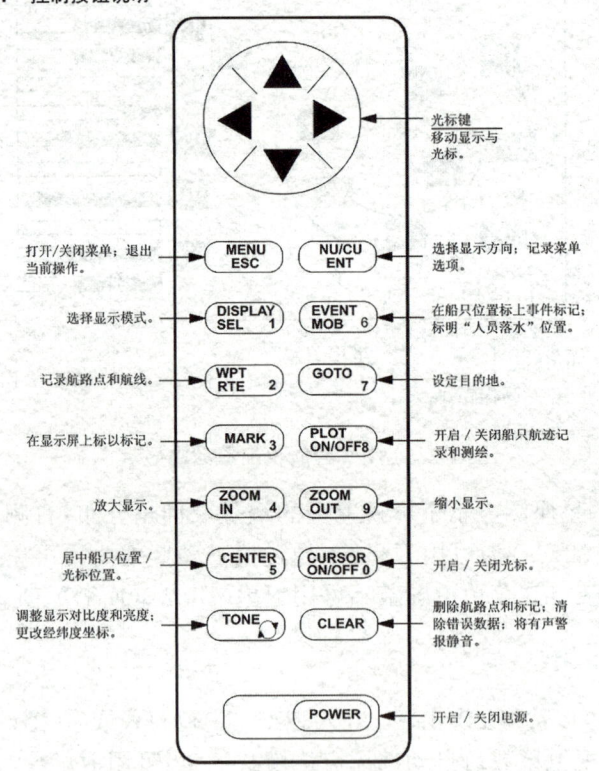

图 1-2-5 GPS 面板按键及功能

(二)开/关机步骤

开机:

打开船电后按 POWER 键。

仪器首先检测 PROGRAM MEMORY(程序存储器)、SRAM(随机存储器)和 BATTERY(电池),并将结果显示在屏幕上。设备以最近使用的显示模式启动。打开电源 12 s 后,将显示精确的船位(经度、纬度)。

如果不能定位,在 GPS 接收状态窗口显示"NO FIX"。当 PDOP 值在 3D 模式下超过 6 或 HDOP 值在 2D 模式下超过 4 时,显示"DOP",表示定位异常。当卫星信号接收正常,根据设备的设置和 GPS 接收机的状态,显示表 1-2-1 中所指示的其中一项。

表 1-2-1　GPS 设备设置和接收机状态显示

设备设置	GPS 接收机状态显示
2D	GPS 2D
3D	GPS 3D
Differential 2D	DGPS 2D
Differential 3D	DGPS 3D

关机:

先关闭 POWER 键,再关闭船电。

(三)调整显示器对比度和亮度

如图 1-2-6 所示:

1.按 TONE 键。

2.调整对比度,按◀或▶键,右边显示当前的设置值和设置范围(0~31);
调整亮度,按▼或▲键,右边显示当前的设置值和设置范围(0~7)。

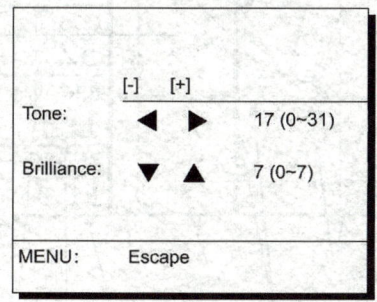

图 1-2-6　调整显示器对比度和亮度

(四)选择显示模式

如图 1-2-7 和图 1-2-8 按 DISPLAY SEL 键,用 ▲ 或 ▼ 选择显示模式(当按下

DISPLAY SEL 键,显示模式可按下面表示的顺序进行转换),选择好模式后按 NU/CU ENT 键直接进入该模式,如果只把选择光标放置其中某一模式后不进行其他操作,则大约 15 s 后自动显示该模式界面。

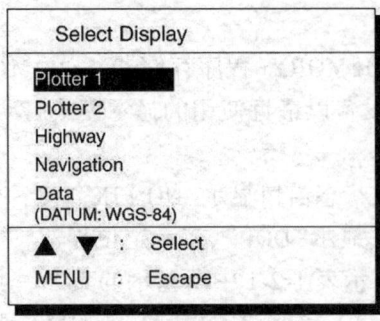

图 1-2-7　选择显示模式界面

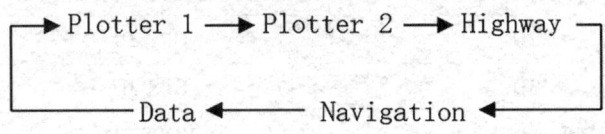

图 1-2-8　选择显示模式顺序

下面为各种显示模式下的数据内容。

Plotter 1 模式界面如图 1-2-9 所示:

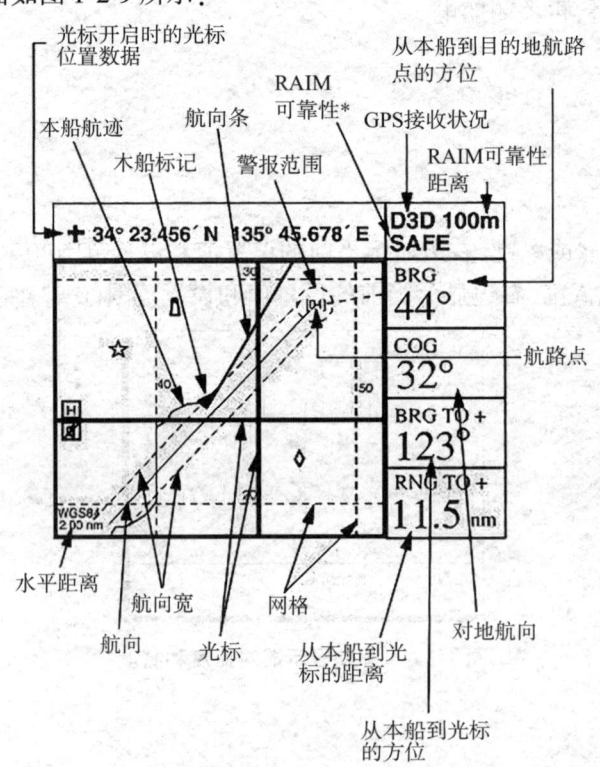

图 1-2-9　Plotter 1 模式界面

Plotter2 模式界面如图 1-2-10 所示：

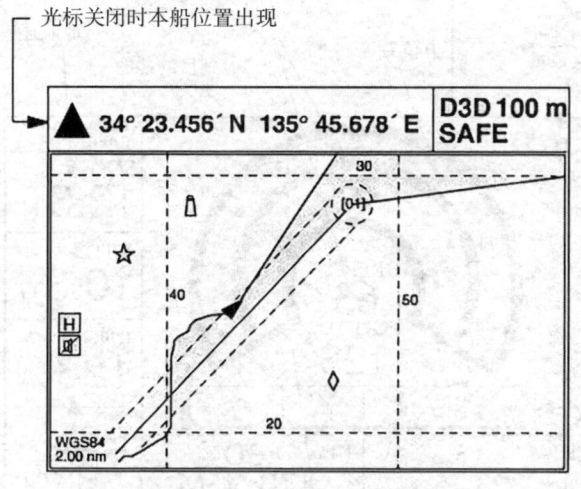

图 1-2-10　Plotter2 模式界面

Highway 界面如图 1-2-11 所示：

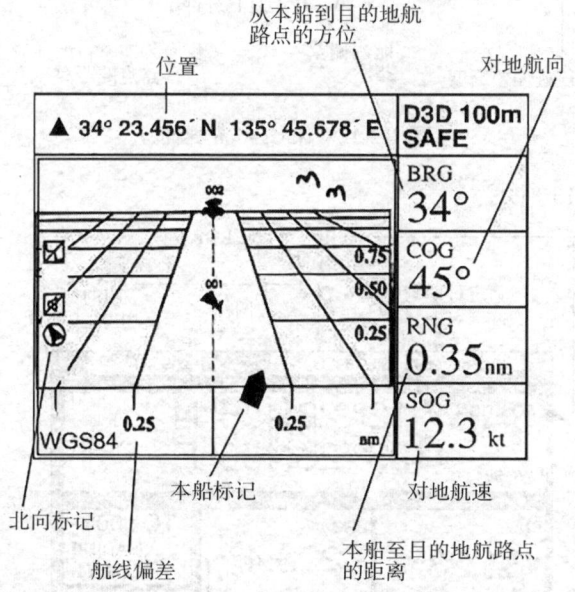

图 1-2-11 Highway 界面

Navigation 界面如图 1-2-12 所示：

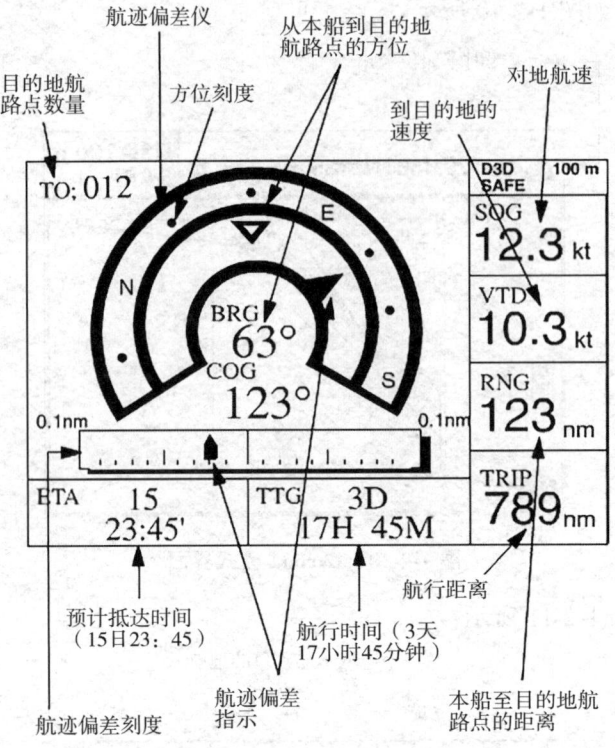

图 1-2-12　Navigation 界面

Data 界面如图 1-2-13 所示：

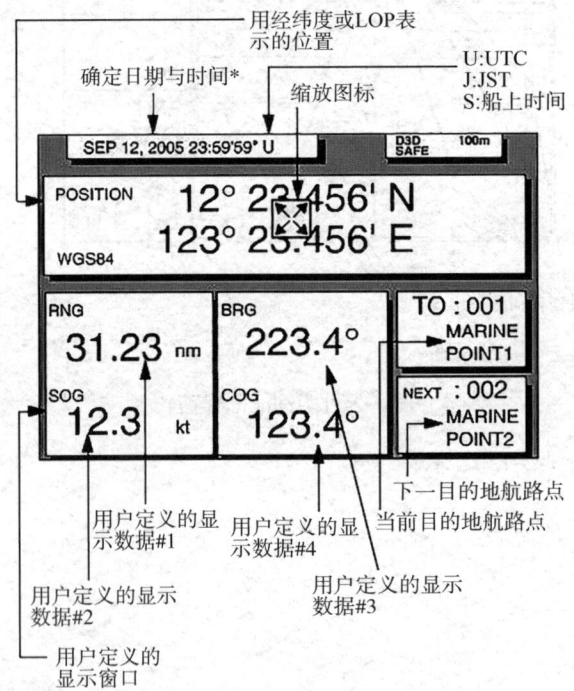

图 1-2-13　Data 界面

(五) 初始化操作

1.设置坐标系、定位方式和时间模式

操作步骤:按 MENU ESC 键进入菜单,显示界面如图 1-2-14 所示,选择"9.SYSTEM SET-TINGS"选项,按 NU/CU ENT 键进入系统设置界面,如图 1-2-15、图 1-2-16 所示。

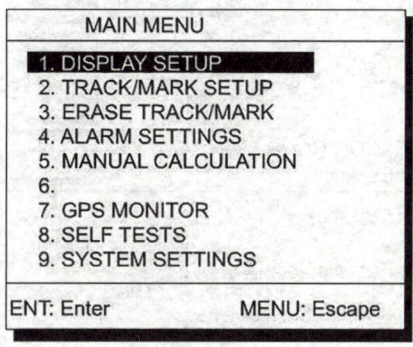

图 1-2-14 进入菜单后显示界面

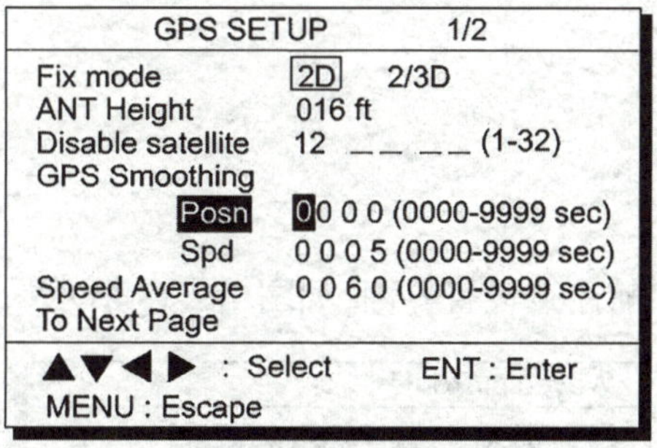

图 1-2-15 进入系统设置界面(一)

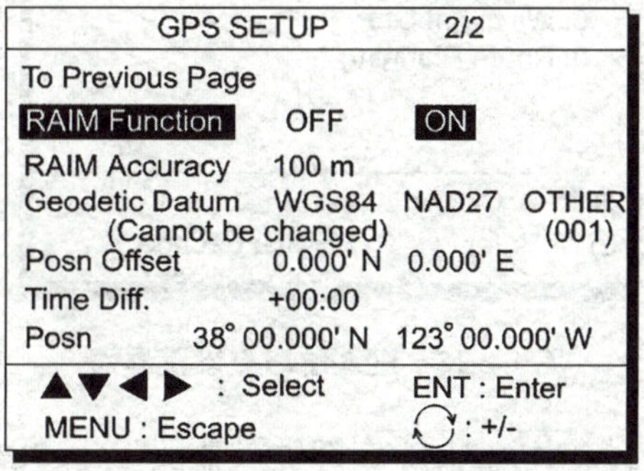

图 1-2-16 进入系统设置界面(二)

2.查看卫星状态

操作步骤:按 MENU ESC 键,进入菜单,显示如图 1-2-17 所示,选择"7.GPS MONITOR"选项,按 NU/CU ENT 键进入。

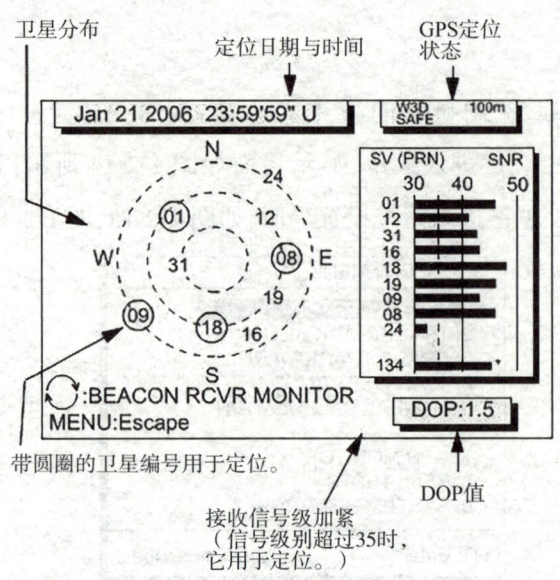

图 1-2-17 按 MENU ESC 键进入菜单后显示的界面

(六) 输入航路点

1.光标输入航路点法

操作步骤:

(1) 按 WPT RTE 键进入航路点设置界面,如图 1-2-18 所示。

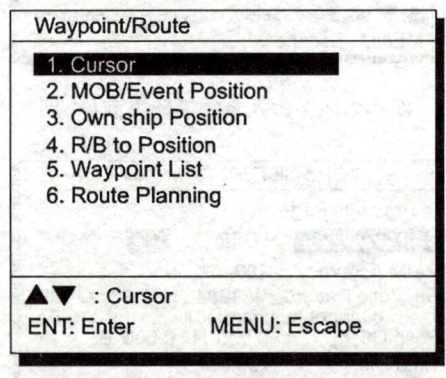

图 1-2-18 进入航路点设置界面

(2) 选择"1.Cursor"选项,按 NU/CU ENT 键进入如图 1-2-19 所示的界面。

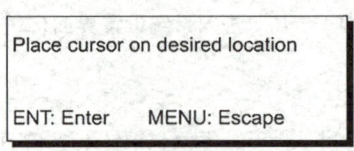

图 1-2-19 进入的界面

（3）按 NU/CU ENT 键进入 Plotter 2 界面,如图 1-2-20 所示的界面。

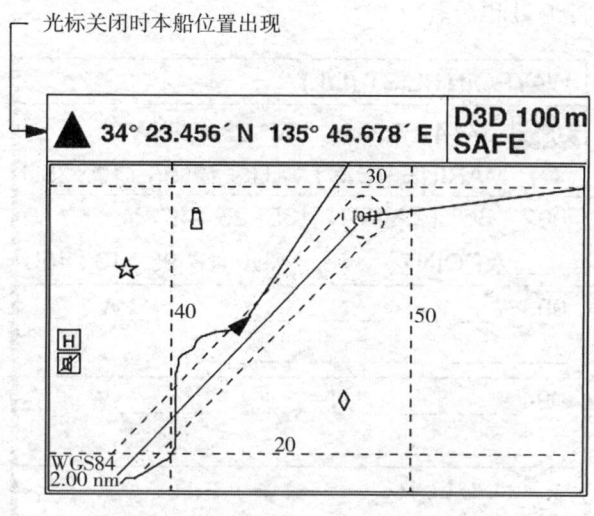

图 1-2-20　进入 Plotter 2 的界面

（4）利用◀、▶、▲和▼键选择光标位置后按 NU/CU ENT 键,进入对设置航路点进行编号、命名设置界面,如图 1-2-21 所示。

图 1-2-21　对设置航路点进行编号、命名设置界面

2.手动输入航路点经纬度法

（1）按 WPT RTE 键进入航路点设置界面,如图 1-2-22 所示。

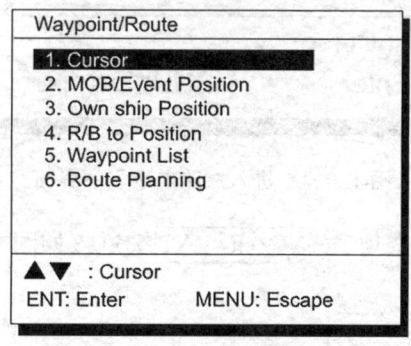

图 1-2-22　进入航路点设置界面

（2）选择"5.Waypoint List"选项，按 $\boxed{\text{NU/CU ENT}}$ 键进入如图 1-2-23 所示的界面，手动输入经纬度，并对航路点进行编号和命名。

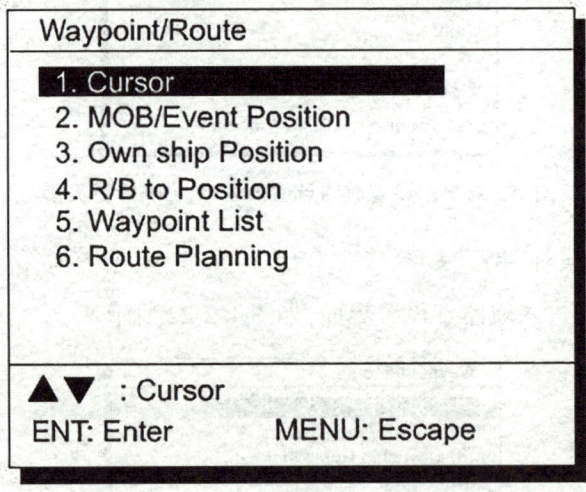

WAYPOINT LIST (L/L)

001	34° 12.345' N	130° 23.456' W
	MARINE POINT	AUG 12' 95 12 : 35U
002	36° 12.345' N	135° 23.456' W
___	A POINT	AUG 13' 95 13 : 45U
003	__ °__ . __' N	___ ° __ . __' W
	_____	
004	__ °__ . __' N	___ ° __ . __' W
	_____	

L/L'LOP   ▶ : Edit
ENT: Enter   MENU: Escape

图 1-2-23 选择"5.Waypoint List"选项，按 $\boxed{\text{NU/CU ENT}}$ 键进入的界面

（七）编辑计划航路

1.按 $\boxed{\text{WPT RTE}}$ 键进入航路点设置界面，如图 1-2-24 所示。

Waypoint/Route

1. Cursor
2. MOB/Event Position
3. Own ship Position
4. R/B to Position
5. Waypoint List
6. Route Planning

▲▼ : Cursor
ENT: Enter   MENU: Escape

图 1-2-24 进入航路点设置的界面

2.选择"6.Route Planning"选项，按 $\boxed{\text{NU/CU ENT}}$ 键进入如图 1-2-25 所示的界面。

```
                ROUTE LIST
 No. PTS  Total Dist.      TTG      Remarks
[01]  30  1234 . 56 nm  12D15H28M  UseFwd
 02   25   234 . 56 nm   2D08H35M
 03   30  *999 . 99 nm  *9D*9H*9M
 04   __  ____ . __ nm  __D__H__M
 05   30  6543 . 21 nm  34D23H45M
 06   __  ____ . __ nm  __D__H__M

 ▲▼ : Route No.    ◄► : Edit
 ENT: Enter        MENU: Escape
```

备注
Use（使用）
Fwd（正向）：以正序越过航路点
Rvs（反向）：以逆序越过航路点

图 1-2-25　选择"6.Route Planning"选项，按 NU/CU ENT 键进入的界面

（3）使用▲和▼选择航路，可进入选择已有航路进行编辑，也可对空白航路进行新航路设置，操作为通过▲和▼选择该航路，按 NU/CU ENT 键进入设置。

（4）设置新航路，选择空白航路按 NU/CU ENT 键进入如图 1-2-26 所示的界面，并进行设置。

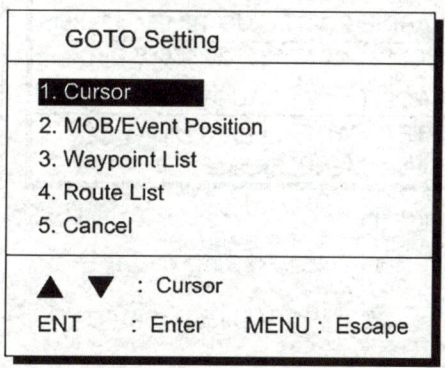

```
     GOTO Setting

 [1. Cursor]
  2. MOB/Event Position
  3. Waypoint List
  4. Route List
  5. Cancel

  ▲   ▼  : Cursor
 ENT  : Enter   MENU : Escape
```

图 1-2-26　选择空白航路按 NU/CU ENT 键进入的界面

（八）设置目的地和调用航路

1.设置目的地

（1）使用光标法

①如图 1-2-27 所示，按 GOTO 键，选择"1.Cursor"选项，按 NU/CU ENT 键自动转为 Plotter 1 或 Plotter 2 模式（见图 1-2-28）。

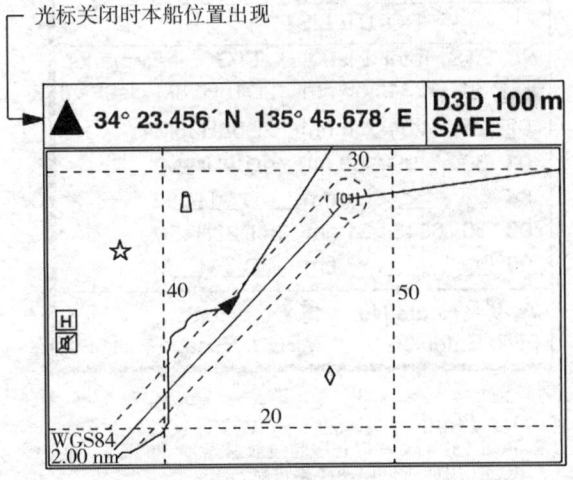

光标关闭时本船位置出现

图 1-2-27 使用光标法图（一）

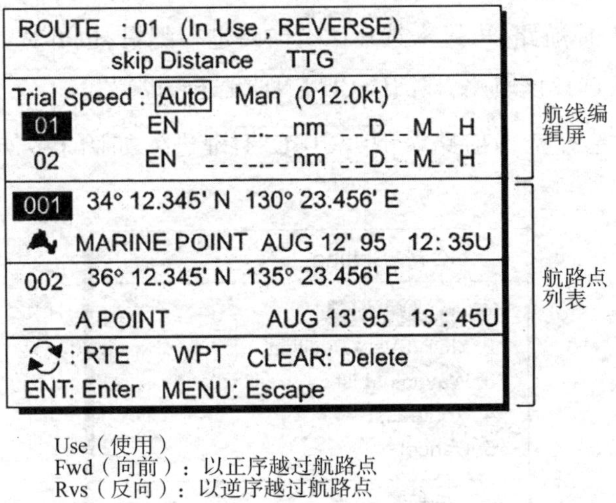

图 1-2-28 使用光标法图（二）

Use（使用）
Fwd（向前）：以正序越过航路点
Rvs（反向）：以逆序越过航路点

②把标尺放在要设置目的地的地方。

③按 NU/CU ENT 键,或按 CLEAR 键取消选择。

④按 NU/CU ENT 键完成。一条虚线连接本船和目的地(旗帜图形)。

（2）通过 MOB 或 EVENT 点设置

①按 GOTO 键进入目的地设置界面,如上面操作步骤,选择"2.MOB/Event Position"选项,将显示几个重叠的窗口。按◄或►,选择人员落水位置或偶然事件位置。首先显示 MOB 位置,按►,选择各 EVENT 位置点(见图 1-2-29)。

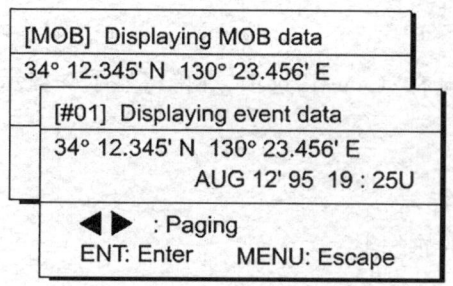

图 1-2-29　EVENT 点设置

②按 NU/CU ENT 键,一个旗帜标志显示在被选择的位置上。一条虚线连接本船与 MOB 或 event 点。当目的地被取消,虚线被清除,旗帜仍然保留在屏幕上。

（3）通过转向点列表设置

按 GOTO 和[3]键,选择"5.Waypoint List"选项(见图 1-2-30),显示转向点列表。按▲或▼,选择转向点,按 NU/CU ENT 键确定。

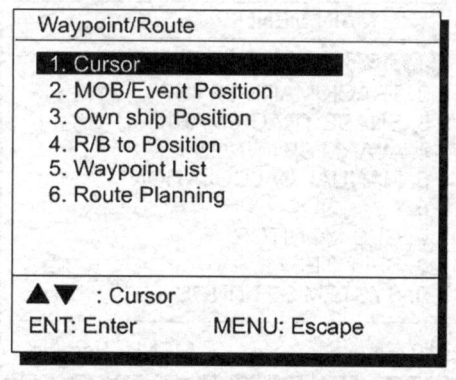

图 1-2-30　通过转向点列表设置

2.调用航路

（1）按 GOTO 键进入目的地选择界面,选择"6.Route Planrhy"选项,显示航线列表。

（2）按◀或▶,选择航行方向;前进或返回(FORWARD/REVERSE)。

（3）按 NU/CU ENT 键。当前位置作为起点,一条实线连接起点和第一个转向点,其他转向点由虚线连接。

在航线列表中,可以通过转向点后选择"DI"(DIsable)来跳过一个转向点。

（1）按 WPT RTE 键进入航路设置界面,选择"6.Route Planning"选项,显示航线列表。按方向键选择航线。

（2）按▲或▼,选择要跳过的转向点。

（3）按◀或▶,把光标移动到的转向点编号后面的位置。

（4）按[↻],把"EN"(ENable)转换为"DI"(DIsable)。重新选择转向点,把"DI"变为"EN"。

3.取消目的地

（1）按 GOTO 和［5］键，选择"Cancel"选项，屏幕将显示一提示信息。

（2）按 NU/CU ENT 键。

4.清除航路点（旗帜标志）

（1）把标尺放在要清除的旗帜上。

（2）按 CLEAR 键，按 NU/CU ENT 键。

通过清除 Plotter 和 GPS 内存，能清除全部旗帜标志。

（九）输入事件标记和人员落水

1.清除机内原有事件标记

（1）按 MENU ESC 键进入菜单界面，如图 1-2-31 所示，选择"3.ERASE TRACK/MARK 选项"。

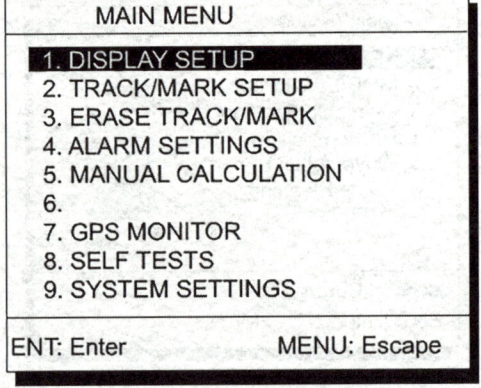

图 1-2-31　菜单界面

（2）按▲或▼，选择"Erase Track"选项（清除航迹），如图 1-2-32 所示。

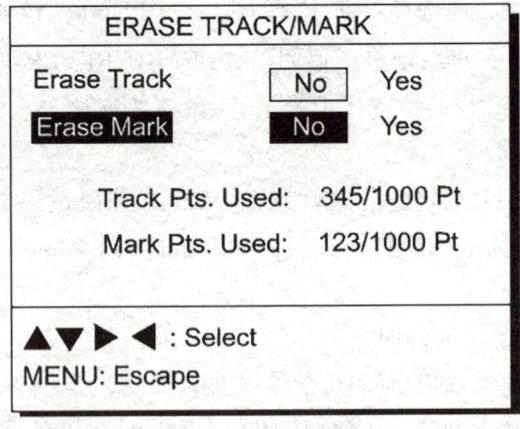

图 1-2-32　菜单界面

（3）按▶，选择 Yes，屏幕将显示一条提示信息。

按 NU/CU ENT 键，内存存储及屏幕显示的航迹被清除。一旦航迹被清除，将不再存在，一定要确定你是否要清除所有航迹。

2.事件输入

当发生需要标记的事件或人员落水事件时，须快速记录下一个 MOB 标志点，每插入一个 MOB 标志，旧的标志点会被覆盖。当没有定位数据时，是不能插入 MOB 标志的。

（1）当发生事件时，按 EVENT MOB 键，进入标志确定界面（见图 1-2-33）。

```
Saved MOB position
Are you sure to change course
to MOB position ?
ENT: Yes        MENU: No
```

图 1-2-33　事件输入

（2）按 NU/CU ENT 键，这时显示模式会自动转为 Plotter 2 模式，当前的位置自动设置为目的地，MOB 标志（"M"）出现在按键时刻的位置。

如果按 MENU ESC 键代替按 NU/CU ENT 键，MOB 标志将不被作为目的地，但 MOB 标志仍然保留在屏幕上。

（十）计算两点间的方位、距离

计算到达目的地的距离和方位有两种方法：大圆和恒向线。计算航迹偏差仅可通过恒向线航线。

1.按 MENU ESC 键，选择"9. SYSTEM SETTINGS"选项，按 NU/CU ENT 键进入，选择 PLOTTER SETUP（标绘设置）菜单（见图 1-2-34）。

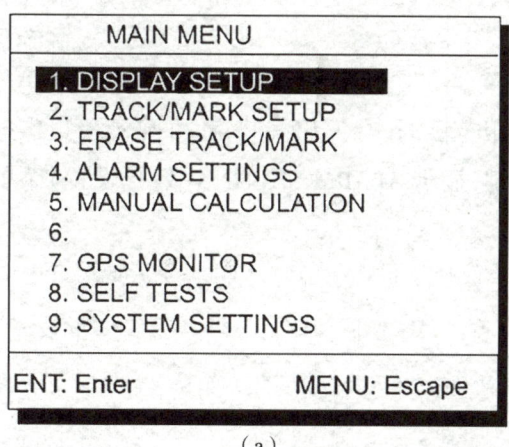

```
        MAIN MENU
1. DISPLAY SETUP
2. TRACK/MARK SETUP
3. ERASE TRACK/MARK
4. ALARM SETTINGS
5. MANUAL CALCULATION
6.
7. GPS MONITOR
8. SELF TESTS
9. SYSTEM SETTINGS

ENT: Enter        MENU: Escape
```

（a）

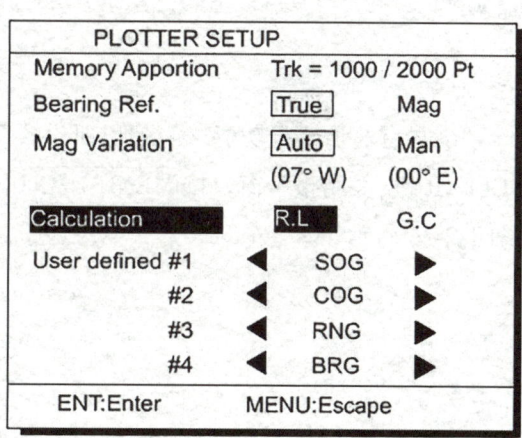

```
        PLOTTER SETUP
Memory Apportion    Trk = 1000 / 2000 Pt
Bearing Ref.        [True]      Mag
Mag Variation       [Auto]      Man
                    (07° W)     (00° E)
Calculation         R.L         G.C
User defined #1   ◀  SOG  ▶
            #2   ◀  COG  ▶
            #3   ◀  RNG  ▶
            #4   ◀  BRG  ▶
ENT:Enter          MENU:Escape
```

（b）

图 1-2-34　标绘设置

2.按▲或▼，选择 Calculation（计算）。

3.按◄或►,选择 R.L(Rhumb Line:恒向线)或 G.C(Great Circle:大圆)。

4.按 NU/CU ENT 键。

手动计算:

1.按 MENU ESC 键,选择"5.MANUAL CALCULATION"选项,显示 MANUAL CALCULATION(手动计算)菜单(见图1-2-35)。

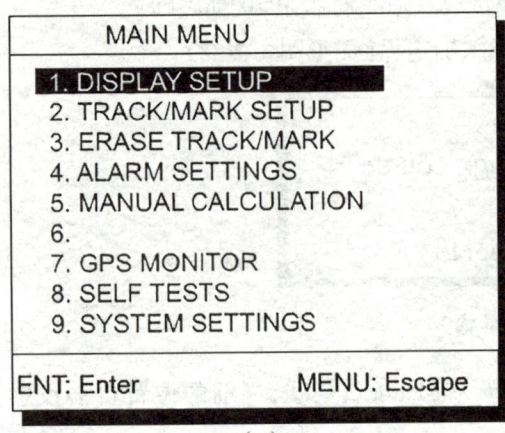

(a)

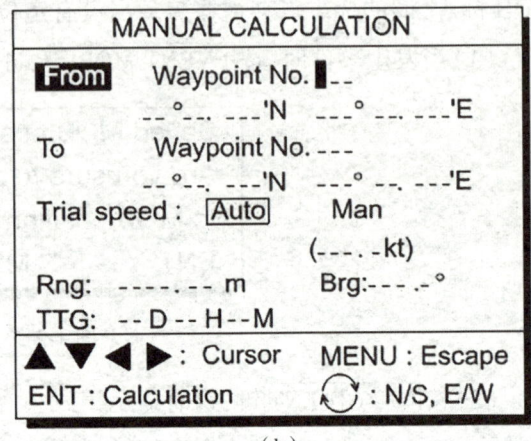

(b)

图 1-2-35　手动计算

2.键入起点经纬度。如需要,按[⟲]转换北纬/南纬、东经/西经。

3.按▼,输入终点经纬度。

4.按▼,光标移到 Trial Speed(航行速度)。

5.按◄或►,选择自动或手动。 Auto 模式使用船舶的平均速度来计算航行需要的时间。如果选择"手动",则输入速度。

6.按 NU/CU ENT 键。两点间的距离、方位和航行需要的时间显示在屏幕上。如果数据输入有误或不充分,会发出蜂鸣声,并显示"INCOMPLETE DATA",计算结果上显示"＊",并都为"9"。

(十一)设置警报

系统共有 8 种警报功能。当超出所设置的警报范围时,会发出蜂鸣声,并显示警报信息。按 CLEAR 键,关闭报警窗口按 MENU ESC 和[4]键,显示 ALARM SETTING(警报设置)菜单,如图1-2-36 所示。

1.到达警报/锚位监视警报

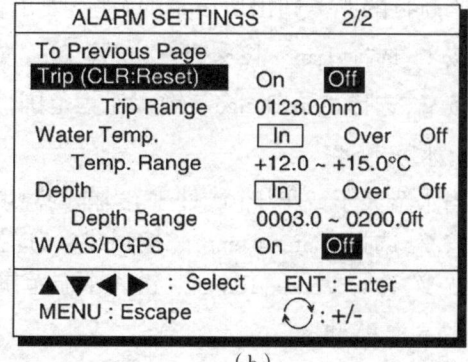

图 1-2-36 警报设置

按▲或▼,选择 Arrival/Anchor。

按◀或▶,选择 Arr.(到达报警)或 Anc.(锚位监视警报)。要关闭警报,选择 OFF 按▼,选择 Alarm Range。键入报警的范围(0.001~9.999 nm)。报警示意图(一)如图 1-2-37 所示。

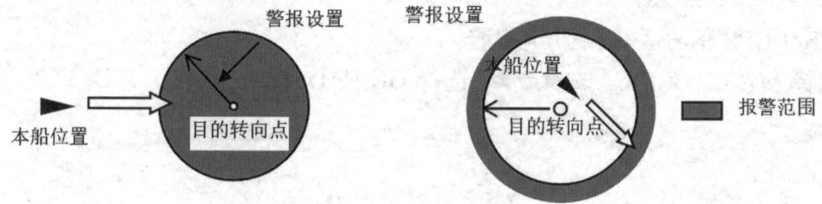

图 1-2-37 报警示意图(一)

2.横向航迹偏移(XTE)警报

当本船偏移出计划航线上设置的范围,发出报警。

按▼,选择 XTE。按◀或▶,选择 On 打开。

按▼,选择 Alarm Range。键入报警范围(0.001~9.999 nm)。报警示意图(二)如图 1-2-38 所示。

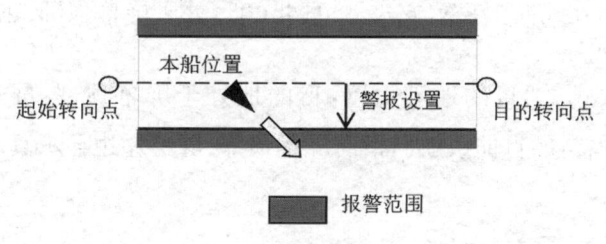

图 1-2-38 报警示意图(二)

3.船速警报

按▼,选择 Ship Speed。按◀或▶,选择 In(或 Over)。要关闭警报,选择 OFF。

In:当船速处在设定范围之内,发出警报。Over:当船速高于或低于设定范围,发出警报。

按▼,选择 Speed Range。键入船速范围。

4.航程警报

当航行的距离超出所设定的范围,发出警报。

按▼,选择 Trip。按◀或▶,选择 On。如有需要,按 CLEAR 键重置航行距离和时间。

按▼,选择 Trip Range。键入船程范围。

5.水温警报

当水温大于或小于(或处于)当前的温度,发出报警。此功能要求外部仪器的温度信号。

按▼,选择 Water Temp.。按◀或▶,选择 In(或 Over)。要关闭警报,选择 OFF。

按▼,选择 Temp. Range。键入水温范围。

6.深度警报

当水深大于或小于(或处于)当前的水深,发出水深报警。此功能要求与视频回声测深仪连接。

按▼,选择 Depth(深度)。按◀或▶,选择 In(或 Over)。要关闭警报,选择 OFF。

按▼,选择 Depth Range(深度范围)。键入水深范围。

7.WAAS/DGPS 警报

当 WAAS/DGPS 信号丢失时发出报警。

按▼,选择 WAAS/DGPS。按◀或▶,选择 ON 或 OFF。

(十二) 航迹设置

1.扩大/缩小显示范围

在 Plotter 1 和 Plotter 2 显示模式下,使用 ZOOM IN 键扩大显示范围,ZOOM OUT 键缩小范围。每按一次 ZOOM 键,范围值在屏幕中心大约显示 3 s。

2.选择方位显示方式

在 Plotter 1、Plotter 2 和 Highway 显示模式下,按 NU/CU ENT 键,选择方位显示方式。方位显示方式有两种:北向上和航向向上。

北向上显示方式:在北向上显示方式下,真北(0°)处于屏幕顶部,本船以真速度和真运动在屏幕上运动。

航向向上显示方式:①目的地已设置:目的地处于屏幕顶部,屏幕左边显示真北标志(⊙);②目的地未设置:船首向或航向指向屏幕顶部,屏幕左边显示真北标志。

3.切换标尺

(1)按 CURSOR ON/OFF 键,打开标尺。

(2)按方位键,移动标尺。当标尺移到屏幕的边界,屏幕将向相反的方向移动。标尺的状态决定屏幕上显示的内容。

①标尺打开:在 Plotter 1 模式下,屏幕顶部显示标尺所处经/纬度("+"符号),屏幕左边显示从本船到标尺的距离(RNG To+)和方位(BRG To+)。

②标尺关闭:显示本船位置("▲"符号)、速度和航向等。

4.移动屏幕

在 Plotter 1 和 Plotter 2 两种显示模式下,屏幕能够移动。如果本船驶离屏幕,会自动重回到屏幕中心。

(1)按 CURSOR ON/OFF 键,关闭标尺。

(2)按方位键,屏幕以方向键的方向移动。

5.标尺居中显示

(1)按 CURSOR ON/OFF 键,打开标尺。

(2)按方向键确定标尺的位置。

6.本船居中显示

按 CURSOR ON/OFF 键,关闭标尺。

7.清除航迹

(1)按 MENU ESC 和[3]键,选择 ERASE TRACK/MARK 菜单。

(2)按▲或▼,选择 Erase Track(清除航迹)。

(3)按▶,选择 Yes,屏幕将显示一条提示信息。

(4)按 NU/CU ENT 键,内存存储及屏幕显示的航迹被清除。一旦航迹被清除了,将不再存在,一定要确定你是否要清除所有航迹。

8.配置存储器

配置存储器中的 2 000 个航迹点和转向点,存储器预设为航迹点和标志点各 1 000 个。当存储器配置发生改变,所有数据会被清除。

(1)按 MENU ESC、[9]和[1]键,选择 SYSTEM SETTINGS/PLOTTER SETUP 菜单(系统设置/标绘设置)。

(2)按▲或▼,选择 Memory Apportion(内存配置)。

(3)输入航迹点数值,如要存储 1 500 个航迹点和 500 个标志点,按[1]、[5]、[0]、[0]键。

(4)按 NU/CU ENT 键,将询问是否清除所有数据。

9.选择参考方位

显示真方位或磁方位:航向及到转向点的方位能以真方位或磁方位显示。磁方位是真方位加上(或减去)地球磁偏差。

(1)按 MENU ESC、[9]和[1]键,选择 SYSTEM SETTINGS/PLOTTER SETUP 菜单。

(2)按▲或▼,选择 Bearing Ref.(参考方位)。

(3)按◀或▶,选择真方位或磁方位。

(4)按 NU/CU ENT 键,或▲或▼。

输入磁差:由于磁北极与地理北极的位置不同,真北和磁北在方向上也不同,这个偏差叫作磁偏差。随着在地球上观察点的不同,磁差不同。磁差能通过自动输入或手动输入。

(5)按▲或▼,选择 Mag Variation(磁偏差)。

(6)按◄或►,选择 AUTO(自动输入)或 Man(手动输入)。

(7)如果选择自动输入,当前的磁差值显示在扩号内;如果选择手动输入,应根据海图输入,例如磁偏差为 10°,按[1]和[0]键。

(8)必要时,按[⟳]键,改变东/西经。

(十三)选择测量单位

1.选择测量单位

(1)按 MENU ESC、[9]和[2]键,显示 UNIT SETUP(单位设置)菜单。

(2)距离单位:按▲或▼,选择 Unit of distance。按◄或►,选择单位:nm(海里)、km(公里)、sm(法定英里)。

(3)深度单位:按▼,选择 Unit of Depth。按◄或►,选择单位:meter(米)、feet(英尺)、fathom(英寻,合 6 英尺)。

(4)温度单位:按▼,选择 Unit of Temp。按◄或►,选择单位:Centigrade(百分比)、Fahrenheit(华氏温度)。

(5)高度单位:按▼,选择 Unit of Altitude。按◄或►,选择单位。

2.设置标记和符号的尺寸、亮度

(1)按 MENU ESC 和[1]键。显示 DISPLAY SETUP(显示设置)菜单。

(2)网格亮度:按▲或▼,选择 Grid。按◄或►,选择亮度(亮、暗或关闭)。

(3)航线亮度:按▼,选择 Course Bar。按◄或►,选择亮度。

(4)时间标志亮度:按▼,选择 Time Mark。按◄或►,选择亮度。

(5)转向点标志尺寸:按▼,选择 Waypoint Size。按◄或►,选择尺寸大或小。

(6)标尺尺寸:按▼,选择 Cursor Size。按◄或►,选择尺寸。

(7)流向/流速平滑:按▼,选择 Set/Drift AVE。按◄或►,选择开/关。

(8)按 NU/CU ENT 键和 MENU ESC 键。

3.扩展文字

在 Data 显示模式下,位置数据或用户定义显示区域的内容能够放大显示。

(1)在 Data 显示模式下,按 CURSOR ON/OFF 键打开标尺。

(2)操作方向键选择要扩大的数据的窗口,要把文字尺寸从缩小恢复正常,按 ZOOM IN 键;要把文字尺寸从扩大恢复正常,按 ZOOM OUT 键。

(十四)故障检查

1.内存清除

GPS 有两个内存:GPS 存储器和标绘存储器。

GPS 存储器储存 GPS 信息,包括历书等。标绘存储器储存标绘的航迹和标志数据。当清除标绘存储器时,所有航迹和标志被清除,所有相应的设置被还原。

（1）按 $\boxed{\text{MENU ESC}}$ 键和［9］键，显示 CLEAR MEMORY（清除内存）菜单。

（2）按▲或▼，选择要清除的内容。

（3）按▶，选择 Yes。屏幕将显示一条提示信息。

（4）按 $\boxed{\text{NU/CU ENT}}$ 键，确认操作。

在清除 GPS 存储器和标绘存储器后，仪器可能会被锁定，可重新开机还原正常的操作。

2.自检

（1）按 $\boxed{\text{NENU ESC}}$ 和［8］键，显示 SELF TESTS（自检）菜单。

存储器，I/O 接口检测：按［1］。选择 Memory，I/O Port Test。

检查内容包括：PROGRAM（程序存储器）、SRAM（随机存储器）、Internal Battery（内置电池）、DATA 1 PORT（数据接口 1）、DATA 2 PORT、DATA 4 PORT、GPS 接收机、BEACON（无线电接收机）。工作正常，显示"OK"；当发生异常时，显示"NG"。如果数据接口没连接设备，显示"NG"作为接口检测的结果。

检测完毕，按 $\boxed{\text{NENU ESC}}$ 退出，返回到自检菜单。如果继续检测，则不按 $\boxed{\text{NENU ESC}}$。

键盘检测：按［2］键，显示 Keyboard Test 屏幕。

按每一个控键，如果该键正常，屏幕上相应的区域变亮。要停止键盘检查，按 $\boxed{\text{CLEAR}}$ 键三次，返回到 SELF TEST 菜单。

显示器检测：按［3］键，显示 Test Pattern 屏幕。

要改变检测的图案，按 $\boxed{\text{NU/CU ENT}}$ 键。按 $\boxed{\text{CLEAR}}$ 键三次停止检测。

自动检测：按［4］键，选择 Auto Test。连续进行所有自检。要停止检查，按 $\boxed{\text{NENU ESC}}$ 键。

（2）按 $\boxed{\text{NENU ESC}}$ 键退出。

第三节　卫星导航仪评估要素及评价标准

一、评估要素及评价标准

通过考核考生对卫星导航仪的操作能力，验证其是否具备开启导航仪、读取和理解显示数据、输入航线信息和航行监控、设置报警等技能，确保其符合《STCW 公约》及各海事局对船舶二/三副适任能力的相关要求。

（一）适用对象：500 总吨及以上船舶二/三副

卫星导航仪评估要素及评价标准（500 总吨及以上船舶二/三副），如表 1-3-1 所示。

表 1-3-1 "正确使用卫星导航仪"评估要素及评价标准(500 总吨及以上船舶二/三副)

序号	评估要素	关键要素	评价标准	标准解读
1	开启导航仪	否	1.能正确开启卫星导航仪,正确选取信号源(GPS 或北斗); 2.能核对导航仪定位状态并进行初始化检查和设置	1.能正确开启导航仪,理解三种启动模式(冷启动、温启动和热启动)的区别; 2.能理解信号源定位的精度,合理选取导航仪信号源; 3.根据要求,可进行初始化设置和测试各项功能
2	读取和理解显示数据	是	能正确选择导航仪的显示模式,并读取经纬度、对地航向和航速、MOB 等数据	1.熟悉导航仪各显示模式的区别,选择正确的模式读取经纬度、对地航向和航速等数据; 2.掌握 MOB 的设置和读取方法,能够熟练操作读取 MOB 数据
3	输入航线信息和航行监控	否	能正确输入航路点,设置、查询及监控航线信息	1.掌握航路点设置、查询及监控航线的操作; 2.能根据航路点列表输入航路点,并设置航线
4	设置报警	否	能正确设置锚位报警、到达报警、横向偏距报警等	1.熟悉导航仪的报警种类及作用; 2.能正确操作设备进行相应报警的设置

(二) 适用对象:未满 500 总吨船舶二/三副

卫星导航仪评估要素及评价标准(未满 500 总吨船舶二/三副),如表 1-3-2 所示。

表 1-3-2 "正确使用卫星导航仪"评估要素及评价标准(未满 500 总吨船舶二/三副)

序号	评估要素	关键要素	评价标准	标准解读
1	开启导航仪	否	1.能正确开启卫星导航仪,正确选取信号源(GPS 或北斗); 2.能核对导航仪定位状态并进行初始化检查和设置	1.能正确开启导航仪,理解三种启动模式(冷启动、温启动和热启动)的区别; 2.能理解信号源定位的精度,合理选取导航仪信号源; 2.根据要求,对导航仪定位状态进行核对,并进行初始化设置和测试各项功能
2	读取和理解显示数据	是	能正确选择导航仪的显示模式,并读取经纬度、对地航向和航速、MOB 等数据	1.熟悉导航仪各显示模式的区别,选择正确的模式读取经纬度、对地航向和航速等数据; 2.掌握 MOB 的设置和读取方法,能够熟练操作读取 MOB 数据

续表

序号	评估要素	关键要素	评价标准	标准解读
3	设置报警	否	能正确设置锚位报警、到达报警、横向偏距报警等	1.熟悉导航仪的报警种类及作用； 2.能正确操作设备进行相应报警的设置

二、评估练习题

1.考生使用 FURUNO GP150 型 GPS 卫星导航仪真机或模拟器,独立完成以下任务:

(1)开启卫星导航仪,定位坐标系设置为 WGS-84;

(2)将导航仪显示模式设置为"数据显示模式",读取本船经纬度坐标;

(3)输入航路点(38°24.152N, 122°27.320E),设计一条包含本航路点的航线;

(4)开启横向偏距报警,设置报警值为 0.5 n mile。

2. 考生使用 FURUNO GP150 型 GPS 卫星导航仪真机或模拟器,独立完成以下任务:

(1)开启卫星导航仪,查看卫星状态并读取 HDOP 值;

(2)将导航仪显示模式设置为"导航显示模式",读取本船经纬度坐标;

(3)输入航路点(38°34.152N, 122°29.320E),设计一条包含本航路点的航线;

(4)打开到达报警,设置报警值为 1 n mile。

3.考生使用 FURUNO GP150 型 GPS 卫星导航仪真机或模拟器,独立完成以下任务:

(1)开启卫星导航仪,打开 RAIM 功能并设置为 50 m;

(2)将导航仪显示模式设置为"导航显示模式",读取本船对地航速;

(3)输入航路点(39°54.152N, 122°21.520E),设计一条包含本航路点的航线;

(4)打开锚位报警,设置报警值为 0.3 n mile。

4.考生使用 FURUNO GP150 型 GPS 卫星导航仪真机或模拟器,独立完成以下任务:

(1)开启卫星导航仪,打开 RAIM 功能并设置为 100 m;

(2)将导航仪显示模式设置为"导航显示模式",读取本船对地航向;

(3)输入航路点(39°14.116N, 124°26.520E),设计一条包含本航路点的航线;

(4)打开偏航报警,设置报警值为 0.3 n mile。

5.考生使用 FURUNO GP150 型 GPS 卫星导航仪真机或模拟器,独立完成以下任务:

(1)开启卫星导航仪,将定位模式设置为二维定位,输入天线高度 15 m;

(2)将导航仪显示模式设置为"标绘显示模式",记录并读取 MOB 位置;

(3)输入航路点(39°11.452N, 126°26.520E),设计一条包含本航路点的航线;

(4)开启到达报警,设置报警值为 1.5 n mile。

第二章

回声测深仪使用及评估

评估规范要点概述：要求 500 总吨及以上船舶二/三副，能正确开启测深仪，核查测深仪工作状态；能正确调整增益，根据海图水深数据选用合适的量程，并测量水深；能正确读取和理解不同显示模式下的水深（换能器或水面下）等数据，并能分析水深数据的可靠性；能正确调出水深记录数据，分析水深数据变化，引导船舶航行；能正确根据船舶吃水和要求的最小富余水深等信息设置报警深度。要求未满 500 总吨船舶二/三副，能正确开启测深仪，核查测深仪工作状态；能正确调整增益，根据海图水深数据选用合适的量程，并测量水深；能正确读取和理解不同显示模式下的水深（换能器或水面下）等数据；能正确根据船舶吃水和要求的最小富余水深等信息设置报警深度。

第一节　回声测深仪设备概述

一、设备总体概述

回声测深仪（Echo Sounder）是基于超声波在水中的传播特性设计的水声导航仪器，主要用于实时测量船舶所处水域的水深，辅助船舶在浅水区、未知水域或航道中安全航行。根据相关规定，远洋船舶配备的测深仪最大测量深度应达 400 m，沿海船舶为 200 m。

（一）基本组成

1.发射系统

发射系统负责生成高频电脉冲以驱动换能器，其核心功能包括：

（1）脉冲参数

工作频率范围为 20～200 kHz，脉冲宽度（τ）决定最小测量深度（浅水型 $\tau \leqslant 0.4$ ms），发射功率（200～500 W）直接影响最大测量深度（远洋 400 m）。

（2）电路构成

电路由振荡器、调制器和功率放大器组成,支持窄脉冲发射(深水测量)与宽脉冲发射(浅水高精度)。

（3）频率选择

高频(150~200 kHz)适用于浅水高分辨率,低频(20~50 kHz)适用于深水穿透。

（4）同步控制

发射系统与接收系统严格同步,确保计时误差≤0.1 ms(对应深度误差±0.075 m)。

2.接收系统

接收系统用于放大并处理从水底反射的回波信号,关键技术包括:

（1）动态范围

接收系统支持80~100 dB增益范围,可处理微伏级回波信号(典型输入灵敏度1 μV)。

（2）信号处理

信号采用自动增益控制(AGC)抑制杂波,带通滤波技术滤除船舶机械噪声及海面混响干扰。

（3）门限调节

手动设置跟踪门限(如0~5 m),避免浅水区海面反射误判。

（4）多级放大

接收系统前置放大器(低噪声设计)和主放大器(动态压缩),确保信噪比>20 dB。

3.换能器

换能器是实现电–声信号转换的核心部件,需满足以下要求:

（1）类型选择

磁致伸缩型是镍基合金,需定期充磁;压电陶瓷型是锆钛酸铅,免维护;收发兼用型需隔离收发电路。

（2）安装规范

①位置

换能器安装在距船首1/3船长处,水平基准面误差<0.5°,远离螺旋桨、排水口5 m以上。

②防护

换能器采用密封法兰盘防水设计,屏蔽电缆阻抗≤50 Ω,接地电阻<1 Ω。

（3）性能参数

换能器的指向角8°~15°(窄波束减少多路径干扰),发射效率>70%,接收灵敏度>−180 dB。

4.显示器

显示器用于显示水深数据及回波图像,支持数字显示(LED/LCD)和图形化显示,并可接入导航数据(如船位、航速),如图2-1-1所示。

图 2-1-1　回声测深仪显示器

5.电源模块

回声测深仪适配船舶电源(115/230 V AC),能提供稳定的直流输出,并具备断电保护功能。

(二) 工作原理

超声波脉冲由换能器发射至海底,经反射后被接收换能器捕获。通过测量声波往返时间 t,结合标准声速(1 500 m/s),计算水深,如式(2-1-1)所示。

$$h=c \cdot t/2(收发兼用换能器) \tag{2-1-1}$$

式中,h 为换能器至海底的垂直深度;c 为标准声速,$c=1 500$ m/s;t 为声波往返时间,其精度决定测深误差。

(三) 关键技术指标

回声测深仪的关键技术指标,如表 2-1-1 所示。

表 2-1-1　回声测深仪的关键技术指标

指标	要求	影响因素
最大测量深度	远洋 400 m,沿海 200 m	发射功率、换能器效率、工作频率
最小测量深度	常规型 1~2 m,浅水型 0.2~0.3 m	发射脉冲宽度 τ,$h_{min} > c \cdot t/2$
允许误差	浅水±1 m,深水±5 m 或±5%	声速误差、时间电机转速误差
显示方式	记录式(强制)+数字式(LED/LCD)	需支持回波图像与历史数据存储

二、理论基础

(一)声波特性

1.频率范围
回声测深仪使用超声波(20~200 kHz),抗干扰性强。

2.传播速度
回声测深仪的实际声速受水温、盐度、压力影响,标准值取 1 500 m/s。

3.传播损耗
(1)扩散损耗
声能随距离衰减。
(2)衰减损耗
海水吸收、散射导致能量损失。

(二)误差来源

1.声速误差
回声测深仪的实际声速与设计值有差异,修正公式如(2-1-2)式所示。
$$实际水深=实际声速/标准声速×显示水深 \tag{2-1-2}$$

2.电机转速误差
电机转速不稳定影响计时精度。

3.环境干扰
环境干扰包括船舶摇摆、气泡、海底底质(岩石反射最强,淤泥反射最弱)等。

第二节　回声测深仪设备操作

一、通用操作及维护

(一)操作流程

1.开机准备与设备核查
(1)硬件状态检查
①确认电源线连接牢固,船电输入(115/230 V AC)正常,无破损或松动。
②检查换能器工作面清洁度,清除附着物(如海生物、油污),确保无油漆覆盖。

③验证屏蔽电缆接地电阻<1 Ω,避免电磁干扰。

(2)设备启动与自检

①长按【POWER】键3 s启动设备,观察屏幕自检状态(显示"PASS"为正常)。

②若自检报错(如"换能器故障"),按【MENU】→【SYSTEM LOG】查询故障代码。

2.参数设置与水深测量

(1)量程选择

①自动模式

自动模式默认覆盖全量程(0~400 m),适用于常规航行。

②手动模式

浅水区(<20 m)切换手动模式至最小量程(0~5 m),提高显示分辨率(0.1 m)。

(2)增益调节

①自动增益

自动增益默认优化接收灵敏度,适用于深水或平稳海况。

②手动增益

浅水区手动降低增益(减少30 %~50 %),抑制海面混响和杂波干扰。

(3)报警阈值设置

①浅水报警

浅水报警通过输入船舶吃水 D,设置阈值 $H_{alarm}=D+$富余水深(如 $D+2$ m)。

②深水报警

根据航道限制水深设定深水报警(如海图标注最小安全水深+5 m)。

(4)数据读取与验证

①数字窗口

通过数字窗口读取当前水深(单位切换:米/英尺/英寻),对比海图水深验证一致性。

②图形界面

通过图形界面分析回波图像前沿位置,判断水深可靠性(信号带宽度<0.5 m为有效)。

3.导航信息调用

①按【NAV】键调出导航模式,查看叠加的船位(WGS-84)、航速(SOG)、航向(COG)。

②调用24 h水深记录,分析趋势变化(如浅滩坡度>5%时触发预警)。

(二)维护要点

1.设备性能校准

(1)灵敏度测试

每月使用标准反射板(距离10 m)测试回声测深仪的灵敏度,回波强度应>-160 dB。

(2)零点误差校准

在已知水深区域(如船坞),对比显示值与实测值,误差的绝对值>0.5 m时须重置计时模块。

2.环境防护

(1)温、湿度控制

回声测深仪的工作温度为-15 ℃~55 ℃,湿度<95%非冷凝,避免阳光直射显示屏。

（2）电缆维护

每月检查回声测深仪的屏蔽层完整性，接地电阻<0.1 Ω，露天接口涂抹防水硅胶。

二、典型设备操作示例

现以 FURUNO FE-700 型回声测深仪为例，介绍其基本操作。

（一）面板功能与操作规范

FURUNO FE-700 型回声测深仪的面板功能与操作规范，如表 2-2-1 所示。

表 2-2-1　FURUNO FE-700 型回声测深仪的面板功能与操作规范

控制单元	功能说明	操作规范
[MODE] 旋钮	切换 7 种显示模式： NAV 模式：传感器下方深度（默认） DBS 模式：水面下深度（需设置吃水值） HISTORY 模式：24 h 历史水深+5 min 分层回波 LOGBOOK 模式：时间/深度/位置记录 OS DATA 模式：导航数据大屏显示 HELP 模式：操作指引 MENU 模式：高级参数设置	旋转选择模式时需停留 1 s 确认显示切换
[RANGE] 旋钮	短按旋转：手动选择量程（5~800 m） 长按 3 s：激活自动量程（AUTO 模式） 浅水操作：强制锁定 5 m 量程（分辨率 0.1 m）	量程选择需匹配海图标注水深 ±10%
[GAIN] 旋钮	自动模式：默认优化灵敏度（按 [AUTO] 键激活） 手动调节：浅水区建议 4.0~5.0，深水区 7.0~9.0	增益调整后回波信噪比>20 dB
[POWER] 键	开机：短按启动，自检显示"ROM：OK"为正常 关机：长按 3 s 关闭，重启间隔≥5 s	异常状态（如"BATTERY：NG"）须立即报修
[BRILL] 键	调节显示对比度（0~63 级）	日间建议 48 级，夜间调至 30 级

（二）浅水区操作流程

1.量程与干扰抑制

（1）手动锁定量程

旋转【RANGE】至 5 m 挡，进入系统菜单 3.1 激活"浅水模式"（脉冲宽度自动切换至

0.25 ms）。

按【MENU】→选择【INTERFERENCE REJECT】→启用 IR3 级滤波（抑制螺旋桨空化气泡干扰）。

（2）跟踪门限设置

①按【MUTE ALARM】键输入报警阈值＝当前水深×0.8（如水深 6 m，则阈值 4.8 m）。

②激活"水底丢失警报"（系统菜单 1.4），超时 3 s 无回波触发声光报警。

2.增益与图像优化

（1）关闭自动增益

按【AUTO】键切换至手动增益模式。

（2）增益调节

逆时针旋转【GAIN】至 4.5，观察回波图像。

①有效信号:红色连续带状回波（前沿清晰）。

②杂波特征:散点状蓝色噪点（占比<10%）。

（3）回波补偿校准（扩展模式操作）

①同时按下【DIM】+【BRILL】+【COLOR】键进入扩展菜单。

②调整【ECHO OFFSET】至+25（补偿淤泥底质弱反射）。

3.安全验证

（1）浅水报警测试

①设置浅水报警阈值＝吃水+2 m（如吃水 4 m 则阈值 6 m）。

②模拟浅水条件:当水深≤6m 时,验证声光报警（蜂鸣频率 1 Hz）及屏幕"SHALLOW DEPTH ALARM"提示。

（2）数据交叉验证

①NAV 模式与 DBS 模式水深差值应≤0.3 m（须校准吃水修正）。

②对比 LOGBOOK 记录的 5 s 间隔数据,波动范围的绝对值≤0.5 m。

4.操作记录（符合海事日志要求）

浅水区操作记录,如表 2-2-2 所示。

表 2-2-2　浅水区操作记录

记录项	标准值	实测值	校验人
量程设置	5 m	5 m	二副
增益值	4.5	4.5	三副
报警阈值	6 m	6 m	船长
底质类型	淤泥	淤泥（TVG＝5）	水手长

5.注意事项

（1）DBS 模式禁止在浅水区使用（吃水设置误差可能导致搁浅风险）。

（2）每月需执行"TVG 曲线校准"（按三次【DIM】键进入扩展菜单→选择 TVG＝5）。

第三节　回声测深仪评估要素及评价标准

一、评估要素及评价标准

通过考核考生对回声测深仪的操作能力，验证其是否具备正确开启设备、调整量程与增益、读取并分析水深数据、设置报警参数、调用导航记录及评估数据可靠性等技能，确保其符合《STCW 公约》及海事局对船舶二/三副适任能力的相关要求，满足 IMO MSC.74（69）Annex 4 与 ISO 9875：2000 规范中对浅水区航行安全的技术标准。

（一）适用对象：500 总吨及以上船舶二/三副

"正确使用回声测深仪"评估要素及评价标准（500 总吨及以上船舶二/三副），如表 2-3-1 所示。

表 2-3-1　"正确使用回声测深仪"评估要素及评价标准（500 总吨及以上船舶二/三副）

序号	评估要素	关键要素	评价标准	标准解读
1	开启回声测深仪	否	能正确开启测深仪，核查测深仪工作状态	1.硬件连接核查 （1）检查电源线（115/230 V AC）连接牢固，船电输入正常； （2）确认换能器电缆无松动，接地电阻<1 Ω； （3）验证换能器工作面清洁（无附着物）。 2.设备启动与自检 （1）长按【POWER】键 3 s 启动设备，观察自检状态显示"ROM：OK""DRAM：OK"； （2）若自检报错，按【MENU】→【SYSTEM LOG】查询故障代码。 3.显示屏校准 （1）校准亮度至 48 级（日间）或 30 级（夜间），对比度误差≤±5%

续表

序号	评估要素	关键要素	评价标准	标准解读
2	测量水深,读取和理解显示数据	是	1.能正确调整增益,根据海图水深数据选用合适的量程,并测量水深; 2.能正确读取和理解不同显示模式下的水深(换能器或水面下)等数据,并能分析水深数据的可靠性	1.量程与增益调整 (1)手动切换量程至海图标注水深±10%范围(如浅水区锁定 5 m 量程,分辨率0.1 m); (2)调整增益至 4.0~5.0(浅水区)或7.0~9.0(深水区),确保回波信噪比>20 dB。 2.数据读取与验证 (1)在 NAV 模式下读取换能器下方深度,DBS 模式下输入吃水值读取水面下深度,对比差值≤0.3 m; (2)验证回波图像前沿清晰(红色连续带状),杂波占比<10%。 3.声速误差修正 修正声速误差,确保水深与海图误差≤±0.3 m
3	调用导航信息	否	能正确调出水深记录数据,分析水深数据变化,引导船舶航行	1.历史数据调取 (1)进入 HISTORY 模式调取最近 5 min 水深数据及24 h 趋势图; (2)调用 LOGBOOK 模式记录的时间/深度/位置数据。 2.数据分析与验证 (1)识别坡度突变点(如 1 min 内水深变化>2 m); (2)结合船位及航速验证数据合理性,与航线图匹配度>90%
4	设置报警水深	否	能正确根据船舶吃水和要求的最小富余水深等信息设置报警深度	1.报警阈值设置 (1)输入船舶吃水 D,设置阈值$_{Halarm}=D+$富余水深(如 $D=4$ m 时设 6 m); (2)模拟水深降至阈值,验证声光报警触发延迟≤2 s。 2.数据记录 (1)记录报警时的船位、水深数据及时间,确保存储完整; (2)禁止在浅水区使用 DBS 模式(避免吃水误差导致搁浅)

(二)适用对象:未满 500 总吨船舶二/三副

回声测深仪评估要素及评价标准(未满 500 总吨船舶二/三副),如表 2-3-2 所示。

表 2-3-2　回声测深仪评估要素及评价标准(未满 500 总吨船舶二/三副)

序号	评估要素	关键要素	评价标准	标准解读
1	开启回声测深仪	否	能正确开启测深仪,核查测深仪工作状态	1.硬件连接核查(口述) (1)检查电源线(115/230 V AC)连接牢固,船电输入正常; (2)确认换能器工作面清洁(无附着物); (3)验证屏蔽电缆接地电阻<1 Ω。 2.设备启动与自检 (1)长按【POWER】键3 s启动设备,观察自检状态(显示"ROM:OK""DRAM:OK"); (2)若自检报错,按【MENU】键→【SYSTEM LOG】键查询故障代码。 3.显示屏校准 调整亮度至 48 级(日间)或 30 级(夜间),对比度误差≤±5%
2	测量水深,读取和理解显示数据	是	能正确调整增益,根据海图水深数据选用合适的量程,并测量水深。 能正确读取和理解不同显示模式下的水深(换能器或水面下)等数据	1.量程与增益调整 (1)手动切换量程至海图标注水深±10%范围(如浅水区锁定 5 m 量程,分辨率0.1 m); (2)调整增益至 4.0~5.0(浅水区)或7.0~9.0(深水区),确保回波信噪比>20 dB。 2.数据读取与验证 (1)在 NAV 模式下读取换能器下方深度,DBS 模式下输入吃水值读取水面下深度,对比差值≤0.3 m; (2)验证回波图像前沿清晰(红色连续带状),杂波占比<10%。 3.声速误差修正 修正声速误差,确保水深与海图误差≤±0.3 m

续表

序号	评估要素	关键要素	评价标准	标准解读
3	设置报警水深	否	能正确根据船舶吃水和要求的最小富余水深等信息设置报警深度	1.报警阈值设置 (1)输入船舶吃水 D,设置阈值$_{Halarm}=D+$富余水深(如 $D=4$ m 时设 6 m); (2)手动降低模拟水深至阈值,验证声光报警触发延迟≤2 s。 2.数据记录 (1)记录报警时的船位、水深数据及时间,确保存储完整; (2)禁止在浅水区使用 DBS 模式(避免吃水误差导致搁浅)

二、评估练习题

1.考生使用 FURUNO FE-700 型回声测深仪真机或模拟器,独立完成以下任务:

(1)开启测深仪,调节亮度和对比度;调整增益;从海图查得船舶所在位置水深为 23 m,并选用合适的量程,并测量水深。

(2)给定船舶吃水 7 m,要求的最小富余水深为 8.5 m,设置船舶吃水和报警水深。

(3)读取水深数据;此水深数据是富余水深还是真实水深;告知评估员此水深是否安全。

2.考生使用 FURUNO FE-700 型回声测深仪真机或模拟器,独立完成以下任务:

(1)开启测深仪,调节亮度和对比度;调整增益;给定船舶吃水 7 m,要求的最小富余水深(报警水深)为 1.1 m,设置船舶吃水和报警水深。

(2)读取水深数据;此水深数据是富余水深还是真实水深;告知评估员此水深是否安全。

(3)通过操作调出测试仪记录的水深数据。

3.考生使用 FURUNO FE-700 型回声测深仪真机或模拟器,独立完成以下任务:

(1)开启测深仪,调节亮度和对比度;调整增益;从海图查得船舶所在位置水深为 23 m,并选用合适的量程,并测量水深。

(2)在 Depth Below Surface(DBS)模式下读取水深数据;此水深数据是富余水深还是真实水深;并叙述真实水深和富余水深的不同点。

(3)通过操作调出测试仪记录的水深数据。

4.考生使用 FURUNO FE-700 型回声测深仪真机或模拟器,独立完成以下任务:

(1)开启测深仪,调节亮度和对比度;调整增益。

(2)在水面以下水深 Depth Below Surface(DBS)模式下读取水深数据;此水深数据是富余水深还是真实水深;并叙述富余水深和真实水深的不同点。

(3)给定船舶吃水 7 m,要求的最小富余水深(报警水深)为 1.1 m,叙述在水面以下水深 Depth Below Surface(DBS)模式下如何设置船舶吃水和报警水深,并进行设置。

5.考生使用 FURUNO FE-700 型回声测深仪真机或模拟器,独立完成以下任务:

（1）开启测深仪，调节亮度和对比度；调整增益；从海图查得船舶所在位置水深为23 m，并选用合适的量程，并测量水深。

（2）给定船舶吃水7 m，要求的最小富余水深（报警水深）为1.1 m，叙述在水面以下水深 Depth Below Surface(DBS)模式下如何设置船舶吃水和报警水深，并进行设置。

（3）读取水深数据；此水深数据是富余水深还是真实水深；告知评估员此水深是否安全。

第三章

陀螺罗经使用及评估

评估规范要点概述:要求 500 总吨及以上船舶二/三副,能进行陀螺罗经启动前的检查与准备,能按照操作规程正确启动陀螺罗经;能判断仪器是否工作正常,并能正确读取罗经航向或者方位,了解罗经读数的误差;正确操作分罗经或航向记录仪,使其与主罗经航向一致;掌握陀螺罗经的日常检查和维护保养的注意事项。未满 500 总吨船舶二/三副不做要求。

第一节　陀螺罗经设备概述

陀螺罗经旧称电罗经,是利用陀螺仪的特性,结合地球自转矢量和重力矢量,通过对其施加控制力矩和阻尼力矩,以实现自动找北,精确地跟踪地理子午面的指向仪器。陀螺罗经的指向精度可以达到 0.1°,较磁罗经的精度有了巨大的提高。在船舶上作为日常导航使用和为各种航海仪器提供艏向传感信号。

一、陀螺仪及其特性

(一)陀螺仪的定义与结构

工程上陀螺仪定义为:高速旋转的对称陀螺转子及其悬挂装置的总称。

陀螺仪的基本结构由转子、内环、外环、固定环、基座组成。转子轴(OX 轴)称陀螺仪主轴,内环(OY 轴)称水平轴,外环(OZ 轴)称垂直轴,固定环固定在基座上,如图 3-1-1 所示。

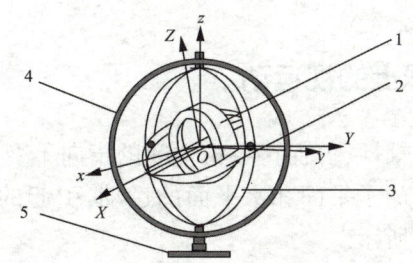

图 3-1-1 陀螺仪结构

1—转子；2—内环；3—外环；4—固定环；5—基座

(二) 陀螺仪的特性

1.定轴性

当高速旋转的陀螺转子不受外力矩作用时,转动自由度陀螺仪基座,可发现主轴 OX 不随基座一起转动,而保持其初始的方向不变,这种现象称为陀螺仪的定轴性,如图 3-1-2 所示。

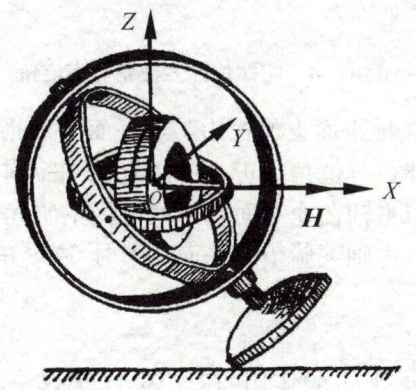

图 3-1-2 陀螺仪的定轴性

2.进动性

用陀螺仪主轴动量矩(H)来描述陀螺转子旋转运动的强弱与方向,则在外力(F)作用下,陀螺仪主轴动量矩(H)矢端以捷径趋向外力矩(M)矢端做运动的现象称为陀螺仪的进动性,如图 3-1-3 所示。

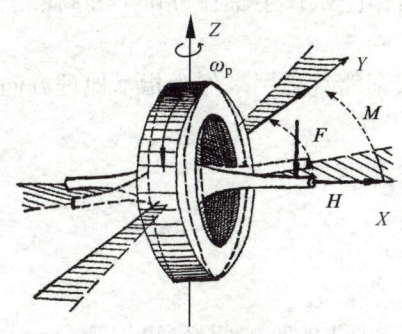

图 3-1-3 陀螺仪的进动性

二、自由陀螺仪在地球上的视运动

因自由陀螺仪主轴具有定轴性,可保持宇宙空间的指向不变。地球自转时,地球上的观测者看到的是陀螺仪主轴相对地球子午面和水平面的运动,引起的方位和高度的变化用方位角 α 和高度角 θ 表示,如图 3-1-4 所示。

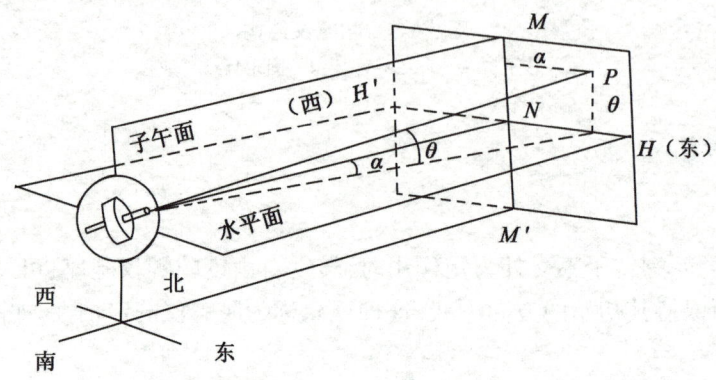

图 3-1-4　陀螺仪的方位角与高度角

方位角 α 是陀螺仪主轴在地平面上的投影与地平面上真北线 ON 之间的夹角。以子午面为基准,主轴偏在子午面西边时,方位角为正;主轴偏在子午面东边时,方位角为负。

高度角 θ 是陀螺仪主轴与主轴在地平面投影线之间的夹角。以水平面为基准,主轴上仰于地平面之上时,高度角为负;主轴下俯于地平面之下时,高度角为正。

(一)自由陀螺仪主轴相对子午面的视运动

由于地球自转角度垂直分量 ω_2 的作用,在北纬,陀螺仪主轴做由西向东的视运动;在南纬,陀螺仪主轴做由东向西的视运动,视运动速度都是 ω_2。

(二)自由陀螺仪主轴相对水平面的视运动

由于地球自转角度水平分量 ω_1 的作用,当主轴偏于子午面之东时,主轴相对于水平面做升高的视运动;当主轴偏于子午面之西时,主轴相对于水平面做下降的视运动。

综上所述,位于地球上的自由陀螺仪主轴在方位上和高度上的视运动规律可概括为:北纬东偏,南纬西偏,东升西降。

因此,地球上的自由陀螺仪不能直接用来作为指示地理方向的陀螺罗经。

三、变自由陀螺仪为陀螺罗经

(一)控制力矩和阻尼力矩

为了使自由陀螺仪变为稳定指北的陀螺罗经,可以通过给自由陀螺仪施加控制力矩和阻尼力矩的方法来抵消因地球自转而产生的视运动影响,使陀螺仪主轴能够自动找北,并且稳定在子午面内。

安许茨系列控制力矩是下重式陀螺罗经;斯伯利系列控制力矩是上重式陀螺罗经;阿玛–勃朗系列控制力矩是电磁控制式。

仅有控制力矩作用的摆式罗经能够自动找北,但不能稳定指北。要使摆式罗经主轴能自动找北且稳定指北,必须变等幅摆动为减幅摆动。在陀螺罗经中,对陀螺仪施加阻尼力矩,使主轴的方位角 α 和高度角 θ 按减幅摆动规律变化,便能自动抵达其应有的稳定位置。对陀螺罗经施加阻尼力矩的方法有两种:第一种叫水平阻尼法,即压缩椭圆长轴的方法,这时阻尼力矩应施加于陀螺仪的水平轴上,下重式陀螺罗经(安许茨系列)便是采用该阻尼方法,阻尼设备为液体阻尼器;第二种叫垂直阻尼法,即压缩椭圆短轴的方法,这时阻尼力矩应施加于陀螺仪的垂直轴上,液体连通器(斯伯利系列)和电磁控制式(阿玛–勃朗系列)陀螺罗经便是采用该阻尼方法。阻尼设备为西边加配重和垂直力矩器,产生阻尼力矩的装置叫阻尼器。

(二)罗经稳定时间

罗经稳定时间的长短取决于罗经的结构参数和所在地的纬度,随着纬度升高,罗经稳定时间也会延长。此外,罗经稳定时间还与启动时罗经指北端的初始位置(方位角和高度角)有关。因为通常罗经稳定时间约为 4 h,所以船舶驾驶员一般在开航前 4 h 启动罗经。为了缩短稳定时间,有些罗经设有快速稳定装置,使主轴指北端预先接近其稳定位置。

四、陀螺罗经的误差及其修正方法

(一)纬度误差

1.产生原因
采用垂直轴阻尼法的陀螺罗经,其主轴指北端的稳定位置不在子午面内,而是偏离子午面一定角度,该角度称为纬度误差。

2.误差的修正
(1)外补偿法

外补偿法是利用机械解算装置,查出纬度误差的数值与符号,移动主罗经基线或仅移动分罗经的基线或者转动罗经方位刻度盘,在罗经的刻度盘读数中消除该误差,如图 3-1-5 所示。

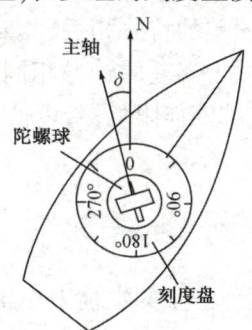

图 3-1-5　外补偿法

（2）内补偿法

内补偿法又称电气补偿法或力矩补偿法,它利用一套电气解算装置,计算并输出按纬度误差规律变化的电信号,通过力矩器,对罗经灵敏部分施加补偿力矩,使陀螺罗经主轴返回到子午面内,从根本上消除纬度误差。用此方法的陀螺罗经常设有纬度校正旋钮,只要调整旋钮至船舶所在纬度数值,纬度误差即可消除。

（二）速度误差

1.产生原因

船舶恒向恒速运动时,陀螺罗经主轴的稳定位置与航速为零时的陀螺罗经主轴的稳定位置在方位上的夹角称为速度误差。

2.误差的修正

（1）外补偿法

①查表法是按陀螺罗经说明书所附的表格,查取相应的速度误差值,然后从航向读数中予以扣除,进而求得船舶的真航向的方法。

②其他的外补偿法仍直接在刻度盘读数上设法予以消除。安许茨系列陀螺罗经采用的是外补偿法。

（2）内补偿法

类似纬度误差的内补偿法,也是利用电气解算装置使陀螺罗经主轴返回到子午面内,从根本上消除速度误差。用此方法的陀螺罗经常设有速度校正旋钮,只要调整旋钮至船舶实际速度值,速度误差即可消除。

（三）冲击误差

1.产生原因

船舶在机动（变速变向）航行过程中所产生的惯性对陀螺罗经造成的影响而引起的误差,称为冲击误差。

惯性力作用在陀螺罗经重力控制设备上而产生的冲击误差,称为第一类冲击误差。惯性力作用在阻尼设备上产生的冲击误差,称为第二类冲击误差。

2.误差的减小

船位低于设计纬度时,两类冲击误差的符号相反,相互叠加使总的冲击误差减小,可以不做处理。船位高于设计纬度时,两类冲击误差的符号相同,相互叠加使总的冲击误差增大,船舶机动过程中可以临时关闭陀螺罗经的液体阻尼器,以使主轴的冲击位移减小。

（四）摇摆误差

1.产生原因

陀螺罗经摇摆误差是指船舶摇摆所产生的惯性力作用于单转子摆式陀螺罗经重力控制设备上而引起的罗经示度误差。

船舶沿东、西、南、北基点航向航行时,摇摆误差为零。船舶沿隅点航向航行时,摇摆误差最大。

2.误差的修正

（1）安许茨系列陀螺罗经在陀螺球内安放两个陀螺马达，它们的动量矩相互垂直，其合成动量矩方向即为主轴方向。因而在船舶摇摆过程中，陀螺球的赤道平面始终水平，有效地消除了摇摆误差，如图3-1-6所示。

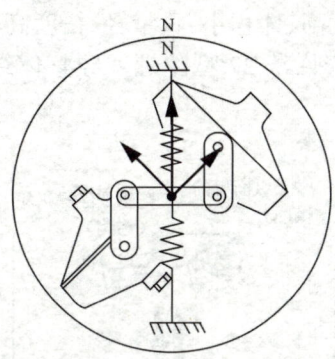

图3-1-6　双转子陀螺球

（2）采用平衡陀螺仪或其他各种减摇摆措施来消除误差，如增加液体连通器和电磁摆内硅油的黏性等。

（五）基线误差

1.产生原因

陀螺罗经的主、分罗经上都有用来读取航向的基准线，称为基线。安装罗经时，应使罗经的基线与船首尾线平行，否则将产生基线误差。基线误差的大小及符号不随时间发生变化，是一种固定误差。

2.误差的修正

通常基线误差大于0.5°时，则应予以修正，可以用移动基线的方法进行修正。

第二节　陀螺罗经设备操作及维护

一、安许茨系列陀螺罗经的结构与操作使用

安许茨系列陀螺罗经的典型产品有德国的安许茨系列4、6、12、14、20、22型，普拉特系列，中国的航海Ⅰ型，日本的北辰系列等，现以安许茨22型陀螺罗经为例进行说明。

（一）安许茨 22 型陀螺罗经的结构

1.主罗经结构

安许茨 22 型陀螺罗经较安许茨 4 型陀螺罗经有了很大的技术改进，基本原理都是靠液体导电的双转子陀螺球指北。安许茨 22 型陀螺罗经采用了微处理器数字信号控制、网络总线控制和模块化产品技术，自动化程度高、体积小、重量轻、精度高、操作简便。

图 3-2-1 所示为一种典型的安许茨 22 型陀螺罗经整体结构。其主罗经结构分成灵敏部分、随动部分、固定部分。

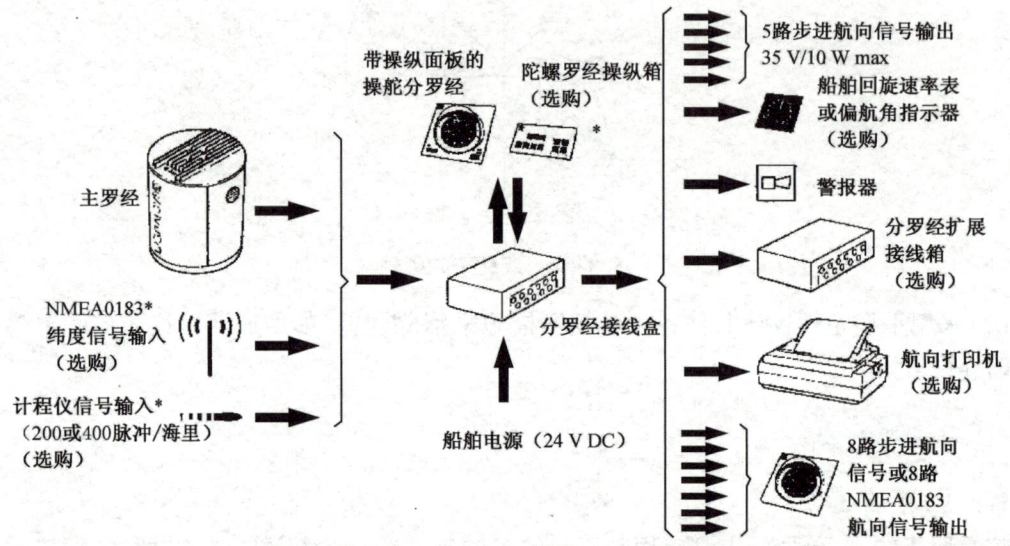

图 3-2-1　安许茨 22 型陀螺罗经整体结构

（1）灵敏部分

灵敏部分依旧是一个小型陀螺球，重心低于球心，使用液体阻尼器，与安许茨 4 型陀螺罗经相比区别有：

①顶电极与底电极只构成单相交流电通路，向陀螺球内提供 55 V/400 Hz 交流电，经球内移相电容转换成三相交流电，为陀螺马达供电，马达转速为 12 000 r／min，赤道电极是一条半圆周形带状电极，是随动信号的通路，没有了赤道上的航向刻度线。

②陀螺球内充有氢气，没有了球底部的液态润滑油。

③用离心水泵代替了电磁上托线圈。

（2）随动部分

随动部分由随动球组件、减振波纹管摆式连接器、方位齿轮、汇电环等组成。其中，随动球组件主要由随动球、离心水泵及其他附件等组成，如图 3-2-2 所示。

（3）固定部分

固定部分由箱体、支承板及安装在其上的部件组成，支承板上装有数字显示器的观察窗、传感器印刷电路板（又称印制电路板）、方位随动步进电机、风扇等，如图 3-2-3 和图 3-2-4 所示。

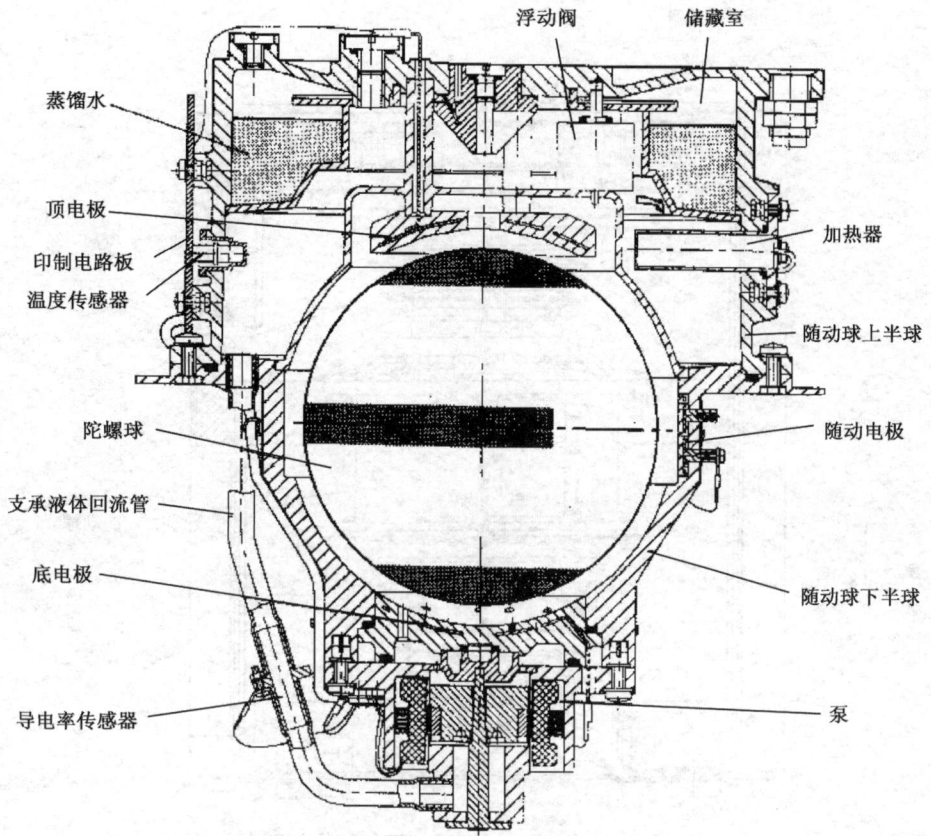

图 3-2-2 安许茨 22 型陀螺罗经陀螺球的随动部分

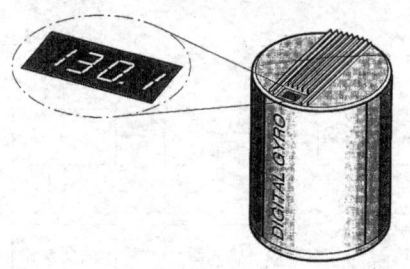

图 3-2-3 安许茨 22 型陀螺罗经箱体

2.电路系统

（1）电源系统

电源系统由几个稳压电路和 55 V/400 Hz 逆变器组成。

①稳压电路:将直流 24 V 船电变换成电子传感器所用直流电。

②55 V/400 Hz 逆变器:将直流 24 V 船电变换成陀螺球和离心泵所需单相 55 V/400 Hz 电源。

（2）随动系统

随动系统由随动传感器、放大器、CPU 和随动步进电机等组成,如图 3-2-5 所示。

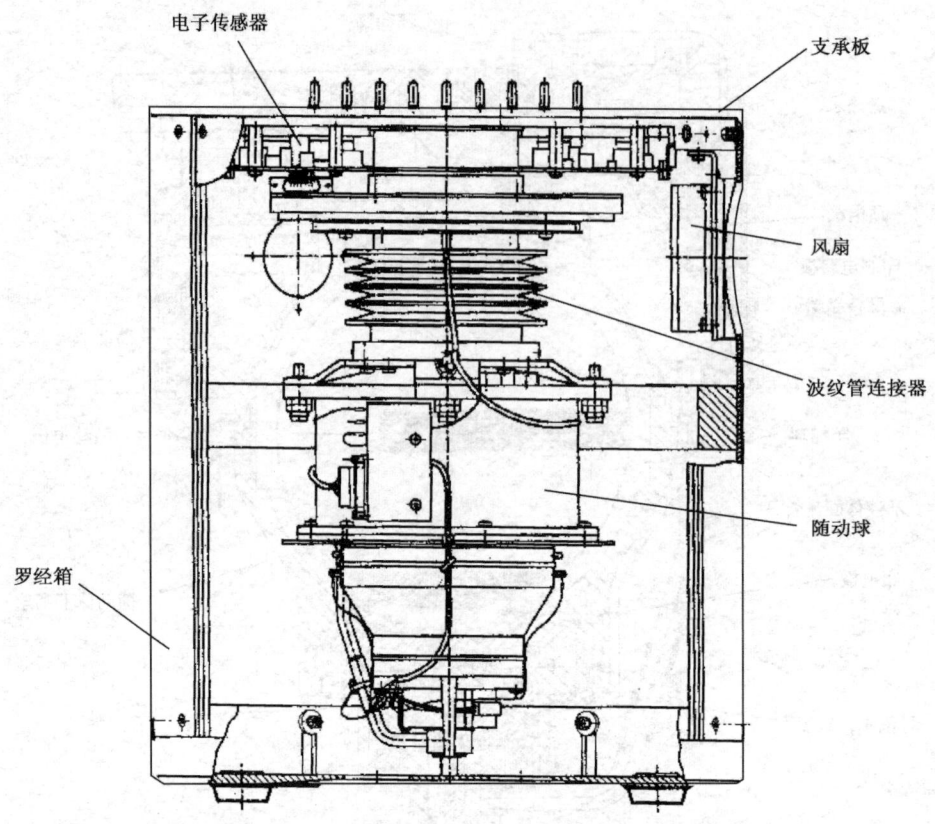

图 3-2-4 安许茨 22 型陀螺罗经箱体剖面图

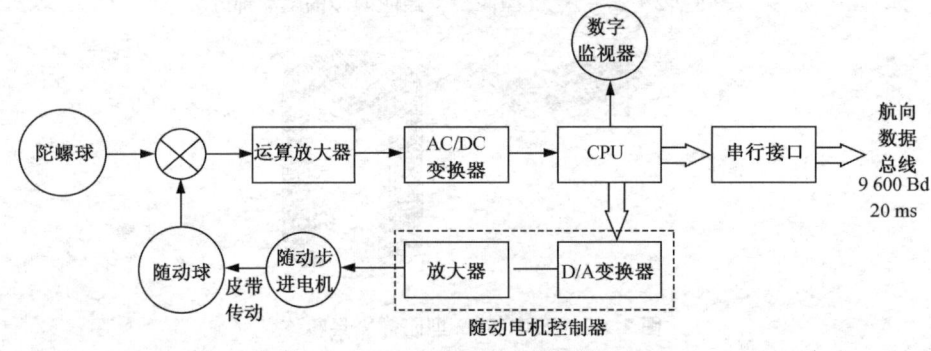

图 3-2-5 安许茨 22 型陀螺罗经随动系统

随动传感器采用信号电桥输出航向信号,驱动步进随动电机,带动方位齿轮转动。

(3)传向系统

方位齿轮转动带动支承板中央的编码器转盘转动,将随动球转动的角度变换为数字编码,送至微处理器。微处理器计算出船舶航向后,输至数字显示器显示航向。同时通过串行接口送至分配箱,分配箱变换处理后,带动 5 路步进式分罗经和 8 路同步式分罗经。

(4)温控及警报系统

温控系统及警报系统由温度传感器、微处理器、温度控制器、加热器、电风扇、过温保护装置等组成,如图 3-2-6 所示。

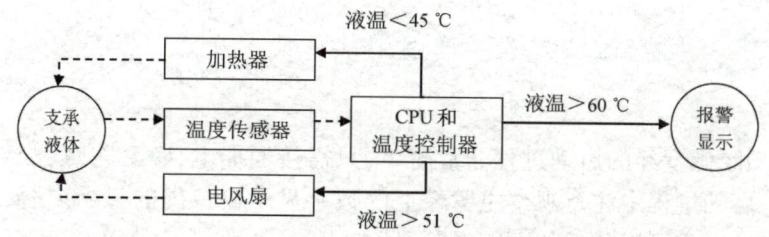

图 3-2-6　安许茨 22 型陀螺罗经温控及报警系统

安许茨 22 型陀螺罗经支承液体的正常工作温度为 50±1 ℃,陀螺罗经接通电源后,加热器开始工作。当温度达到 45 ℃时,随动系统接通,加热器供电电压逐渐下降;当温度达到 50 ℃时,停止加热;当温度升至 51 ℃时,接通电风扇电路,电风扇对罗经进行冷却;当温度继续上升至 60 ℃时,数字显示器上显示的数字航向小数点闪烁,按下按键 B38,显示警告字符 C3;如果温度继续上升至 70 ℃,警告字符变成 E9;如果温度还继续上升,超过 77 ℃ 时,温度保护装置自动切断加热器的电路。

安许茨 22 型陀螺罗经主要结构参数汇总如下:

转子数量	双转子(互成直角)
陀螺马达转数	12 000 r/min
动量矩 H 方向	指北
陀螺球支承方式	液浮加离心水泵
陀螺球内气体	氢气
支撑陀螺球的液体	蒸馏水 10 L,甘油 1 L,安息香酸 10 g(液体导电)
控制力矩、设备	下重式、重心下移 8 mm
阻尼力矩、设备	液体阻尼器(内装高黏性的甲基硅油)
阻尼方式	水平轴(长轴)
纬度误差及消除	不存在
速度误差及消除	存在,外补偿法
速度、纬度调节	不需调节装置
消除摇摆误差措施	双转子陀螺球
主罗经工作电压	55 V/400 Hz
电源系统	逆变器
随动系统	信号电桥
传向系统	数字式
传向系统精度	0.1°
工作温度	50±1 ℃
报警温度	60 ℃
环境温度	−10 ℃~55 ℃
陀螺球达到额定转数时间	10 min
之后自动启动随动系统快速启动	不支持

(二)安许茨 22 型陀螺罗经的操作使用

1.启动

安许茨 22 型陀螺罗经的启动过程非常简单,只需接通船电,整套陀螺罗经便会自动完成全部启动过程。启动过程中注意观察主罗经上的数字显示窗口内的显示内容,以判断工作状态是否正常。启动过程可以分成如下三个阶段:

(1)加热阶段

电源接通后,加热器开始加热,数字监视器显示液体的温度(例如:显示 h28.8,表示支承液体温度为 28.8 ℃)。

(2)找北阶段

约 30 min 后,支承液体温度达到 45 ℃,随动系统自动接通,显示器显示航向,数字后面跟一个小亮点(例如:显示 130.5,表示陀螺球的航向为 130.5°),亮点表示陀螺球尚且处于找北过程中,航向会有很大误差。

(3)稳定阶段

约 3 h 后,亮点消失,表示陀螺球航向指向精度不大于 2°;约 5 h 后,陀螺球完全指北,如图 3-2-7 所示。

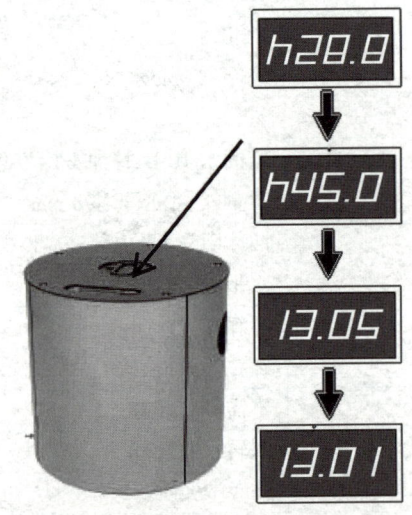

图 3-2-7　安许茨 22 型陀螺罗经启动过程的窗口显示

安许茨 22 型陀螺罗经专门设计了一个操作单元,对连接在 CAN 总线上的各种设备进行操控。所有连接在 CAN 总线上的陀螺罗经、GPS 罗经和磁罗经等设备组成了一个组合定向系统,它们由操作单元来选择、使用和监视。为了操控方便,系统可以连接多个操作单元,每一个操作单元都有相同的控制优先级。所有连接在网络中的设备和传感器都可以从网络中获取它们自身特定功能所需要的相应数据,如图 3-2-8 所示。

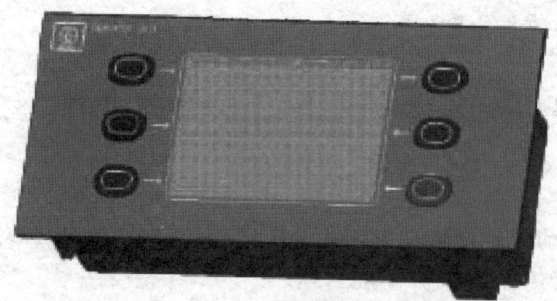

图 3-2-8　安许茨 22 型陀螺罗经操作单元

操作单元的操作原理是：一旦系统电源接通，操作单元能够探测到系统中的导航设备，并在显示器屏幕上显示它们的设备名称。依据设备的状态，还可以在显示器屏幕上显示它们的航向信息。例如：只有在加热和稳定阶段结束后，连接在系统中的陀螺罗经才能提供可用的航向数据。如果连接了多个传感器，在原理上操作单元首选显示陀螺罗经航向。如果多个陀螺罗经同时在使用，则操作单元显示被选定的陀螺罗经航向。

操作单元的面板上有一个专门用于选择不同传感器或进入下级子菜单的触摸按键。如图 3-2-9 所示，操作单元显示屏幕可分为数据显示区和 6 个软按键，数据显示区上部显示选定的传感器及其航向数据，以及该传感器的附加信息。数据显示区下部列出连接在 CAN 总线上的其他传感器信息。数据显示区和 6 个软按键的显示内容随当前被选择的传感器而改变，从而使操作者能够对不同的传感器进行相关的操作。每一个软按键都对应一个触摸按键，通过按动触摸按键来完成软按键显示的操作内容。在一个红色触摸按键的侧上方放置了一个双色发光二极管，用于指示报警与报警的状态。当选定的数据向 CAN 总线发送时，发光二极管指示数据传送的状态。

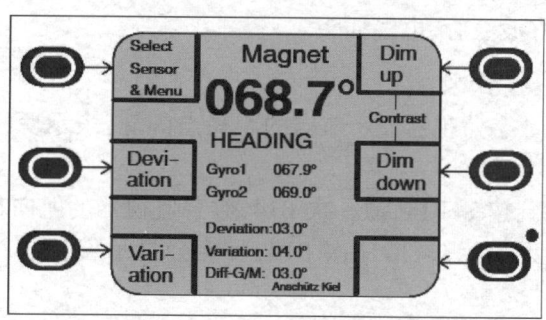

图 3-2-9　安许茨 22 型陀螺罗经操作单元面板

2.操作分罗经与主罗经同步

（1）启动主罗经

确保主罗经已通电并完成启动程序（通常需约 4~6 h 达到稳定状态）。主罗经的航向读数应稳定且准确（通过比对磁罗经或天文方位校准）。

（2）检查分罗经电源

确认分罗经已通电，且与主罗经的电路连接正常（通过同步传输系统或步进电机连接）。

（3）手动同步（若需要）

分罗经同步旋钮：某些型号的分罗经配有同步旋钮（或同步按钮）。按住同步旋钮，观察分罗经刻度盘,使其显示值与主罗经一致。

(4)自动同步

多数情况下,分罗经会通过电信号自动跟随主罗经。若出现偏差,需检查同步电路或伺服机构。

(5)验证同步状态

转动船舶航向或手动模拟航向变化,确认分罗经与主罗经的读数实时一致。若分罗经滞后或不同步,需排查信号传输或机械连接问题。

3.使用注意事项

(1)经常检查主罗经指向精度,指向不准时应及时调整。

(2)定期检查核对主罗经和分罗经的航向示度是否一致,不一致时及时调整分罗经。

(3)使用过程中,数字监视器显示航向的小亮点若闪烁则表示罗经工作不正常。

(4)检查维护汇电环时,避免汇电环受压变形。

(5)若突然短时间断电,应将 DIP 开关的 B11 的 C 开关打到 OFF 位置,再按下 B14,然后将 B11 的 C 开关打回到 ON 位置,这样当恢复供电后仍能正常指北。

4.更换主罗经支承液体步骤

支承液体一般 18 个月更换一次。

(1)关闭罗经,约等 30 min,方可进行。

(2)旋开随动球顶部的锁紧螺钉,取出随动球。

(3)旋开随动球顶部的透气螺钉,排出气体,倒出内部的支承液体。

(4)先从红色螺钉孔注入 230 cm^3 蒸馏水,再从绿色螺钉孔注入 840 cm^3 支承液体。

(5)从顶部测量锥体查看支承液体是否已注满,如已注满,就可以拧紧透气帽螺钉。

(6)装复随动球,接好波纹管、电缆插头。

5.警告信号的显示与含义

使用过程中,若发现数字监视器显示航向的小亮点闪烁,表示罗经工作不正常,应按说明书的要求进行检查。

打开罗经密封门,找到按键 B14,揿一次 B14,数字监视器的航向显示消失,转而显示警告字符 C1 或 C2 或 C3,若无显示,再揿一次 B14,可能会显示警告字符 C4 或 C5,如图 3-2-10 所示。

警告字符含义:

C1,电风扇功能失效;

C2,加热器功能失效;

C3,支承液体温度大于 65 ℃;

C4,温度控制器功能失效;

C5,船电断电且支承液体温度不小于 45 ℃。

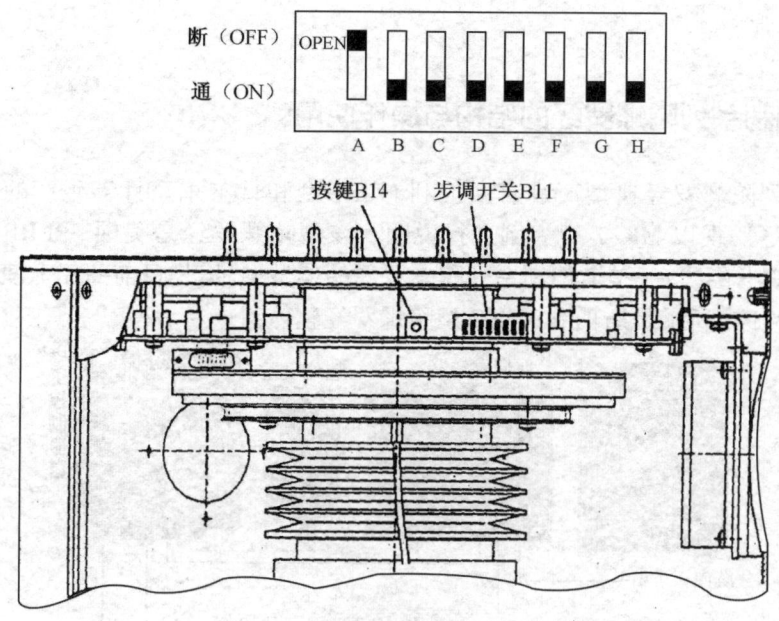

图 3-2-10　安许茨 22 型陀螺罗经箱体内的控制键

6.故障信号的显示与含义

罗经在使用过程中若出现故障,首先随动系统会被切断,之后航向显示消失。接着陀螺罗经便进行自动重新启动,监视器分别显示 ED1、ED2、ED3 和 ED4,表示第一次、第二次、第三次和第四次自动重新启动。

在第四次自动重新启动失败后,监视器显示故障字符,同时罗经系统被关闭。故障字符表示的含义:

E1,陀螺罗经供电故障;

E2,陀螺电源故障;

E3,编码器故障;

E4,陀螺电流偏离正常值范围;

E5,随动系统故障;

E6,温度传感器故障;

E7,陀螺球高度偏离正常值范围;

E8,加热器故障;

E9,支承液体温度大于 70 ℃ 。

7.切断陀螺罗经的随动系统

陀螺罗经启动后,支承液体温度不小于 45 ℃ ,随动系统被自动接通,若因测试或修理需要切断随动系统,只要将步调开关 B11 中的开关 G 置于 OFF 即可。

随动系统切断后,数字监视器显示罗经的最后航向值,但数字航向后跟一个小点,此时,若人为转动随动球,数字航向也跟着变化。

将步调开关 B11 的开关 G 重新置于 ON,随动系统又被接通,此时数字监视器在随动过程的短时间内,显示支承液体的温度。接着显示船舶航向,约经 1 min 后,数字后的小亮点便消失,系统恢复正常。

二、斯伯利系列陀螺罗经的结构与操作使用

斯伯利系列陀螺罗经典型产品有斯伯利 MK37 型和日本东京计器生产的 TG-100、TG-5000、TG-6000 等,现以 MK37 型为例进行说明。该型陀螺罗经是美国 SPERRY 公司生产的斯伯利系列陀螺罗经之一,是斯伯利系列陀螺罗经的典型型号,是目前商船上使用较多的一种陀螺罗经。图3-2-11所示是斯伯利 MK37 型陀螺罗经整体组成。

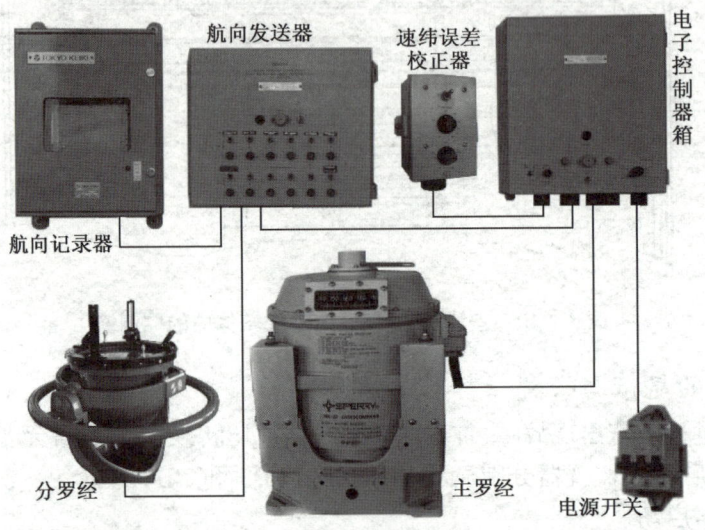

图 3-2-11　斯伯利 MK37 型陀螺罗经整体组成

(一) 斯伯利 MK37 型陀螺罗经的主罗经结构

斯伯利 MK37 型陀螺罗经的主罗经外部是一个罗经座,由上盖和壳体组成。盖上有一观察窗,用以读取航向。罗经座里面装有陀螺球、液体连通器、垂直环、叉形随动环、支承板和航向刻度盘等,陀螺球以垂直轴支承在垂直环上,垂直环以水平轴支承在叉形随动环上,陀螺球既可绕垂直环内的垂直轴做方位上的转动,又可连同垂直环一起绕水平轴做俯仰运动,陀螺马达转子绕自转轴高速旋转。

1.灵敏部分

灵敏部分由陀螺球、垂直环和液体连通器等组成,如图 3-2-12 所示。陀螺球内装有一个陀螺马达,动量矩指南,球壳的西侧装有阻尼重物,用以产生阻尼力矩,阻尼因数约为 3。陀螺球可绕垂直轴在垂直环内转动,但转动的角度限制在 ± 6° 以内。垂直环连同陀螺球可绕水平轴转动,其转动角度由制动器限制在 ±48° 以内。液体连通器为罗经的控制设备,由两个互相连通的黄铜瓶组成,位于陀螺球的南北两端,并且接装在垂直环上。瓶内注入部分硅油,具有较大的黏度,硅油在连通管中的流动周期远大于船舶摇摆周期,从而使罗经的摇摆误差得到一定的消减。

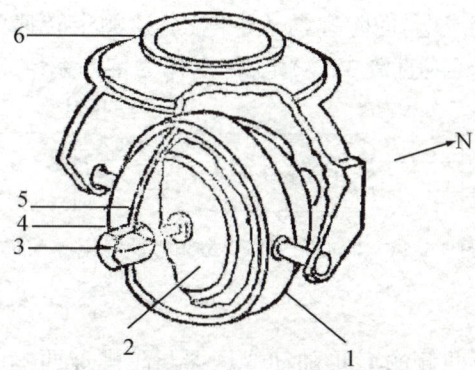

图 3-2-12　斯伯利 MK37 型陀螺罗经灵敏部分
1—垂直环;2—陀螺转子;3—液体修正装置;
4—陀螺球;5—空气管;6—叉形随动环

2.随动部分

随动部分的主要部件为叉形随动环,叉形随动环上面的方位齿轮与方位电机齿轮相啮合,顶端为航向刻度盘,如图 3-2-13 所示。随动环跟随陀螺球转动,通过随动系统,即随动失配敏感元件(随动变压器和衔铁),将相对位置的角度失配转变成随动电信号,经随动放大器放大后,使方位电机转动,最终带动随动环转动直至和陀螺球保持一致。

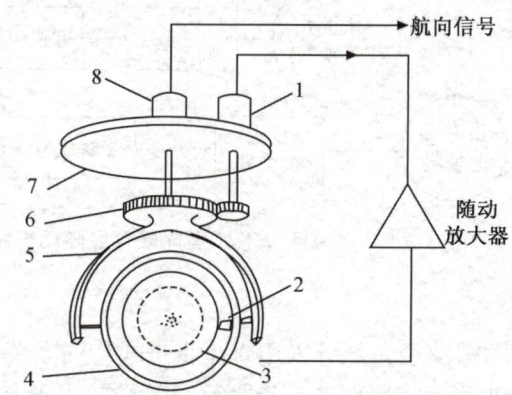

图 3-2-13　斯伯利 MK37 型陀螺罗经随动部分
1—方位电机;2—随动变压器;3—陀螺球;4—垂直环;
5—叉形随动环;6—方位齿轮;7—支承板;8—余弦解算器

3.固定部分

固定部分由罗经箱体和支承板组成。罗经箱体相当于贮液缸,整个主罗经全部置于罗经箱内的硅油中;箱体完全密封,船首线位置装有有机玻璃窗口,用以读取主罗经航向。支承板上装有叉形随动环、主罗经刻度盘、方位电机、方位齿轮、光电发送器、余弦解算器等。

(二)斯伯利 MK37 型陀螺罗经的电路系统

1.电源系统

电源系统由静止逆变器电路组成,静止逆变器将船电转换为 115 V/400 Hz 单相电后,经移相电路移相后变为三相交流电,向陀螺马达供电,马达额定转速为 12 000 r/min。变压整流部分将船电转换为直流 70 V(或直流 35 V)电源,以作为传向系统工作电源,如图 3-2-14 所示。

图 3-2-14 斯伯利 MK37 型陀螺罗经电源系统

2.随动系统

随动敏感元件由垂直环西侧的 E 形随动变压器与陀螺球西侧的衔铁组成。启动罗经时,船舶不动即叉形随动环不动,陀螺球自动找北时,陀螺球的衔铁与垂直环上的 E 形铁芯上绕组的相对位置失配,绕组即产生随动信号;或当陀螺球稳定指北时船舶转向,垂直环上的 E 形铁芯上的绕组与陀螺球上衔铁的位置失配,绕组也产生随动信号。随动变压器产生的随动信号经晶体管放大后,控制方位电机工作。方位电机驱动主罗经的随动部分跟踪并始终与陀螺球相对位置保持一致,如图 3-2-15 所示。

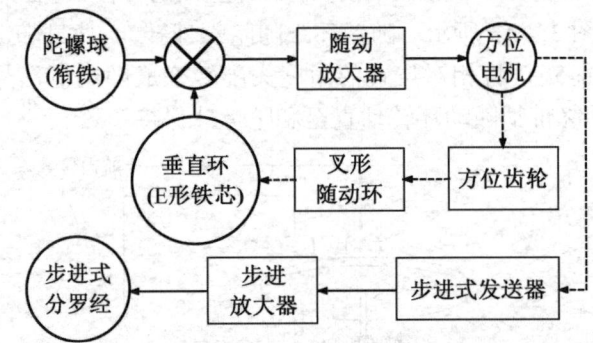

图 3-2-15 斯伯利 MK37 型陀螺罗经随动系统

3.传向系统

传统的斯伯利系列陀螺罗经大部分采用直流步进式传向系统。斯伯利 MK37 型陀螺罗经的传向系统由光电式步进发送器和步进式分罗经(复示器)及其控制电路组成,分罗经的步进精度为(1/6)°,如图 3-2-16 所示。

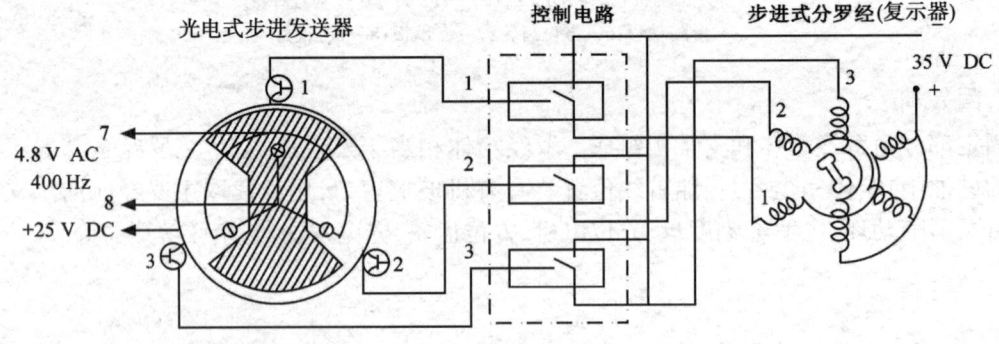

图 3-2-16 斯伯利 MK37 型陀螺罗经传向系统

4.误差校正系统

设置了误差校正电路来校正纬度误差和速度误差,控制力矩器根据外界输入的纬度和速度数值产生合适的误差补偿力矩,使主轴回到子午面内。

斯伯利 MK37 型陀螺罗经主要结构参数汇总如下:

转子数量	单
陀螺马达转数	12 000 r/min
动量矩 H 方向	指南
陀螺球支承方式	液浮加轴承
陀螺球内气体	氦气
支撑陀螺球的液体	硅油(不导电)
控制力矩、设备	上重式,液体连通器(液体为硅油)
阻尼力矩、设备	陀螺球西侧配重多30 g
阻尼方式	垂直轴(短轴)
纬度误差及消除	存在,内补偿法
速度误差及消除	存在,内补偿法
速度、纬度调节	速度变化 5 kn,纬度变化 5°
消除摇摆误差措施	液体连通器内的高黏度硅油
主罗经工作电压	115 V/400 Hz
电源系统	逆变器
随动系统	形随动变压器和衔铁
传向系统	直流步进式
传向系统精度	$(1/6)°$
工作温度	52±1 ℃
报警温度	60 ℃
环境温度	−5~45 ℃
陀螺球达到额定转数时间	10 min,之后手动启动随动系统
快速启动	支持

(三)斯伯利 MK37 型陀螺罗经的操作使用

1.罗经的正常启动

图 3-2-17 所示为斯伯利 MK37 型陀螺罗经控制器和航向发送器。当陀螺电机不转动时,可采用下面的方式启动罗经。

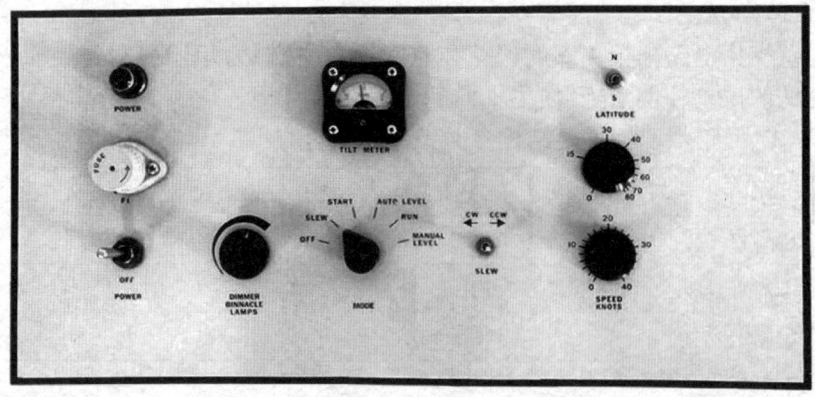

（a）控制器

（b）航向发送器控制端

图 3-2-17　斯伯利 MK37 型陀螺罗经控制器和航向发送器

（1）检查控制器与航向发送器上的电源开关,转换开关应位于"切断"（OFF）位置。

（2）将控制器与航向发送器内的各个分罗经开关置于"切断"（OFF）位置。

（3）将控制器与航向发送器上的电源开关置于"接通"（ON）位置。

（4）将转换开关置于"旋转"（SLEW）位置,并观察高度角指示表的指示。若指示为（+）,用旋转开关使主罗经刻度盘转动至真航向减 30°处;若指示为（-）,则用旋转开关使主罗经刻度盘转至真航向加 30°处。

（5）将转换开关置于"启动"（START）位置。等待 10 min,让陀螺电机转速上升达到额定转速。

（6）将转换开关置于"自动水平"（AUTO LEVEL）位置。等待 60 s,直到罗经刻度盘停止转动或有微小摆动为止。

（7）将转换开关置于"运转"（RUN）位置。

（8）依次将各分罗经的航向与主罗经航向匹配一致后,再将控制器与发送器内的各分罗经开关置于"接通"（ON）位置。

(9)将 N/S 纬度开关置于相应的地球位置(北纬 N 或南纬 S),并将纬度旋钮调整到船舶所在的纬度值上。

(10)船舶航行时,将速度旋钮调整到船舶航速值上。

关闭罗经时先将转换开关置于"切断"(OFF)位置,再将各分罗经开关均置于"切断"(OFF)位置,最后将电源开关置于"切断"(OFF)位置。

2.罗经的快稳启动

斯伯利 MK37 型陀螺罗经能够在 1 h 内稳定在 0.5°secφ 以内,这种快速稳定的启动方式就是在上述步骤(6)和(7)之间插入一步:将转换开关置于"手动水平"(RUN SLEW)位置,拨动旋转开关,以调节高度角指示表指示为零。其余步骤和正常启动相同。

3.操作分罗经与主罗经同步

(1)启动主罗经

确保主罗经已通电并完成启动。主罗经的航向读数应与磁罗经或天文观测校准一致。

(2)检查分罗经电源与连接

确认所有分罗经已通电,并与主罗经的同步信号线连接正常。分罗经通常采用自整角机或步进电机同步方式。

(3)手动同步(如需要)

如果分罗经与主罗经不同步,可进行手动调整:在分罗经上找到同步旋钮(Sync Knob)或调整开关。按住或旋转同步旋钮,使分罗经的航向读数与主罗经一致。某些型号可能需要按下"同步(Sync)"按钮进行自动校准。

(4)验证同步状态

轻微改变船舶航向(或手动旋转主罗经测试模式),观察分罗经是否实时跟随主罗经变化。如果分罗经滞后或不同步,检查同步电路或伺服机构。

4.日常检查维护注意事项

(1)检查主罗经指向精度。

(2)定期检查核对主罗经和分罗经的航向示度。

(3)将速度误差校正旋钮置于与航速相应的位置上,与实际航速相差不应超过 5 kn。将纬度误差校正旋钮置于船舶所在纬度上,与实际船舶所在纬度相差不应超过 5°。

(4)检查外观线路是否正常。

(5)按罗经使用说明书的规定和要求对整机进行检查和维护保养,保证罗经正常工作。

三、阿玛-勃朗系列陀螺罗经的结构与操作使用

阿玛-勃朗系列陀螺罗经典型产品有 MKI、MK10 和 SGB1000 型等,现以 MK10 型为例进行说明。该型号是美国 ARMA 公司和英国 BROWN 公司联合研制生产的电磁控制式系列陀螺罗经之一,是阿玛-勃朗系列陀螺罗经的典型型号,其主罗经外形如图 3-2-18 所示。

图 3-2-18　阿玛–勃朗 MK10 型陀螺结构主罗经

（一）阿玛–勃朗 MK10 型陀螺罗经的主罗经结构

阿玛–勃朗 MK10 型陀螺罗经的主罗经外形是一个方箱形结构,同样由灵敏部分、随动部分和固定部分组成。

1.灵敏部分

灵敏部分由陀螺球、浮动平衡环和水平与垂直金属扭丝等组成。陀螺球是一个形如哑铃的密封球体,球内装有一个陀螺马达,动量矩指北。陀螺球采用液浮和金属扭丝组合支承,整个灵敏部分浸没在氟油中,调整氟油的密度,可使灵敏部分的重力与氟油的浮力相等,呈中性悬浮。因此,水平和垂直扭丝不承受陀螺球和浮动平衡环的重力,起到了无摩擦支承的作用。水平扭丝是陀螺球的水平轴,垂直扭丝是陀螺球的垂直轴,若使扭丝受扭,它们便能向陀螺球传递扭力矩,起水平、垂直力矩器的作用,如图 3-2-19 所示。

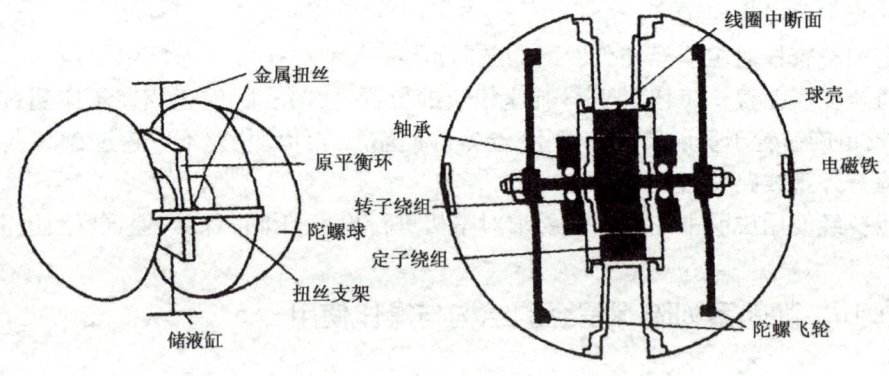

图 3-2-19　阿玛–勃朗 MK10 型陀螺罗经陀螺球

2.随动部分

随动部分由储液缸、倾斜平衡环、倾斜齿轮、倾斜随动电机、方位平衡环、方位齿轮、方位随动电机和航向刻度盘等组成,如图 3-2-20 所示。阿玛–勃朗 MK10 型陀螺罗经设置了两套独立的随动系统,即倾斜随动系统和方位随动系统。

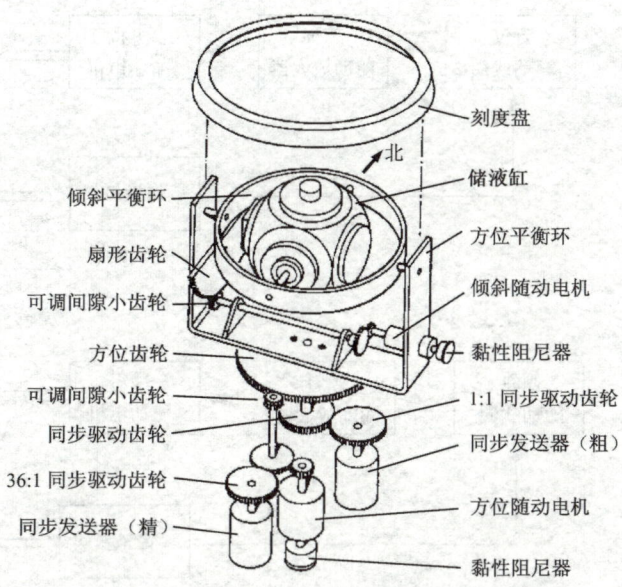

图 3-2-20　阿玛-勃朗 MK10 型陀螺罗经随动部分

3.固定部分

主罗经是箱体形状的,由底座、中部箱体和顶盖组成,顶盖右侧是控制面板,中部箱体和顶盖可以拆装。这种结构为罗经的维护保养带来方便。

(二) 阿玛-勃朗 MK10 型陀螺罗经的电路系统

1.电源系统

电源系统为变流机形式,由三相异步电动机同轴带动一台三相交流发电机组成。供 380 V/50 Hz 或 440 V/60 Hz 的三相船电,发 26 V/400 Hz 的三相交流电作为罗经工作电源。

变流机由开关接线箱上的开关和箱内的保险丝控制和保护其工作。传向系统所需的 DC 35 V 电源是由船电经变压器变压和整流电路整流后得到的。

2.随动系统

随动系统由电磁铁和陀螺球位置敏感线圈(包括倾斜敏感线圈和方位敏感线圈)、倾斜随动放大器和方位随动放大器、倾斜随动电机和方位随动电机等组成。阿玛-勃朗 MK10 型陀螺罗经随动系统如图 3-2-21 所示。

3.传向系统

采用直流步进传向系统,由航向步进发送器、控制电路和直流步进接收机(分罗经)组成。传向系统的工作原理框图如图 3-2-22 所示。

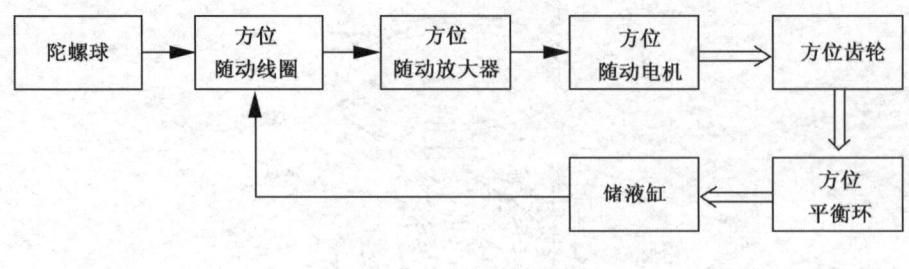

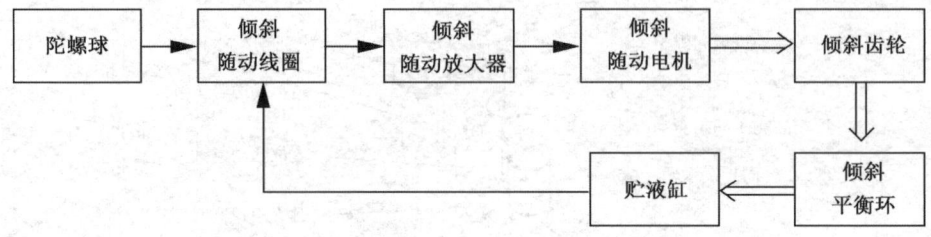

图 3-2-21　阿玛-勃朗 MK10 型陀螺罗经随动系统

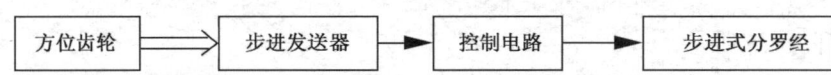

图 3-2-22　阿玛-勃朗 MK10 型陀螺罗经传向系统

4.附属电路

稳压电路作用:一是为随动系统放大电路提供稳定的 DC 40 V 电压;二是为压降保护电路提供 DC 55 V 工作电压。

压降保护电路作用:在罗经刚启动时,陀螺电机转速低,压降保护电路自动控制随动系统不投入工作。大约 10 min 后,陀螺电机转速正常,压降保护电路便使随动系统自动地投入工作,使罗经自动地找北指北。压降保护电路对罗经起到保护的作用。

摆信号控制电路作用:对输入到倾斜随动系统和方位随动系统的摆信号的大小进行控制。阿玛-勃朗 MK10 型陀螺罗经电磁摆如图 3-2-23 所示。

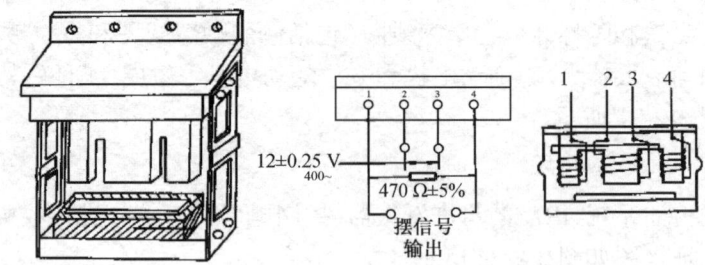

图 3-2-23　阿玛-勃朗 MK10 型陀螺罗经电磁摆

阿玛-勃朗 MK10 型陀螺罗经主要结构参数汇总:

转子数量	单
陀螺马达转数	12 000 r/min
动量矩方向	指北
陀螺球支承方式	液浮加扭丝或轴承
陀螺球内气体	氦气
支撑陀螺球的液体	氟油（不导电）
控制力矩、设备	电磁控制式，电磁摆、水平扭丝、水平力矩器
阻尼力矩、设备	电磁控制式，电磁摆、垂直扭丝、垂直力矩器
阻尼方式	垂直轴（短轴）
纬度误差及消除	存在，内补偿法
速度误差及消除	存在，内补偿法
速度、纬度调节	速度变化5 kn，纬度变化5°
消除摇摆误差措施	电磁摆内充满高黏度硅油
主罗经工作电压	26 V/400 Hz
电源系统	逆变器
随动系统	电磁铁和"8"字形位置敏感线圈
传向系统	直流步进式
传向系统精度	(1/6)°
工作温度	52±1 ℃
报警温度	60 ℃
环境温度	0~55 ℃
陀螺球达到额定转数时间	10 min，之后手动启动随动系统快速启动支持

（三）阿玛–勃朗 MK10 型陀螺罗经操作和使用

1.启动步骤

（1）接通开关接线箱上的电源开关，变流机开始工作，如图 3-2-24 所示。

（2）将所有分罗经航向与主罗经匹配一致后，接通开关接线箱上的分罗经开关。

（3）接通主罗经控制面板上的电源开关，开关上侧的红色电源指示灯亮，26 V/400 Hz 三相交流电向主罗经供电，此时应立即观察储液缸，若发现其顶部向西"突跳"（kick），则表明陀螺马达转向正确。

（4）等 10 min，待陀螺马达达到额定转速，倾斜与随动系统自动投入工作后，再往下进行。

（5）调整速度误差校正旋钮（SPEED）的位置与船速一致。若在码头上或抛锚时起动罗经，速度旋钮置于零。

（6）调整纬度误差校正旋钮（LAT）的位置与船舶所在纬度一致。

（7）按下方位旋转按钮（AZ），缓缓地转动旋转速率旋钮（SLEW RATE），使主罗经航向慢慢地接近真航向。顺时针转动旋转速率旋钮，主罗经航向读数增大；逆时针转动，航向读数

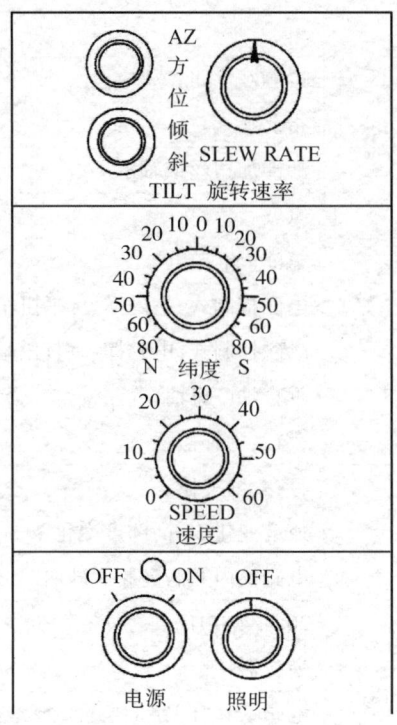

图 3-2-24　阿玛–勃朗 MK10 型罗经控制面板

减小。

注意:在放松方位旋转按钮之前,务必先将旋转速率旋钮置于零,即其指针回到垂直向上的位置,否则会发生储液缸倾倒,甚至罗经损坏的危险。

(8)按下倾斜旋转按钮(TILT),缓缓地转动旋转速率旋钮,慢慢地将贮液缸校正至水平,使水准器的气泡居中。顺时针转动旋转速率旋钮,储液缸北端下倾;逆时针旋转,储液缸北端上升。

注意:在放松倾斜旋转按钮之前,务必先将旋转速率旋钮置于零,否则同样会发生储液缸倾倒,甚至罗经损坏的危险。

(9)根据需要调节照明旋钮。

按照上述步骤启动罗经,可在 30 min 内使罗经的指向精度达到±2°以内,3 h 后可达到其技术指标规定的±0.5°以内。

2.日常检查维护

(1)开机时,若发现储液缸顶部有向西突跳的现象,表明陀螺马达转向正确。

(2)开机 10 min 后,倾斜和方位随动系统自动投入工作。

(3)快速稳定操作时,应小心谨慎,避免贮液缸倾倒。

(4)检查主罗经指向精度。

(5)定期检查核对主罗经和分罗经的航向示度。

(6)将速度误差校正旋钮置于与航速相应的位置上,与实际航速相差不应超过 5 kn。将纬度误差校正旋钮置于船舶所在纬度上,与实际船舶所在纬度相差不应超过 5°。

(7)检查外观线路是否正常。

第三节　陀螺罗经评估要素及评价标准

一、评估要素及评价标准

通过考核考生对陀螺罗经的操作能力,验证其是否具备正确启动陀螺罗经、读取陀螺罗经航向、操作分罗经与主罗经同步、维护保养陀螺罗经等技能,确保其符合《STCW 公约》及海事局对船舶二/三副适任能力的相关要求。《航海仪器的使用》评估目标中只针对 500 总吨及以上船舶二/三副要求完成陀螺罗经的评估任务,未满 500 总吨船舶二/三副不做考核要求。

(一)适用对象:500 总吨及以上船舶二/三副

陀螺罗经评估要素及评价标准(500 总吨及以上船舶二/三副),如表 3-3-1 所示。

表 3-3-1　"正确使用陀螺罗经"评估要素及评价标准(500 总吨及以上船舶二/三副)

序号	评估要素	关键要素	评价标准	标准解读
1	启动陀螺罗经	否	进行启动前的检查与准备,能按照操作规程正确启动陀螺罗经	1.按照操作规程演示启动陀螺罗经; 2.掌握陀螺罗经的设备组成; 3.熟悉陀螺罗经的工作原理及使用注意事项
2	读取陀螺罗经航向	是	能判断仪器是否工作正常,并能正确读取罗经航向或者方位,了解罗经读数的误差	1.利用主罗经或分罗经正确读取罗经航向; 2.利用陀螺罗经的方位仪测量指定物标的方位; 3.掌握罗经误差的分类及特点、各类陀螺罗经的误差构成和修正方法
3	操作分罗经与主罗经同步	否	正确操作分罗经或航向记录仪,使其与主罗经航向一致	打开航向发送器,调整分罗经的航向,与主罗经同步一致
4	维护保养陀螺罗经	否	掌握陀螺罗经的日常检查和维护保养的注意事项	1.熟悉陀螺罗经的日常检查的相关要求; 2.掌握陀螺罗经维护保养的注意事项

二、评估练习题

1.考生使用实验室配备的某型陀螺罗经真机或模拟器,独立完成以下任务:

(1)对评估员指定的罗经进行启动前的检查;正确操作分罗经和航向记录仪,使其与主罗经航向一致。

(2)演示按照操作规程正确启动陀螺罗经。

（3）正确读取罗经航向。若此时船舶纬度为北纬40°,速度为10 kn并保速保向航行,学生告诉评估员此类型罗经存在哪些误差。

2.考生使用实验室配备的某型陀螺罗经真机或模拟器,独立完成以下任务:

（1）对评估员指定的罗经进行启动前的检查,正确操作分罗经或航向记录仪,使其与主罗经航向一致。

（2）演示按照操作规程正确启动陀螺罗经。

（3）判断罗经是否工作正常;并正确读取罗经的航向或者方位的数值,数值精确到小数点后面1位。

3.考生使用实验室配备的某型陀螺罗经真机或模拟器,独立完成以下任务:

（1）对评估员指定的罗经进行启动前的检查,正确操作分罗经或航向记录仪,使其与主罗经航向一致。

（2）正确读取罗经航向。若此时船舶纬度为北纬40°,速度为10 kn并保速保向航行,学生告诉评估员此类型罗经存在哪些误差。

（3）此类型罗经要做哪些日常检查,并进行此日常检查。

4.考生使用实验室配备的某型陀螺罗经真机或模拟器,独立完成以下任务:

（1）对评估员指定的罗经进行启动前的检查;并按照操作规程正确启动陀螺罗经。

（2）判断罗经是否工作正常。

（3）正确读取罗经航向。若此时船舶纬度为北纬40°,速度为10 kn并保速保向航向,学生告诉评估员此类型罗经存在哪些误差。

5.考生使用实验室配备的某型陀螺罗经真机或模拟器,独立完成以下任务:

（1）对评估员指定的罗经进行启动前的检查,正确操作分罗经或航向记录仪,使其与主罗经航向一致。

（2）演示按照操作规程正确启动陀螺罗经。

（3）此类型罗经要做哪些日常检查,并叙述如何检查及维护保养的注意事项。

第四章

磁罗经使用及评估

评估规范要点概述:要求 500 总吨及以上船舶二/三副,熟悉磁罗经组成及各部分作用;能正确完成磁罗经灵敏度及半周期检查;掌握消除气泡的方法;熟悉方位圈的使用,能正确读取磁罗经航向或方位;能根据海图上的罗经花正确读取磁差,从自差表(或自差曲线)查取自差,并正确计算真航向(真方位);能通过海图作图求取指定陆标的真方位,或者正确使用表列引数查《太阳方位表》,通过内插计算太阳真方位;已经观测陆标(或太阳)的真方位和观测方位,能够正确计算罗经差。要求未满 500 总吨船舶二/三副,熟悉磁罗经组成及各部分作用;能正确完成磁罗经灵敏度及半周期检查;掌握消除气泡的方法;熟悉方位圈的使用,能正确读取磁罗经航向或方位;能根据海图上的罗经花正确读取磁差,从自差表(或自差曲线)查取自差,并正确计算真航向(真方位);能通过海图作图求取指定陆标的真方位;已经观测陆标(或太阳)的真方位和观测方位,能够正确计算罗经差。

第一节　磁罗经设备概述

磁罗经是利用地磁场对磁针具有吸引力的现象而制成的一种航海指向仪器,可为船舶指示航向,并用于定位和导航。

船用磁罗经构造简单,不依赖于船舶电源,工作稳定且不易损坏,是《SOLAS 公约》规定的所有船舶,不论其尺度大小,均应配备的指向设备,是不可缺少的主要航海仪器之一。

一、磁罗经分类与结构

(一)磁罗经的分类

1.根据用途和在船上的安装位置分类

根据用途和在船上的安装位置,船用磁罗经可分为标准罗经、操舵罗经、应急罗经(太平罗经)、艇用罗经四类。

（1）标准罗经

用来指示船舶航向和测定物标的方位。一般在驾驶室顶罗经甲板上露天安装,因其位置较高,受船磁影响小,指向较为准确,故称为标准罗经。有的标准罗经(如图 4-1-1 所示)配有一套导光装置,可将罗盘刻度投射到驾驶室内的平面镜中,供操舵人员观察航向。

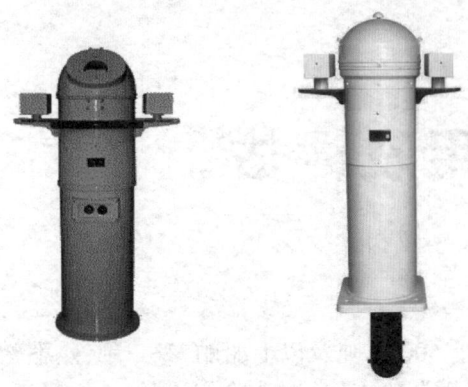

图 4-1-1　标准磁罗经正面及背面图示

（2）操舵罗经

操舵罗经安装在驾驶室内,专供操舵用。当船舶安装有反射式或投影式的标准罗经时,可以免装操舵罗经,故当今船舶多数已经不再配备操舵罗经。

（3）应急罗经(太平罗经)

应急罗经安装在应急舵机间内,以便使用应急舵航行时,指示航向。但当今船舶大多使用陀螺罗经的分罗经作为应急罗经。

（4）艇用罗经

每个救生艇都备有一个艇用罗经(如图 4-1-2 所示),以供操纵救生艇时使用。艇用罗经体积很小,没有配备自差校正设备。

图 4-1-2　艇用罗经

2.根据罗盆内有无液体分类

根据罗盆内有无液体,磁罗经可分为干罗经与液体罗经两种。液体罗经的罗盘浸浮在盛满液体的罗盆内,因受液体的阻尼作用,船舶摇摆时,罗盘的指向稳定性较好,且液体浮力的作用可减小罗盘轴针与轴帽间的摩擦力,提高了罗盘的灵敏度,故而液体罗经在现代船舶上得到普遍使用。

3.根据罗盘的直径分类

船舶上的罗经常用的罗盘直径有 190 mm、165 mm、130 mm 三种。其中,直径为 190 mm 的罗经安装在中、大型船舶上;直径为 165 mm 和 130 mm 的罗经安装在中、小型船舶上。

(二) 磁罗经的基本结构

船用磁罗经大多由罗经盆、罗经柜、方位仪等组成。

1.罗经盆

罗经盆又称为罗盆,由罗盆本体和罗盘两部分组成,如图 4-1-3 所示。

图 4-1-3　罗经盆

罗盆由不带磁性的材料(一般为铜)制成。其顶部为玻璃盖,玻璃盖的边缘有水密橡皮圈,并用铜环压紧以保持水密。罗盆底部加有配重措施,以降低罗盆重心,在船舶摇摆时,罗盆仍能保持水平。

罗盆内充满液体,通常为酒精与蒸馏水的混合液,混合液的比例为 45% 的酒精和 55% 的二次蒸馏水,在温度为 15 ℃ 时,混合液密度约为 0.95 g/cm³。酒精的作用是降低冰点,该混合液沸点为 83 ℃,冰点为 -26 ℃,黏度系数在 -20 ℃ ~ 50 ℃ 的温度之间不发生显著变化,有的罗经还用纯净的煤油作罗盆液体。

罗盆的侧壁有一注液孔,供灌注液体以排除罗盆内的气泡。注液孔平时用螺丝旋紧以保持水密,如图 4-1-4 所示。

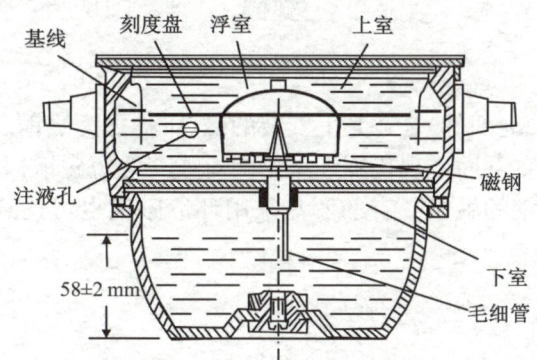

图 4-1-4　罗经盆剖面示意图

在罗盆内,其前后方均装有罗经基线,位于船首方向的称为艏基线,当艏基线位于船舶首尾面内时,其所指示的罗盘刻度即为本船的罗航向,如图 4-1-5 所示。

图 4-1-5　罗盘上的基线

　　罗盘是磁罗经的核心部分,它是指示方向的灵敏部件。液体罗经的罗盘均由刻度盘、浮室、磁钢和轴帽组成。

　　刻度盘由云母等轻型非磁性材料制成,上面刻有 0°~360° 的刻度和罗经方位点。罗盘中间为一水密空气室,称为浮室,用以增加罗盘在液体中的浮力,减小罗盘轴帽与下方轴针间的摩擦力,提高罗盘的灵敏度。浮室中心轴处为上下贯通的螺丝孔,孔底部装置宝石制成的轴帽,浮室下部呈圆锥形,以限制轴针的尖端只能与轴帽接触,轴针的尖端由铱铂合金制成,罗盘通过轴帽支承在轴针上,可减小轴针与轴帽间的摩擦力。为减小罗盘的振动,在宝石轴帽的上方还装有减振装置。图 4-1-6 所示为浮室轴针和轴帽的结构。

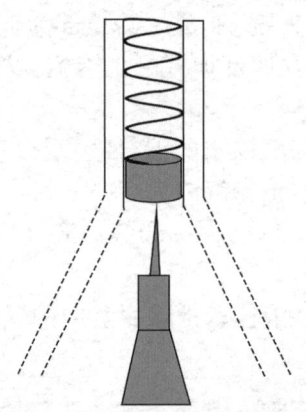

图 4-1-6　浮室轴针和轴帽的结构

　　使罗盘能够指北的关键部件,是在其上安装的磁针,称之为磁钢。罗盘的磁钢目前有条形和环形两种,均焊牢在浮室下面。现代罗经采用两对或三对短磁钢构成的磁钢系统,既减少了磁钢长度,又没有降低磁钢的磁矩。有的罗盘采用环形磁钢也可达到同样的目的,如图 4-1-7 所示。

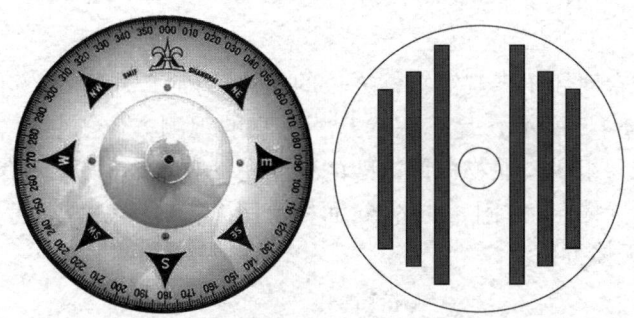

图 4-1-7 罗盘正面的刻度盘和背面的磁钢

2.罗经柜

罗经柜是用非磁性材料制成的,一般有铜、木、铝等材料,现代磁罗经的罗经柜多是用玻璃钢制成的。罗经柜用来支承罗盆和安放自差校正器,如图 4-1-8 所示。

在罗经柜的顶部有罗经帽,它可以保护罗盆,使其避免风雨侵蚀和阳光照射,以及在夜航中防止照明灯光外露。

在罗经柜的正前方,有一竖直圆筒,筒内根据需要,放置长短不一消除自差用的佛氏铁或在竖直的长方形盒内放置数根消除自差用的软铁条。

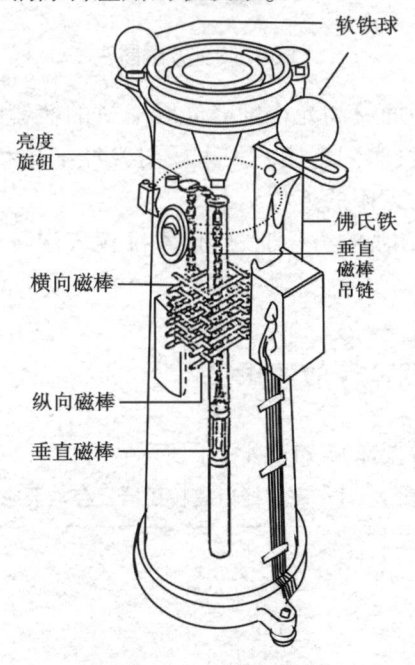

图 4-1-8 罗经柜结构

在罗经柜左右正横部位有放置象限自差校正器(软铁球或软铁片)的座架,软铁球或软铁片的中心位于罗盘磁钢的平面内,并可内外方向移动,以改变校正器和罗盘的距离。

在罗经柜内,位于罗盘中心正下方安装一根垂直铜管,管内放置消除倾斜自差的垂直磁铁,并由吊链拉动可在管内上下移动。

在罗经柜内部还有水平纵横向的架子,用以放置纵横磁棒,来校正半圆自差,罗盘中心应位于纵横磁棒的垂直平分线上,以使纵横磁棒对罗盘的受力均匀。

3.方位仪

方位仪是一种配合罗经用来观测物标方位的仪器,通常有方位圈、方位镜、方位针等几种。方位圈为铜制(如图 4-1-9 所示),是有两套互相垂直的观测方位的装置。其中一套装置由目视照准架和物标照准架组成。在物标照准架的中间有一竖直线,其下部有天体反射镜和棱镜。天体反射镜用来反射天体(如太阳)的影像,而棱镜用来折射罗盘的刻度。这套装置既可观测物标方位,又可观测天体方位。

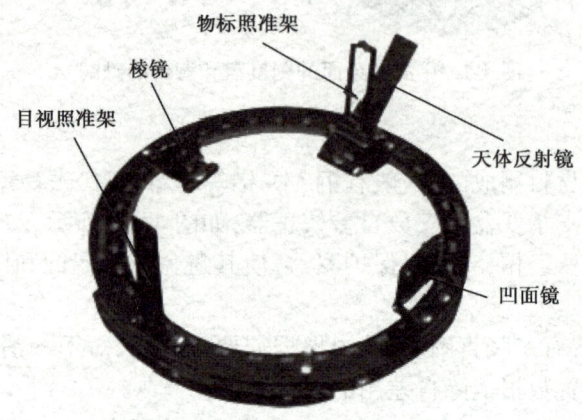

图 4-1-9　方位圈

另一套装置由可旋转的凹面镜和允许细缝光线通过的棱镜组成,它专门用来观测太阳的方位。若将凹面镜朝向太阳,使太阳聚成的一束反射光经细缝和棱镜的折射,投影至罗盘上,则光线所照亮的罗盘刻度即为太阳的方位。

在方位仪上装有水准仪,在观测方位时,应使水准仪气泡位于中央位置,以提高观测方位的精度。

二、磁罗经自差校正器及存放要求

磁罗经自差校正器及存放要求详如表 4-1-1 所示:

表 4-1-1　磁罗经自差校正器及存放要求

	自差名称	船磁类型	与航向关系	与磁纬度关系	校正措施(自差校正器)
船舶正平时自差	恒定自差	软铁	无关	无关	较小,不做校正,保留在剩余自差里
	半圆自差	硬铁	360°航向中自差符号改变一次	有关	纵、横磁棒(硬铁)
	软半圆自差	软铁			佛氏铁(软铁)
	象限自差	软铁	360°航向中自差符号改变 3 次,大小符号与船舶 2 倍罗航向成正弦关系	无关	软铁球、软铁片(软铁)
	次象限自差	软铁	360°航向中自差符号改变 3 次,大小符号与船舶 2 倍罗航向成余弦关系	无关	较小,不做校正,保留在剩余自差里

续表

	自差名称	船磁类型	与航向关系	与磁纬度关系	校正措施 （自差校正器）
船舶倾斜时自差	倾斜自差	硬铁	N、S航向横倾自差最大，纵倾自差为零，E、W航向横倾自差为零，纵倾自差最大。若船舶右倾，倾斜自差为西自差，随倾角的增大，罗盘向左舷（高舷）偏转；左倾相反	有关	垂直磁棒（硬铁）

自差校正器存放要求：	
硬铁校正器 （全在罗经柜内部）	存放：异名极相靠、平行排列，防潮、防锈，保持标识清晰
软铁校正器 （全在罗经柜外部）	存放：远离永久磁铁，防潮、防锈 检查软铁校正器是否具有永久磁性：缓慢旋转软铁球（片），观察航向是否变化，或用无磁性铁质物品靠近，观察是否吸附 消磁方法：滚动、敲击、淬火

三、船用磁罗经自差表

由于磁罗经自差值的大小是随船舶航向的变化而改变的，所以必须把自差数据按一定的航向间隔填制成表，以便航行时查阅使用，这种统一印制的表格为罗经自差表。表上习惯采用的航向间隔为10°或15°，介于表列航向之间的自差值可以用线性内插法求得。自差表一般张贴于海图室内。磁罗经自查表应该每年更新一次，由船方或海事管理部门进行测定、更新。

第二节　磁罗经设备操作及维护

一、罗盆和罗盘的检查

1.罗盆应由非磁性材料制成，并保持水密，罗经液体应无色透明且无沉淀物。
2.罗盆在常平环上应保持水平。
3.罗盘应无变形，磁针与刻度盘 NS 线应严格平行，误差应小于 0.2°。
4.罗经的艏艉基线应准确地位于船首尾面内，误差小于 0.5°

二、罗盘灵敏度的检查

罗盘的轴帽和轴针之间虽然采用了宝石、合金等材料，但是使用久了，依旧会产生磨损，磨损过多就会影响罗经指向精度。罗盘灵敏度的检查就是检查轴帽和轴针之间的磨损状况。

检查方法是先将罗盆置于稳定且无磁性干扰的地方,最好是搬至岸上,用小磁铁将罗盘从原来的平衡位置向左(或向右)引偏2°~3°,然后移去小磁铁,让罗盘恢复其原先的指向,观察与原先指向的差别。经过多次引偏观测并且取平均值,若与原先指向位置读数相差大于0.2°,说明轴针的尖端或轴帽磨损较严重,应当修理或更换。

三、罗盘磁力的检查

罗经使用久了,罗盘背面磁钢的磁性可能会发生变化,进而影响罗经指向精度。罗盘磁力的强弱可根据罗盘摆动的半周期来测定,如图4-2-1所示。

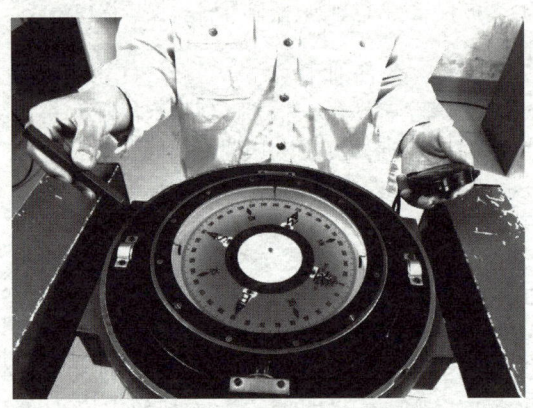

图 4-2-1　观测罗盘半周期

检查方法同样是先将罗盆置于稳定且无磁性干扰的地方,最好是搬至岸上,记录下罗盘的初始航向度数,然后用小磁铁将罗盘向左(或向右)引偏40°,然后移去小磁铁,用秒表测量罗盘上初始航向度数两次通过船首基线的时间间隔,即为罗盘摆动的半周期。如果是将罗盆搬到了岸上,则可以转动罗盆使船首基线对准罗盘的0°,这样观测起来会比较方便。经过多次引偏观测并且取平均值,若所测半周期数值比罗经说明书中的标准值大得多,则说明罗盘磁力减弱,应进行厂修更换。

四、罗盆内气泡的排除

罗经使用一段时间,罗盆内往往会产生气泡,气泡在罗经盆内会使罗盘的转动遇到阻力,影响指向精度,所以发现气泡就要及时消除,否则不仅影响航行安全,还会在港口国检查中造成不当影响。但是在消除气泡时首先要弄清气泡产生的原因,罗盆内产生气泡的原因主要有两种:一是罗盆中液体受环境变化,遇冷或遇热,罗盆密封处老化漏气;二是空气从浮室中逸出。如果这些泄漏不太严重,船上又没有维修能力,那就要及时补充液体排除气泡。等有了合适的时机,再对罗经进行彻底的修理。

排除气泡的方法:首先按照比例调配罗经液体,配好后备用。侧放罗经盆,使注液孔朝上,旋出注液孔螺塞,用针管抽取少量罗经液体同少量待添加液体,混合观察是否融合正常。稍稍摇动罗盆,让盆内气泡从注液孔排出。然后注入调配好的酒精和蒸馏水的混合液体或规定的液体,将罗盆内空间注满,直至液体溢出为止。再配合轻敲拍打罗盆,使盆内角落处的气泡也被驱赶到注液孔口处,液面下降之后再次重复添加液体,之后再次轻敲驱赶气泡,如此反复多次,直至罗盆内气泡被彻底消除后,慢慢拧上螺塞,让罗盆复原。

五、自差校正器的检查

罗经柜内的硬铁校正磁棒表面应无锈,锈蚀会使磁性衰退。磁棒涂有红、蓝颜色分别标记N、S极,标记应与实际磁棒的极性相符合。

软铁校正器不应带有永久磁性。检查软铁球是否磁化的方法:在航向稳定时,松开软铁球,将两球紧靠罗经柜,分别做间断的原位转动,每次转动后观察船首基线所指的罗盘读数是否变化,若有变化,则说明软铁球已有永久磁性。对含有永久磁性的校正软铁,可采用将其放在地上滚动、敲击,或者加热的退磁方法进行退磁处理。

备用自差硬铁校正器存放于专用的木盒内,如图 4-2-2 所示。

图 4-2-2　备用自差硬铁校正器的存放

六、方位仪的检查

方位仪应能在罗盆上自由转动,其旋转轴应与罗盆中心轴针重合,无论是方位圈还是方位镜,其棱镜必须垂直于照准面,否则观测方位时,将产生方位误差。检查方位圈,把方位圈的舷角定在 0°时,根据照准线从棱镜上看到的罗盘读数,应与船首基线所对的罗盘读数相等,若方位圈的棱镜面不垂直于照准面,应予以调整。

七、磁罗经自差表和自差曲线

由于磁罗经自差值的大小是随船舶航向的变化而改变,把自差数据按一定的罗航向间隔制成表或曲线,以便航行时查阅使用,这种图表是磁罗经自差表和自差曲线,如表 4-2-1 所示。自差表一般张贴于海图室内。磁罗经自差表应该每年更新一次,由船方或海事管理部门进行测定、更新。

表 4-2-1　磁罗经自差表和自差曲线

船名：　　　　　　　　　　　　　　　　　　　　日期：
SHIP'S NAME：＿＿＿＿＿＿　　　　　　　DATE：＿＿＿＿＿

自差表 DEVIATIONS TABLE		自差曲线 DEVIATIONS CURVE	系数 COEFFICIENTS	
罗航向 C.Course	自差 Deviations	W'ly(−)　　　　　E'ly(+)　5　4　3　2　1　0　1　2　3　4　5		
N　000°	+1.2°	N	A：	0.1
015°	+0.9°		B：	0.2
030°	+0.7°		C：	0.3
NE　045°	+0.4°	NE	D：	0.4
060°	+0.1°		E：	0.5
075°	−0.2°			
E　090°	−0.5°	E	附注：	
105°	−0.3°		REMARKS：	
120°	−0.1°			
SE　135°	+0.2°	SE		
150°	+0.5°			
165°	+0.7°			
S　180°	+1.0°	S		
195°	+0.6°			
210°	+0.2°			
SW　225°	−0.2°	SW		
240°	−0.5°			
255°	−0.8°			
W　270°	−1.0°	W		
285°	−0.7°			
300°	+0.2°			
NW　315°	+0.6°	NW		
330°	+1.0°			
345°	+1.3°			

校正器位置：POSITION OF CORRECTORS

纵向磁棒 FORE'& AFT MAGNETS	左 Por		软铁 QUADRANTAL CORRECTORS	左 Por	
	右 Starb			右 Starb	
横向磁棒 ATHWARTSHIP MAGNETS	前 Fore		垂向磁棒 HEELING MAGNETS	位置 C.Mark	
	后 Aft.		佛氏铁 FLINDERS BAR	长度 Length	

磁罗经技术服务部(章)　　　　　　　　磁罗经校正(员)师(签名及证件号)

第三节　罗经差测定

当使用陀螺罗经测定船舶航向或物标方位定位的精度时,主要取决于陀罗差的精度;当使用磁罗经测定时,在很大程度上取决于磁罗经自差。因此,船上除了应在罗经校正场定期地对磁罗经进行校正,并绘制新的自差曲线或自差表外,在海上航行中,还应该利用每一个测定罗经差的机会来测定自差。由于磁罗经自差 Dev = 磁罗经差 ΔC − 磁差 Var,磁差 Var 可由航用海图上的罗经花求得,所以测得了磁罗经差就很容易地求得自差。对于陀螺罗经,同样应该利用一切机会经常测定陀罗差。在航海实践中,可能在日没和日出前后,利用太阳真出没或低高度的方位各测定一次罗经差。当在转向后测定罗经差时,注意须在船舶转向 3~4 min 后,使船磁趋于稳定时进行。另外要注意的是,由于磁罗经自差 Dev 是随着航向的变化而变化的,磁罗经差 ΔC 也随航向的变化而变,因此,在测定磁罗经差 ΔC 时,必须同时记录测定时刻的罗经航向 CC。

因为 $\Delta C = TB - CB = TC - CC$,而只要用罗经航行,罗经航向 CC 随时可知,所以只要设法获得同一时刻的真航向 TC,就能求得当时该航向上的磁罗经差 ΔC($\Delta C = TC - CC$)。同样,用罗经观测某一物标的方位,就能得到该物标的罗方位 CB,此时,只要设法获得该时刻、该物标的真方位 TB,就能求得当时该航向上的磁罗经差 ΔC($\Delta C = TB - CB$)。也就是说,测定磁罗经差 ΔC 的根本问题是求得观测罗经读数时刻的 TC 或 TB。

一、利用陆标测定罗经差

(一)利用叠标测定罗经差

如果在航行海区设有专用的叠标(见图 4-3-1),该叠标的真方位 TB 可以在航用海图上得到,则利用叠标测定磁罗经差是一种准确的测定方法(但自选叠标时须注意其灵敏度)。只要船舶按一定的航向通过叠标线时观测叠标的罗方位 CB,则该航向上的磁罗经差 ΔC 和磁罗经自差 Dev 可以按下面公式计算求得:

$$\Delta C = TB - CB \quad 和 \quad Dev = \Delta C - Var$$

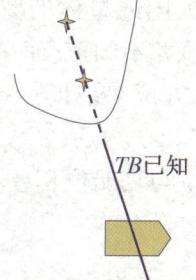

图 4-3-1　利用叠标测定罗经差

(二)利用准确船位测定罗经差

当有准确船位时,例如有 GPS 船位或消除了系统误差后的观测船位(见图 4-3-2),船舶是从准确船位观测已知位置的物标罗方位 CB 的,因此,从航用海图上直接由准确船位量取被测物标的真方位 TB,或利用 GPS 根据准确船位和物标的经纬度计算出被测物标的真方位 TB,则 $\Delta C = TB - CB$。

注意:船位观测或读取 GPS 船位数据和观测物标的 CB 必须同时进行。

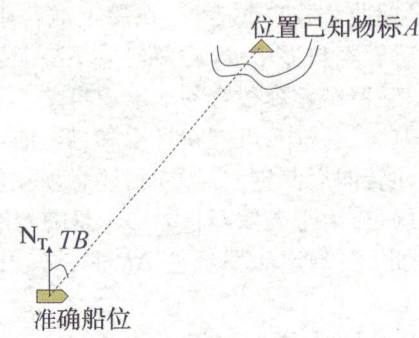

图 4-3-2　准确的观测船位

二、比对航向法测定罗经差

船舶在同一航向航行较长时间或转向后,经常利用比对磁罗经航向 CC 和陀螺罗经航向 GC 的方法来检验陀螺罗经的工作情况,同时当已知一类罗经的误差数据时,也可求得另一类罗经的误差数据。因为 $TC = GC + \Delta G = CC + \Delta C$,所以,当陀螺罗经差 ΔG 准确已知时,磁罗经差 ΔC 可由下式求得:

$$\Delta C = GC + \Delta G - CC$$

反之,当磁罗经差 ΔC 准确已知时,陀螺罗经差 ΔG 可由下式求得:

$$\Delta G = CC + \Delta C - GC$$

三、利用天体测定罗经差

用天文方法测定罗经差,观测的是太阳或星体的罗方位 CB,而真方位 TB 是真船位处以真北为基准的天体方位,但实际上真船位并不知道,而是用推算船位代替真船位计算或查表求取观测时刻天体的方位 A_C,以 A_C 代替真方位 TB 计算 ΔC,即

$$\Delta C = A_C - CB$$

虽然由此会产生误差,但当推算船位与真船位相差不远时,此误差是可以忽略不计的。

(一)低高度太阳方位求罗经差

观测低高度太阳方位求罗经差是海上用天文方法测定罗经差的最基本的方法。低高度太阳,一般是指太阳高度低于 30°,最好低于 15°。

1.观测要领

由于测定罗经差的精度取决于观测罗方位和计算方位的精度,为了提高罗经差的精度,观测时必须注意以下问题:

(1)测定罗经差时,应尽量保持罗经水平,以减小由于罗经倾斜而引起的罗方位误差。在罗经的方位圈上附有水准器,观测时应使水泡位于中间位置。特别是当船舶摇摆剧烈时,更应予以注意。

(2)观测罗方位时,为了避免粗差,减弱随机误差影响,可以连续观测 3 次罗方位,取平均值作为观测时刻的罗方位。罗方位读数应准确到 0.5°,观测时间准确到 1 min。

(3)观测太阳的中心方位时,应使太阳中心与照准线重叠,即应使照准线将太阳圆面左右平分。

2.利用《太阳方位表》求罗经差的方法

中版和英版《太阳方位表》的排版格式基本相同,使用方法完全一样。

(1)《太阳方位表》的结构

该表分两册:第一册包括纬度 0°~30°(英版戴氏表 DAVIS'S TABLES);第二册包括纬度 30°~64°(英版柏氏表 BURDWOOD'S TABLES)。每一册都分主表和附表。主表分前后两半册,前半册赤纬和纬度同名,后半册赤纬和纬度异名。查表引数是纬度、赤纬和视时,每页左列引数为上午(a.m.)视时,右列引数为下午(p.m.)视时。英版中视时用罗马数字表示,从表中可以查得太阳的半圆方位,第一名称与纬度同名;第二名称上午为 E,下午为 W。

附表主要是"太阳赤纬表"和"时差表",均按照四年中有一闰年的规定排列,故每一个附表又分为四个小表。查表引数为观测的年、月、日。可查得世界时 GMT 12 h 的太阳赤纬 Dec 和时差 ET。使用附表一般不必进行内插。

(2)利用《太阳方位表》求罗经差的步骤

①观测太阳罗方位 CB,同时记下观测时间,求取推算船位。

②根据观测日期分别从《太阳赤纬表》《时差表》中查取太阳赤纬 Dec 和时差 ET。

③根据观测时的区时 ZT 和推算船位的经度求视时 LAT:

$$LAT = LMT + ET = ZT \pm D\lambda E/W + ET$$

当视时 LAT 小于 12 h 时,LAT 为上午视时;当视时 LAT 大于 12 h 时,LAT−12 h 为下午视时。

④求计算方位 A_C:根据测者纬度和太阳赤纬 Dec 的同、异名,在主表的前半部或后半部,选择靠近表列引数的纬度、赤纬和视时,查取太阳的表列方位 A_t,再进行三项比例内插,最后求得太阳的计算方位 Ac,即:

$$A_C = A_t + \triangle A_{Dec} + \triangle A_{LAT} + \triangle A \varphi$$

该方位是半圆方位,第一名称与测者纬度同名;第二名称上午为 E,下午为 W。如果测者纬度 φ 的查表引数为 0°,方位命名的第一个字母与太阳赤纬同名。

⑤求罗经差:将所求得的半圆方位化为圆周方位,则

$$\Delta C = A_C - CB$$

(二)太阳真出没方位求罗经差

1. 测定罗经差的原理

在周日视运动中,太阳中心恰好位于测者真地平圈上时,叫作真出或真没(True sunrise or sunset)。天体真出没时,可根据下式计算真出没时的天体方位,即

$$\cos A_c = \frac{\sin Dec}{\cos \varphi_c}$$

由于太阳在一天内赤纬的变化很小,因此可不计观测的时间,只需根据测者的推算纬度 φ 和当天太阳的平均赤纬便可简便而迅速地求得罗经差。因此,航海上一直把这种方法作为日常校核罗经差的主要方法。

太阳真出没时,$ht^\circ = 0°$。虽然测者的地心真地平是看不见的,但由于测者一般具有一定的眼高,加上蒙气差等的影响,使得太阳真出没时其下边缘位于水天线之上。因此,可以根据太阳下边缘的视高度 ho° 来判断太阳的真出没。

也就是说,当太阳下边和水天线之间的距离大约等于 21′,即太阳直径的 2/3 时,太阳的真高度 $ht^\circ = 0°$,该时刻就是太阳真出没的时刻。观测罗方位时,必须待太阳下边缘高度在水天线之上约为 2/3 太阳直径时进行。

太阳真出没时,因太阳很接近水天线,观测方法与观测地面物标相同,其观测要领与观测低高度太阳方位相同。图 4-3-3 是太阳视出没、真出没和低高度位置示意图。

视出没　　　　真出没　　　　低高度

图 4-3-3　太阳视出没、真出没和低高度位置示意图

2.利用《太阳方位表》求太阳真出没方位和罗经差

在《太阳方位表》中,编有对应于 φ 和 Dec 的太阳真出没时刻的真方位,列于每一表列赤纬栏的最后,并给出真出和真没时刻的地方视时,查表的引数为纬度 φ 和赤纬 Dec。使用该表求太阳真出没方位须进行纬度和赤纬两项比例内插,即

$$A_C = A_t + \Delta A_{DEC} + \Delta A \varphi$$

第四节　磁罗经评估要素及评价标准

一、评估要素及评价标准

通过考核考生对磁罗经的操作能力,验证其是否具备检查和测试磁罗经、读取磁罗经航向

（方位）、已知观测航向（方位）求取真航向（真方位）、求取观测陆标（或太阳）真方位、求取罗经差等技能，确保其符合《STCW 公约》及海事局对船舶二/三副适任能力的相关要求。

磁罗经评估要素及评价标准（500 总吨及以上船舶二/三副），如表 4-4-1 所示。

表 4-4-1　磁罗经评估要素及评价标准（500 总吨及以上船舶二/三副）

序号	评估要素	关键要素	评价标准	标准解读
1	检查和测试磁罗经	否	1.熟悉磁罗经组成及各部分作用；2.能正确完成磁罗经灵敏度及半周期检查，掌握消除气泡的方法	1.能指出磁罗经的组成部分及其作用；2.能动手操作磁罗经灵敏度检查、半周期检查、消除气泡
2	读取磁罗经航向（方位）	是	1.熟悉方位圈的使用；2.能正确读取磁罗经航向或方位	1.能读取磁罗经航向；2.能使用方位圈进行指定物标的方位的测量
3	已知观测航向（方位），求取真航向（真方位）	否	能根据海图上的罗经花正确读取磁差，从自差表（或自差曲线）查取自差，并正确计算真航向（真方位）	1.能通过海图罗经花的资料，计算磁差；2.能从自差表（或自差曲线）查取自差；3.能将已知的观测航向或方位，计算出真航向或真方位
4	求取观测陆标（或太阳）真方位	否	能通过海图作图求取指定陆标的真方位，或者正确使用表列引数查《太阳方位表》，通过内插计算太阳真方位	1.通过海图作图求取陆标真方位；2.熟练使用《太阳方位表》，计算太阳真方位
5	求取罗经差	否	已经观测陆标（或太阳）的真方位和观测方位，能够正确计算罗经差	1.掌握罗经差的计算步骤；2.能通过观测方位和真方位计算出罗经差

（二）适用对象：未满 500 总吨船舶二/三副

磁罗经评估要素及评价标准（未满 500 总吨船舶二/三副），如表 4-4-2 所示。

表 4-4-2　磁罗经评估要素及评价标准（未满 500 总吨船舶二/三副）

序号	评估要素	关键要素	评价标准	标准解读
1	检查和测试磁罗经	否	1.熟悉磁罗经组成及各部分作用；2.能正确完成磁罗经灵敏度及半周期检查；掌握消除气泡的方法	1.熟悉磁罗经的组成；2.能动手操作磁罗经灵敏度检查、半周期检查、消除气泡
2	读取磁罗经航向（方位）	是	1.熟悉方位圈的使用；2.能正确读取磁罗经航向或方位	1.能读取磁罗经航向；2.能使用方位圈进行指定物标的方位的测量

续表

序号	评估要素	关键要素	评价标准	标准解读
3	已知观测航向（方位），求取真航向（真方位）	否	能根据海图上的罗经花正确查取磁差，从自差表（或自差曲线）查取自差，并正确计算真航向（真方位）	1.能通过海图罗经花的资料,计算磁差; 2.能从自差表（或自差曲线)查取自差; 3.能将已知的观测航向或方位,计算出航向或真方位
4	求取观测陆标真方位	否	能通过海图作图求取指定陆标的真方位	通过海图作图求取陆标真方位
5	求取罗经差	否	已经观测陆标（或太阳）的真方位和观测方位,能够正确计算罗经差	1.掌握罗经差的计算步骤; 2.能通过观测方位和真方位计算出罗经差

二、评估练习题

1.考生使用实验室配备的某型磁罗经真设备或模拟器,独立完成以下任务:

（1）对照实物,叙述磁罗经组成及各部分作用,并完成灵敏度检查;

（2）请正确读取磁罗经航向;

（3）请使用罗经花和自差表正确获取磁差和自差,并计算真航向;

（4）请通过海图作图求取指定陆标真方位;

（5）请借助方位圈,正确获得指定陆标的观测方位,并根据已经求取的陆标真方位,正确计算罗经差。

2.考生使用实验室配备的某型磁罗经真设备或模拟器,独立完成以下任务:

（1）对照实物,叙述磁罗经组成及各部分作用,并完成半周期检查;

（2）请正确读取磁罗经航向;

（3）请使用罗经花和自差表正确获取磁差和自差,并计算真航向;

（4）请通过海图作图求取指定陆标真方位;

（5）请借助方位圈,正确获得指定陆标的观测方位,并根据已经求取的陆标真方位,正确计算罗经差。

3.考生使用实验室配备的某型磁罗经真设备或模拟器,独立完成以下任务:

（1）对照实物,叙述磁罗经组成及各部分作用,并检查罗盆是否有气泡存在,如有气泡,请叙述消除气泡的方法;

（2）请正确读取磁罗经航向;

（3）请使用罗经花和自差表正确获取磁差和自差,并计算真航向;

（4）请通过海图作图求取指定陆标真方位;

（5）请借助方位圈,正确获得指定陆标的观测方位,并根据已经求取的陆标真方位,正确计算罗经差。

4.考生使用实验室配备的某型磁罗经真设备或模拟器,独立完成以下任务:

（1）对照实物,叙述磁罗经组成及各部分作用,并完成灵敏度检查;

（2）请正确读取磁罗经航向；

（3）请使用罗经花和自差表正确获取磁差和自差，并计算真航向；

（4）请正确利用《太阳方位表》，计算太阳真方位；

（5）请利用已经计算的太阳的真方位和观测方位，正确计算罗经差。

5.考生使用实验室配备的某型磁罗经真设备或模拟器，独立完成以下任务：

（1）对照实物，叙述磁罗经组成及各部分作用，并完成半周期检查；

（2）请正确读取磁罗经航向；

（3）请使用罗经花和自差表正确获取磁差和自差，并计算真航向；

（4）请正确利用《太阳方位表》，计算太阳真方位；

（5）请利用已经计算的太阳的真方位和观测方位，正确计算罗经差。

第五章

自动识别系统使用及评估

评估规范要点概述：要求 500 总吨及以上船舶二/三副,能正确核对 AIS 设备的组成;正确开启 AIS 设备并确认发送和接收信息的状态;能正确完成本船静态信息、航次信息及动态信息的查阅、输入和修改;能查询被选目标的静态信息、动态信息及航次信息;能正确以选址或广播的方式编辑和发送安全信息。要求未满 500 总吨船舶二/三副,能正确核对 AIS 设备的组成;正确开启 AIS 设备并确认发送和接收信息的状态;能正确完成本船静态信息、航次信息及动态信息的查阅、输入和修改;能查阅被选目标的静态信息、动态信息及航次信息。

第一节　自动识别系统设备概述

一、设备定义与核心功能

(一)定义

自动识别系统(Automatic Identification System, AIS)是基于国际海事组织(IMO)标准设计的船舶助航设备,通过 VHF 无线电通信技术实现船对船、船对岸的动态信息交互。

(二)核心功能

1.信息广播与接收

自动发送本船静态信息(MMSI、船名等)、动态信息(船位、航速等)、航次信息(目的港、ETA 等)及安全短消息。

2.避碰辅助

实时计算目标船的最近会遇距离(DCPA)和时间(TCPA),提供声光报警及航迹预测。

3.交通管理支持

与船舶交通管理系统(VTS)集成,实现航行动态监控、偏航报警及远程数据传输。

4.搜救协同

通过 AIS-SART(搜救发信器)和机载设备提升海上搜救效率。

二、设备分类与工作原理

(一) 分类

根据技术标准和应用场景,AIS 设备分为以下类型:

1.船载设备

(1)A 类设备

符合 IMO 强制要求,支持 SOTDMA 协议,适用于≥300 总吨国际航行船舶及≥500 总吨国内航行船舶。

(2)B 类设备

功能简化,采用 CSTDMA 协议,适用于非强制船舶(如小型渔船)。

(3)AIS-SART

遇险示位标,周期广播"SART-ACTIVE"报文。

2.岸基设施

(1)基站(BS)

全功能基站用于交通监控,限制功能基站仅用于数据采集。

(2)转发器

单工/双工转发 AIS 信息,扩展覆盖范围。

(二) 工作原理

1.通信协议

基于 TDMA(时分多址)技术,在 VHF 161.975 MHz(AIS1)和 162.025 MHz(AIS2)双信道上交替广播。

2.数据同步

依赖 GNSS 提供 UTC 时间基准,实现多设备时隙协调。

3.信息优先级

动态信息(2~10 s 更新)>安全消息>静态/航次信息(6 min 更新)。

三、设备组成

AIS 船载设备由以下模块构成:

（一）核心模块

1.通信处理器

（1）功能：协调数据编码、信道切换及协议管理。

（2）输入：传感器数据（GNSS、罗经、计程仪）。

（3）输出：NMEA 0183/2000 标准接口。

2.VHF 通信模块

双信道收发。发射功率：A 类 12.5 W（覆盖≥25 n mile），B 类 2 W（覆盖≥7 n mile）。

3.GNSS 接收机

定位精度≤13 m（外接差分 GNSS≤5 m），时间同步误差≤1 ms。

（二）外围设备

1.传感器接口

接入陀螺罗经（航向误差≤0.5°）、计程仪（航速误差≤0.5 kn）、旋回速率传感器（ROT 误差≤1°/min）。

2.人机交互界面（MKD）

（1）输入：MMSI（9 位数字）、船舶类型（IMO 标准分类）、船长、船宽。

（2）显示：危险目标（红色闪烁）、航迹矢量、报警状态。

3.报警单元

（1）触发条件：GNSS 信号丢失>30 s、传感器断线。

（2）响应：声光报警延迟≤3 s（符合 IEC 61162-1 标准）。

（三）辅助设备

1.便携式引航仪（PPU）接口

支持引航员设备快速接入。

2.远程通信接口

集成 Inmarsat C 模块，实现超视距数据传输。

四、技术规范

（一）安装要求

1.天线间距

GNSS 与 VHF 天线垂直间距≥2 m；水平间距≥10 m；远离雷达/高功率设备距离≥3 m。

2.供电

主电源+应急电源双路冗余，接地电阻<1 Ω。

(二) 数据兼容性

AIS 与雷达、ECDIS、VTS 系统无缝集成,支持目标叠加及多设备协同报警。

第二节　自动识别系统设备操作

一、设备通用操作规范与维护

设备通用操作规范,涵盖设备启停、数据管理、目标监控及通信交互全流程。以下将结合评估标准,逐项拆解关键操作要求,确保考生能够系统性掌握设备操作的规范性、时效性与合规性。

(一) 设备启动与状态核验

1.硬件准备

(1) 组成核对

确认 AIS 主机、MKD 显示屏、GNSS 天线、VHF 天线、传感器(陀螺罗经/计程仪)连接完整。

(2) 电源检查

验证主电源(DC12~24 V)与应急电源供电正常,电缆无破损。

2.开机与自检

(1) 路径

长按【POWER】键启动,设备自动执行 BITE 自检。

(2) 验证内容

①GNSS 定位精度≤13 m(屏幕显示"DGPS ≤5 m"为理想状态);

②VHF 信道切换正常(AIS1:161.975 MHz,AIS2:162.025 MHz);

③传感器链路状态(陀螺罗经、计程仪输入正常,显示绿色标志)。

3.初始设置

(1) GNSS 校准

路径【MENU】→【SHIP DATA】→【GNSS POSITION】,输入天线距船首/尾距离(与《船舶稳性手册》一致),误差≤0.5 m。

(2) 通信模式

默认"双信道自动切换",近岸航行可切换至基站指定信道。

(二)本船信息管理

1.静态信息输入

(1)MMSI

路径【MENU】→【SHIP DATA】→【STATIC DATA】→【MMSI】,输入9位数字(中国籍前3位412~414),系统自动校验格式。

(2)船名/呼号

与《船舶电台执照》一致,字符长度≤20(超长时使用缩写)。

(3)船舶尺度

船长(LOA)、船宽(Beam)精确至0.1 m,与船舶证书一致。

2.航次信息更新

(1)目的港

按UN/LOCODE输入5位代码(如"CNSHA"为上海港),禁止手动输入文字。

(2)ETA/吃水

格式为"DD/MM HH:MM"(UTC时间),当前吃水精确至0.1 m。

3.动态数据同步

(1)传感器校验

每日核对AIS显示的COG/SOG与计程仪、GNSS数据,偏差>5%需校准。

(2)航行状态设置

手动切换"锚泊""失控"等状态,触发对应信息广播。

(三)目标船信息查询

目标船信息查询是避碰辅助与航行态势感知的核心功能,需区分休眠与激活目标状态。

1.目标列表筛选

(1)按【TGT LIST】键查看所有目标,红色图标标记DCPA≤0.5 n mile/TCPA≤10 min的危险目标。

(2)支持按距离、航速、船型过滤目标,优先处理"机动航行(ROT>5°/min)"目标。

2.详细信息调取

(1)静态信息

MMSI、船名、船舶类型(需目标船启用广播)。

(2)动态信息

实时位置、航速、航向、旋回速率(ROT)。

(3)航次信息

目的港、货物类型(若目标船已填写)。

(四)安全消息编辑与发送

1.广播消息

(1)内容规范

文本≤161字符,中英文混合需简洁(如"主机故障,航速5 kn,请宽让")。

(2)发送确认

屏幕显示"TX SUCCESS",发送失败时检查信道占用或字符超限。

2.寻址消息

(1)目标验证

输入目标船MMSI后,按【VERIFY】校验编码有效性。

(2)快速回复

使用预置模板(如"已收到,本船右转20°")提高通信效率。

(五)日常维护

1.静态信息核查与更新

每月或每个航次开航前,需核验MMSI、船名、呼号、IMO编号、船舶类型、船长、船宽等静态信息,确保与船舶证书一致。定位天线位置数据(距船首尾及舷侧距离)需与实际安装位置匹配,若船舶换向或天线调整,需立即更新并重新校准。

2.动态数据与传感器校验

每日检查GNSS、陀螺罗经、计程仪等传感器的输入数据,验证AIS显示的船位、对地航向(COG)、对地航速(SOG)、艏向等动态信息是否与传感器一致。定期模拟GNSS信号丢失场景,测试设备是否自动切换至内置GNSS模块,并记录报警响应及日志功能是否正常。

3.软件升级与协议兼容性维护

每半年检查设备固件版本,及时升级以支持最新通信协议(如ITU-R M.1371-5)。远程通信接口(如GMDSS、卫星终端)需定期测试,确保符合IEC 61162标准,避免因协议不兼容导致数据中断。

4.硬件状态与链路检测

每季度检查天线、电缆连接状态,重点排查锈蚀、松动或水密失效问题。年度检验时,需测试AIS与雷达、ECDIS的数据融合功能,验证目标船位、航向等信息的一致性,确保多系统协同工作的可靠性。

5.日志管理与报警测试

每月导出设备运行日志,分析最近10次故障记录,针对性排除隐患。定期模拟传感器失效、通信中断等场景,测试声光报警响应,确保报警信息清晰可辨且记录完整。

二、典型设备操作示例

现以FURUNO FA-150型设备为例,系统介绍其操作规范。

(一)设备启动与自检

1.开机流程

(1)长按【POWER】键3 s,等待自检完成(约30 s),如图5-2-1所示。

（2）若自检报错（如"GNSS WARNING"），进入【MENU】→【SYSTEM LOG】查看故障代码（ERR-12 为 GNSS 信号丢失）。

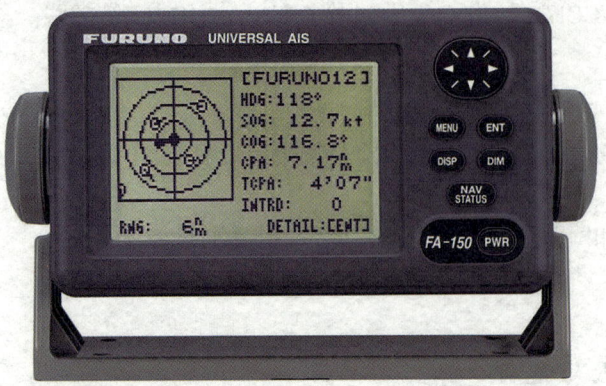

图 5-2-1　FURUNO FA-150 型 AIS 显示器界面

2.GNSS 信号切换

路径：【MENU】→【SENSOR STATUS】→【GNSS SOURCE】，手动选择外置 GNSS（如 GPA-022S）以提升精度。

（二）静态信息录入

MMSI 输入步骤：

路径：【MENU】→【SHIP DATA】→【STATIC DATA】→【MMSI】，输入 9 位数字后按【SAVE】。

注意：MMSI 一旦保存需输入密码（默认 1234）才能修改，避免误操作。

（三）危险目标处理

报警响应操作：

（1）目标触发 DCPA 报警时，按【ACK】键关闭蜂鸣器，选中目标后按【ENT】查看详情。

（2）使用【PREDICT】功能预测目标船航迹，结合 ECDIS 制定避让方案。

（四）安全消息发送实例

广播模式操作：

（1）路径：【MENU】→【MESSAGE】→【CREATE MSG】→【BROADCAST】，输入文本后按【SEND】。

（2）示例："航道施工，请避开 31°14′ N，121°29′ E 区域。"

（五）目标船信息查询

目标船信息查询是避碰辅助与航行态势感知的核心功能，需区分休眠与激活目标状态。

1.目标列表浏览

（1）目标分类显示

按【TGT LIST】键进入列表,如图 5-2-2 所示。

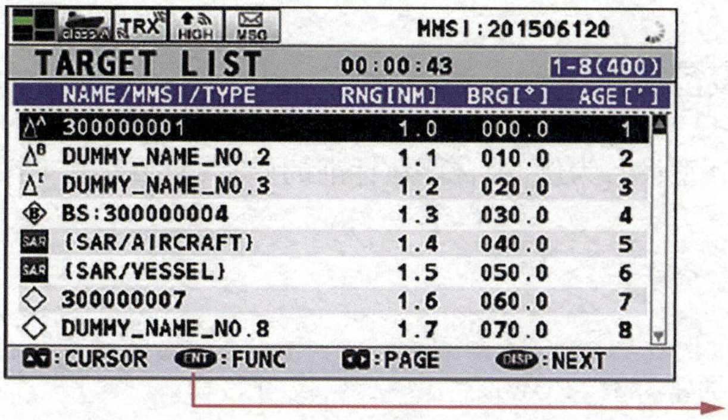

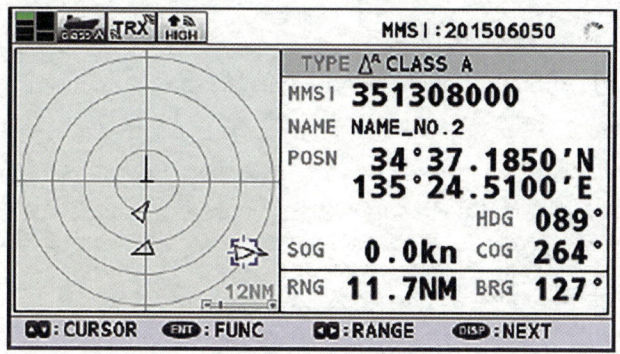

图 5-2-2　目标列表

（2）危险目标优先处理

危险目标触发声光报警,按【ACK】键确认后查看详情,如图 5-2-3 所示。

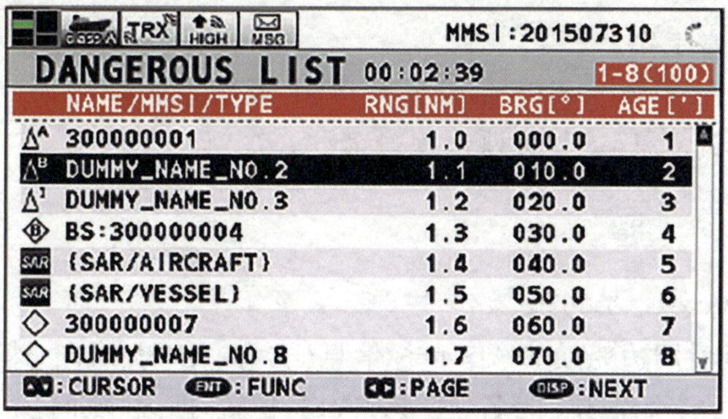

图 5-2-3　危险目标列表

2.详细信息读取

（1）静态信息调取

选中目标后按【ENT】,查看船舶类型、MMSI、IMO 编号（如有）,如图 5-2-4 所示。

图 5-2-4　目标船信息查询

（2）动态与航次信息分析

①实时位置、ROT（旋回速率）、航行状态（锚泊/失控）。

②目的港与货物类型(需目标船启用航次信息广播)。

三、其他型号设备操作

现以 UAIS SI-10D 型设备为例,结合评估标准的要求,介绍其基本操作。

(一)设备开机与自检

1.电源启动

(1)长按电源键(通常标有"POWER")2~3 s,设备启动。

(2)屏幕显示初始化界面,系统自动进行自检(检查 GPS 信号、VHF 天线连接、数据完整性等)。

(3)自检完成后,进入主界面。

2.状态指示灯确认

(1)绿色常亮:正常工作。

(2)红色闪烁:存在故障(如 GPS 信号丢失、VHF 通信异常)。

(3)黄色提示:警告信息(如目标碰撞预警)。

(二)主界面功能导航

1.主菜单选项(通过方向键操作):

(1)Target List:查看周边船舶的 AIS 目标信息(名称、MMSI、航向、速度、CPA/TCPA 等)。

(2)Own Ship:显示本船信息(船名、呼号、MMSI、位置、航速、航向)。

(3)Navigation:导航数据(目的地设置、航路点)。

(4)Alarm:报警管理(碰撞预警、锚泊报警、区域报警)。

(5)Settings:系统设置(静态数据、通信频道、显示模式)。

(三)静态与动态数据设置

1.静态数据输入(需授权权限)

(1)进入【Settings】→【Static Data】,输入以下信息:

①船名(Ship Name)。

②呼号(Call Sign)。

③海上移动服务识别码(MMSI)。

④船舶类型、长度、宽度等。

(2)保存后数据将自动广播。

2.动态数据更新

(1)设备自动从 GPS/传感器获取位置、航速、航向,无须手动输入。

(2)确认数据源连接正常(如 GPS 天线信号强度)。

（四）目标跟踪与避碰

1.查看周边船舶

（1）进入【Target List】，列表显示所有 AIS 目标。

（2）选择目标后，可查看详细信息（距离、方位、CPA/TCPA）。

2.碰撞预警（CPA/TCPA）设置

（1）进入【Alarm】→【Collision Alarm】，设置：

①最小会遇距离（CPA，如 0.5 n mile）。

②最小会遇时间（TCPA，如 10 min）。

（2）当目标船舶触发阈值时，设备发出声光报警。

（五）报警管理

1.报警类型

（1）碰撞报警（目标船舶接近）。

（2）锚泊报警（船舶偏离锚位）。

（3）安全区域报警（进入/离开预设区域）。

2.报警处理

（1）按【ACK】键确认报警，关闭声音提醒。

（2）进入【Alarm History】查看历史记录。

（六）通信与消息发送

1.发送安全消息

（1）进入【Message】→【Safety Message】，输入文本（如"Navigating in reduced visibility"）。

（2）选择发送范围（全体或指定船舶），确认发送。

2.接收消息

收到消息时屏幕弹出提示，按【OK】查看内容。

第三节　自动识别系统评估要素及评价标准

一、评估要素及评价标准

通过考核考生对自动识别系统(AIS)的操作能力,验证其是否具备正确开启设备、输入本船信息、查询目标船动态信息、发送安全信息等技能,确保其符合《STCW 公约》及海事局对船舶二/三副适任能力的相关要求。

(一)适用对象:500 总吨及以上船舶二/三副

自动识别系统评估要素及评价标准(500 总吨及以上船舶二/三副),如表 5-3-1 所示。

表 5-3-1　自动识别系统评估要素及评价标准(500 总吨及以上船舶二/三副)

序号	评估要素	关键要素	评价标准	标准解读
1	核对 AIS 设备的组成并进行测试	否	1.能正确核对 AIS 设备的组成; 2.正确开启 AIS 设备并确认发送和接收信息的状态	1.硬件连接核查 检查主机、MKD 显示屏、GNSS 天线(GVA-100-T)、VHF 天线(AT-1 400)的物理连接状态,确认电缆无破损、接口固定。 2.开机自检流程 启动后验证 BITE 自检结果,包括 GNSS 定位精度(≤13 m)、VHF 信道切换(AIS1/AIS2)、传感器链路(陀螺罗经/计程仪输入状态)。 3.报警功能测试 模拟 GNSS 信号丢失,触发"GNSS FAIL"报警,验证蜂鸣器响应及屏幕警示

续表

序号	评估要素	关键要素	评价标准	标准解读
2	输入本船信息	否	能正确完成本船静态信息、航次信息及动态信息的查阅、输入和修改	1.静态信息录入 （1）MMSI 输入格式正确（9 位数字，前 3 位符合 MID 编码规则）； （2）船名、呼号与《船舶电台执照》一致，字符长度≤20； （3）船舶类型、船长/船宽与船舶证书匹配。 2.航次信息更新 （1）目的港按 UN/LOCODE 规范输入 5 位代码（如"CNSHA"）； （2）ETA 格式为"DD/MM HH：MM"（UTC 时间），当前吃水精确至 0.1 m。 3.动态数据同步 核对 AIS 显示的 COG/SOG 与计程仪、GNSS 数据，偏差>5%时执行传感器校准
3	获取目标船信息	是	能查询被选目标的静态信息、动态信息及航次信息	1.目标列表筛选 按【TGT LIST】键调取目标列表，识别红色闪烁图标标记的危险目标（DCPA ≤ 0.5 n mile，TCPA≤10 min）。 2.信息调取与分析 （1）静态信息：调取目标船 MMSI、船名、IMO 编号（如有）； （2）动态信息：读取实时位置、航速（SOG）、航向（COG）、旋回速率（ROT）； （3）航次信息：验证目的港及货物类型（若目标船广播）。 3.避碰策略制定 结合 DCPA/TCPA 数据，提出符合 COLREGs 规则的避让方案（如"右转 20°"）

续表

序号	评估要素	关键要素	评价标准	标准解读
4	查阅、发送安全信息	否	能正确以选址或广播的方式编辑和发送安全信息	1.安全消息编辑 (1)广播模式:文本内容≤161字符,禁用遇险关键词(如"MAYDAY"),示例"航道施工,请避开31°14′N,121°29′E区域"; (2)寻址模式:输入目标船MMSI并校验有效性,使用预置模板(如"已收到,本船右转20°")。 2.发送确认 发送后屏幕显示"TX SUCCESS",失败时检查信道占用或字符超限。 3.误报警规避 确保消息内容简洁明确,避免触发无关警报

(二)适用对象:未满 500 总吨船舶二/三副

自动识别系统评估要素及评价标准(未满 500 总吨船舶二/三副),如表 5-3-2 所示。

表 5-3-2　自动识别系统评估要素及评价标准(未满 500 总吨船舶二/三副)

序号	评估要素	关键要素	评价标准	标准解读
1	核对 AIS 设备的组成并进行测试	否	1.能正确核对 AIS 设备的组成; 2.正确开启 AIS 设备并确认发送和接收信息的状态	1.硬件连接核查 检查主机、MKD 显示屏、GNSS 天线(内置型)、VHF 天线的物理连接状态,确认电缆无破损、接口固定。 2.开机自检流程 启动后验证 GNSS 定位状态(≤30 m)、VHF 信道占用状态(AIS1/AIS2),无须外接传感器链路检测。 3.报警功能测试 触发内置 GNSS 信号丢失报警,验证屏幕警示显示正常(无须测试外置传感器报警)

续表

序号	评估要素	关键要素	评价标准	标准解读
2	输入本船信息	否	能正确完成本船静态信息、航次信息及动态信息的查阅、输入和修改	1.静态信息录入 （1）MMSI 输入格式正确（9 位数字，前 3 位符合 MID 编码规则）； （2）船名与《船舶电台执照》一致，字符长度≤20。 2.航次信息更新 （1）目的港直接输入港口名称（无须 UN/LOCODE 代码）； （2）ETA 格式为"DD/MM HH：MM"（本地时间）。 3.动态数据同步 核对 AIS 显示的船位与 GNSS 数据，偏差>10%时重启设备或切换至备用电源
3	获取目标船信息	是	能查询被选目标的静态信息、动态信息及航次信息	1.目标列表筛选 按【TGT LIST】键调取目标列表，识别红色闪烁图标标记的危险目标（DCPA≤1.0 n mile，TCPA≤15 min）。 2.信息调取与分析 （1）静态信息：读取目标船 MMSI、船名； （2）动态信息：获取实时位置、航速（SOG）、航向（COG）。 3.避碰初步判断 结合 DCPA/TCPA 数据，提出基础避让建议（如"保持航向航速"或"减速至 5 kn"），符合 COLREGs 规则第 8 条（避免妨碍条款）

注：未满 500 总吨船舶的评估要素与标准参照上述内容，但评估时间缩短为 10 min，关键要素减少为 1 项（获取目标船信息），一般要素减少为 3 项（核对设备、输入信息、发送信息）。

二、评估练习题

1.考生使用 FURUNO FA150 型自动识别系统真机或模拟器，独立完成以下任务：
（1）开启 AIS 设备并确认设备收发状态；
（2）查阅本船 MMSI 和呼号等两项静态信息；
（3）查询并读取被选目标的船首向和对地航向等两项动态信息；
（4）给被选目标船点对点发送安全信息"PORT TO PORT"。
2.考生使用 FURUNO FA150 型自动识别系统真机或模拟器，独立完成以下任务：
（1）开启 AIS 设备并确认设备收发状态；

(2)查阅本船船长、船宽及定位天线位置等静态信息;

(3)查询并读取被选目标的船位和转艏速率等两项动态信息;

(4)给被选目标船点对点发送安全信息"RED TO RED"。

3.考生使用 FURUNO FA150 型自动识别系统真机或模拟器,独立完成以下任务:

(1)开启 AIS 设备并确认设备收发状态;

(2)查阅本船船位和船首向等动态信息;

(3)查询并读取被选目标的目的港和预计到达时间等航次信息;

(4)给被选目标船点对点发送安全信息"RED TO RED"。

4.考生使用 FURUNO FA150 型自动识别系统真机或模拟器,独立完成以下任务:

(1)开启 AIS 设备并确认设备收发状态;

(2)设置本船的航次信息:目的港(TIAN JIN),吃水(6.5 m);

(3)查询并读取被选目标的船首向和转艏速率等动态信息;

(4)给被选目标船点对点发送安全信息"PORT TO PORT"。

5.考生使用 FURUNO FA150 型自动识别系统真机或模拟器,独立完成以下任务:

(1)开启 AIS 设备并确认设备收发状态;

(2)设置本船的航行状态为失控;

(3)查询并读取被选目标的船首向和转艏速率等动态信息;

(4)以广播的方式编辑和发送安全信息"I AM NOT UNDER COMMAND. PLEASE KEEP CLEAR OF ME"。

第六章

计程仪使用及评估

评估规范要点概述:要求无限航区/沿海航区 500 总吨及以上船舶二/三副,了解计程仪的组成,能正确开启和调试计程仪;能正确进行速度类别以及初始航程的设置;正确理解计程仪显示的航次航程、累计航程的含义;正确理解计程仪显示的对水速度、对地速度的含义。要求未满 500 总吨船舶二/三副,需具备与上述 500 总吨及以上船舶二/三副完全一致的计程仪基本操作、参数设置及数据判读能力。

第一节　计程仪设备概述

一、计程仪的定义与功能

作为船舶航行数据的基准来源,计程仪通过航速、航程的实时测量与数据交互,构建了船舶动态感知的核心能力。其技术实现基于电磁感应(相对计程仪)、多普勒效应(绝对计程仪)及声波时延相关原理(声相关计程仪),并通过标准化协议与导航系统深度集成。本节将系统阐述计程仪的技术定义、功能分类及国际规范适配要求,为后续操作与评估奠定理论基础。

(一)基本定义

计程仪是船舶导航核心设备之一,用于实时测量航速(对水或对地)及累计航程,为航行安全、燃油管理和航线规划提供数据支持。其测量结果通过标准化接口(如 NMEA 0183/2000)与 AIS、ECDIS、ARPA 等导航设备联动,为船舶航行安全、燃油消耗优化、航线动态修正及避碰决策提供实时数据支撑,符合《SOLAS 公约》对 500 总吨及以上船舶的强制性配备要求。

(二)核心功能

1.航速测量

(1)对水速度(SPD THROUGH WATER)

计程仪通过传感器直接测量船舶与水层间的相对速度,适用于无洋流环境下的基础参考。

(2)对地速度(SPD OVER GROUND)

综合洋流、风浪等外部因素,测量船舶相对于海底的实际位移速度,用于航线动态修正。

(3)横向/纵向速度(多普勒计程仪专属)

在靠泊或狭窄水域航行时,计程仪提供横向移动速度数据(如±10 kn 范围),辅助驾驶员精准操纵。

2.航程累计

(1)航次航程(TRIP)

记录单航次航行距离,支持燃油消耗统计与航行日志记录。

(2)累计航程(TOTAL)

存储船舶全生命周期的总航行里程,用于设备维护周期评估。

3.数据交互

(1)通过 NMEA 0183/2000 协议向 AIS、ECDIS、雷达等设备输出航速数据,实现导航系统协同。

(2)生成 200 脉冲/海里(p/n mile)标准信号,兼容自动驾驶仪、航迹仪等外设。

4.安全辅助

(1)锚泊或靠离码头时监测横向漂移速度(精度±0.1 kn),触发超限报警。

(2)为 ARPA(自动雷达避碰系统)提供实时航速数据,提升避碰决策可靠性。

二、计程仪的分类与原理

根据测量参考坐标系不同,计程仪可分为两类:相对计程仪和绝对计程仪。

(一)相对计程仪

1.定义
相对计程仪测量船舶相对于水层的速度,如电磁计程仪、水压计程仪。

2.原理
(1)电磁计程仪

电磁计程仪利用电磁感应原理,通过传感器检测水流切割磁场产生的感应电动势,转换为航速信号(公式:$Eg = B \cdot Lv$)。

(2)水压计程仪

水压计程仪通过测量船舶航行时水压差与航速的关系推算速度。

3.特点
结构简单、成本低,但精度受水流扰动影响。

(二)绝对计程仪

1.定义

绝对计程仪测量船舶对海底的绝对速度,如多普勒计程仪、声相关计程仪。

2.原理

(1)多普勒计程仪

多普勒计程仪基于多普勒效应,通过发射超声波并接收回波频移(Δf)计算航速(公式:$\Delta f = 2 f_o v \cos\theta / c$)。

(2)声相关计程仪

声相关计程仪利用声波回波信号的时延相关性(公式:$v = s/2\tau$),测量航速及航程。

3.特点

(1)多普勒计程仪

多普勒计程仪支持海底/水层跟踪模式,可测纵向、横向速度,精度高(± 0.1 kn)。

(2)声相关计程仪

声相关计程仪测速不受声速变化影响,兼具测深功能。

三、国际公约与设备要求

(一)精度要求

对水速度误差在± 0.5 kn 之间,累计航程误差在± 0.2 n mile 之间[IMO MSC.116(73)]。

(二)功能要求

支持数据输出接口(如 200 p/n mile 脉冲信号),兼容现代导航系统。

四、计程仪设备组成

典型计程仪系统由以下模块构成(以多普勒计程仪为例):

(一)换能器

1.功能

(1)发射与接收超声波信号,支持双波束(纵向速度测量)或四/六波束(横向/垂向速度测量),实现船舶多维运动监测。

(2)波束配置决定功能范围:双波束仅测量纵向速度;四波束可测横向速度(± 10 kn);六波束支持垂向速度检测(如舰载直升机作业辅助)。

2.安装要求

(1)采用船底嵌入式固定或可升降式设计(避免空化效应干扰),声窗采用透声橡胶或聚氨酯材料。

（2）换能器工作面需与船体平齐,安装位置远离螺旋桨和船体弯曲部位,确保声波路径无气泡或附着物阻碍。

(二) 电子箱(处理器单元)

1.核心功能

（1）控制超声波脉冲发射(频率2~5 MHz),接收回波信号并计算多普勒频移。

（2）集成微处理机(CPU)执行快速傅里叶变换(FFT)算法,解算航速及航程数据,误差精度在±0.1 kn 之内。

2.硬件组成

（1）电源模块

输入为 24 V DC(兼容船电 115 V/230 V AC),输出为±12 V 稳压电源。

（2）信号处理电路

包含滤波电路(信噪比≥30 dB)、自检电路(模拟故障信号检测)及抗干扰模块(抑制 90°/0°干扰)。

(三) 主显示器

1.功能

主显示器具有实时显示航速、航程及水深,支持模式切换(对水/对地)的功能。

2.界面

界面有 8 级亮度调节、6 种背景色可选,兼容中英文显示。

(四) 分显示器

1.功能

分显示器的功能是扩展主显示器数据至驾驶台其他位置(如舵机舱、船长室),支持多终端同步监控。

2.界面

界面显示内容与主屏一致,可选数字式(LCD)或模拟式(指针仪表)界面。

(五) 传感器与电缆

1.电磁计程仪配置

（1）传感器类型

传感器分平面式(与船底齐平)或导杆式(可升降),内置抗磁干扰电路。

（2）电缆规格

屏蔽双绞线(接地电阻<1 Ω),传输距离≤50 m,耐海水腐蚀。

2.多普勒计程仪配置

（1）换能器组件

集成防水电缆(IP67 标准),耐压深度≥100 m。

(2)抗干扰设计

采用冗余信号通道,支持动态校准(如 GPS 数据辅助修正)。

第二节　计程仪设备操作

一、计程仪设备通用操作与维护

(一)安全操作原则

1.电源管理

操作计程仪前检查电源线连接状态(接地电阻<1 Ω),确保设备接地良好。

2.自检流程

计程仪启动后需完成系统自检(显示"SYSTEM OK"),发现异常立即断电并报修。

3.模式切换

支持对水速度与对地速度切换,响应时间≤3 s。

(二)基本操作流程

1.设备启动

(1)检查传感器接口、电缆连接状态。

(2)按下电源开关,等待 20 s 完成初始化(默认显示累计航程)。

(3)通过【MODE】键切换速度模式,验证与 GPS 数据偏差<5 %。

2.数据设置

(1)初始航程归零

连续按下【CLEAR】键 2 次,清除本次航行距离(总里程不可重置)。

(2)单位切换

支持节(kn)、千米/时(km/h)、米/秒(m/s)的切换。

3.故障应对

(1)若速度显示异常(如"＊＊.＊"闪烁),检查换能器安装位置是否受气泡干扰,调整跟踪深度(默认 3 m)。

(2)电源模块故障时,更换同规格保险丝(DS-80 主显示器使用 1 A 保险丝)。

二、典型设备操作

现以 FURUNO DS-80 型多普勒计程仪为例,介绍其基本操作。

（一）设备组成与界面

1.硬件模块

（1）换能器

换能器为双波束系统（纵向测速），安装于船底，耐压深度≥100 m。

（2）主显示器

主显示器为15 mm液晶屏，支持8级亮度调节、6种背景色（默认黑色），如图6-2-1所示。

图6-2-1　FURUNO DS-80型多普勒计程仪主显示器

（3）电子箱

电子箱为集成微处理机（CPU）和信号放大电路，抗干扰信噪比≥30 dB。

2.控制面板功能

【POWER】：电源开关，支持冷启动（20 s初始化）。

【DIM】：调节面板亮度（1~8级）。

【MENU】：进入系统设置菜单，包含速度校准、跟踪深度调整等选项。

（二）操作步骤详解

1.启动与自检

（1）按下【POWER】键开机，屏幕显示"SYSTEM CHECK"并自动完成硬件检测。

（2）若自检报错"SENSOR FAIL"，检查换能器接口并重新插拔。

（3）进入【SYSTEM MENU2】→【TEST】执行诊断程序，验证ROM/RAM状态。

2.模式切换与数据显示

（1）对水/对地速度切换

①按下【MODE】键，依次切换"SPD THROUGH WATER"或"SPD OVER GROUND"。

②若接入GPS信号，横向速度数据同步显示（需罗经信号支持），如图6-2-2所示。

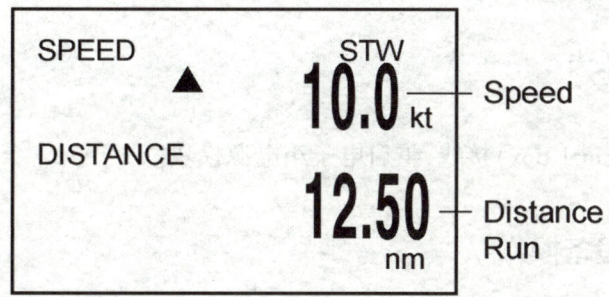

图 6-2-2　计程仪数据显示界面

（2）航程管理

①按下【CHANGE】键切换本次航程（TRIP）与总里程（TOTAL）。

②通过【MENU】→【DISTANCE RUN DISPLAY】重置航程或设置里程偏移。

3.高级参数设置

（1）速度校准

①进入【SYSTEM MENU】→【SPEED OFFSET】,输入校准值（范围±25%）。

②示例:若实测速度比显示值低 5%,设置"+5.0%"。

（2）跟踪深度调整

①进入【SYSTEM MENU】→【TRACK DEPTH】,设置 1～9 m（默认 3 m）。

②浅水区受气泡干扰时,增加深度至 5 m 以提高数据稳定性。

（三）维护与故障处理

1.日常维护

（1）换能器保养

①干坞时检查换能器与船体平齐度,避免接触船台支撑块。

②每季度使用软布清洁换能器表面,禁用化学溶剂。

（2）系统更新

通过【SYSTEM MENU2】→【TEST】检查固件版本,联系厂商升级软件（如支持 NMEA 2000 协议扩展）。

2.常见故障排除

（1）显示异常

①现象

速度显示"＊＊.＊"或"STW"闪烁。

②处理

检查换能器温度传感器状态,进入【TEST】模式查看温度数据（正常范围为-15 ℃～55 ℃）。

（2）通信中断

①现象

NMEA 输出信号丢失。

②处理

检查终端盒(Terminal Box)接线,重启电子箱电源模块。

三、其他型号设备操作

现以 EML201 型电磁计程仪为例,介绍其基本操作。

(一)设备启动与初始化

(1)电源连接

检查传感器接口及电源线接地电阻($<1\ \Omega$),确保供电稳定(24 V DC)。

(2)开机自检

按下主显示器【POWER】键,等待 20 s 完成初始化,确认屏幕显示"SYSTEM OK"。

(3)模式选择

通过【MODE】键切换显示模式(航速/航程)。

(二)数据读取与校准

1.航速显示

(1)默认显示对水速度,若需对地速度,需接入 GPS 信号。

(2)通过【DISP】键切换显示航速与航程,误差要求在±0.5 kn[(IMO MSC.116(73)]。

2.航程管理

(1)重置航程

连续按下【CLEAR】键 2 次,清除本次航程(TRIP)。

(2)校准设置

进入【MENU】→【SPEED OFFSET】,输入校准值(范围±25%),补偿零点误差。

第三节　计程仪评估要素及评价标准

一、评估要素及评价标准

通过考核考生对计程仪的操作能力,验证其是否具备正确开启设备、设置初始参数、读取航速及航程数据、区分对水/对地速度等技能,确保其符合《STCW 公约》及海事局对船舶二/三副适任能力的相关要求,满足 IMO MSC.116(73)对计程仪精度及数据可靠性的技术标准,保障船舶航程计算与航行安全。

(一)适用对象:500 总吨及以上船舶二/三副

计程仪评估要素及评价标准(500 总吨及以上船舶二/三副),如表 6-3-1 所示。

表 6-3-1　计程仪评估要素及评价标准(500 总吨及以上船舶二/三副)

序号	评估要素	关键要素	评价标准	标准解读
1	正确开启计程仪并熟悉基本操作	否	1.了解计程仪的组成,能正确开启和调试计程仪; 2.能正确进行速度类别以及初始航程的设置	1.设备启动与硬件检查 (1)检查电源线连接状态(接地电阻<1 Ω),确保船电输入正常; (2)确认传感器接口牢固,无松动或腐蚀。 2.设备启动与自检 (1)长按【POWER】键启动设备,观察屏幕自检状态(显示"SYSTEM OK"为正常); (2)若自检报错(如"SENSOR FAIL"),重新插拔传感器接口并重启设备。 3.参数设置 (1)通过【MODE】键切换速度模式(对水速度/对地速度); (2)进入【DISTANCE RUN DISPLAY】菜单,重置本次航程(TRIP)为 0,误差在±0.1 n mile

续表

序号	评估要素	关键要素	评价标准	标准解读
2	读取计程仪显示数据	是	1.正确理解计程仪显示的航次航程、累计航程的含义; 2.正确理解计程仪显示的对水速度、对地速度的含义	1.数据读取与模式切换 (1)通过【CHANGE】键切换显示航次航程(TRIP)与累计航程(TOTAL),对比海图标注距离误差在±0.2 n mile; (2)在【SPD THROUGH WATER】模式下读取对水速度,与 GPS 数据比对误差在±0.5 kn; (3)切换至【SPD OVER GROUND】模式,验证对地速度与导航系统同步误差在±5%。 2.数据可靠性验证 (1)在平稳航速下,连续观察 1 min,速度波动范围在±0.1 kn; (2)累计航程每 10 min 自动更新一次,保证数据存储完整无中断

(二)适用对象:未满 500 总吨船舶二/三副

未满 500 总吨船舶二/三副,需具备与上述 500 总吨及以上船舶二/三副完全一致的计程仪评估要素及评价标准。

二、评估练习题

1.考生使用 FURUNO DS80 型多普勒计程仪真机或模拟器,独立完成以下任务:

(1)开启计程仪;调整显示亮度和对比度。

(2)设置初始航程为 300 n mile;10 s 后分别读取计程仪航次航程值和累计航程值,并向评估员解释航次航程与累计航程的不同点。

(3)读取计程仪航速值,速度显示"STW",请告诉评估员的航速是什么速度类型(对水速度还是对地速度)。

2.考生使用 FURUNO DS80 型多普勒计程仪真机或模拟器,独立完成以下任务:

(1)开启计程仪;调整显示亮度和对比度;打开计程仪模拟(SIM)工作模式,设置模拟速度为 10 kn,观察此时计程仪是否在累计航程,然后关闭模拟(SIM)工作模式。

(2)设置初始航程为 300 n mile;10 s 后分别读取计程仪航次航程值和累计航程值,并向评估员解释航次航程与累计航程的不同点。

(3)读取计程仪航速值,速度显示"STW",请告诉评估员航速是什么速度类型(对水速度还是对地速度)。

3.考生使用 FURUNO DS80 型多普勒计程仪真机或模拟器,独立完成以下任务:

(1)开启计程仪;调整显示亮度和对比度;打开计程仪模拟(SIM)工作模式,设置模拟速度为 10 kn,观察此时计程仪是否在累计航程,然后关闭模拟(SIM)工作模式。

（2）读取计程仪的航程值,此航程值显示"Total Distance"字样,请告诉评估员此航程是航次航程还是累计航程,并向评估员解释航次航程与累计航程的不同。

（3）读取计程仪航速值,速度显示"SOG",请告诉评估员此航速是什么速度类型(对水速度还是对地速度)。

4.考生使用 FURUNO DS80 型多普勒计程仪真机或模拟器,独立完成以下任务:

（1）对着计程仪设备指出计程仪的三个核心组成部分:换能器、收发机、显示器;正确开启计程仪;调整显示亮度和对比度。

（2）设置初始航程为 300 n mile;10 s 后分别读取计程仪航次航程值和累计航程值,并向评估员解释航次航程与累计航程的不同点。

（3）读取计程仪航速值,速度显示"STW",请告诉评估员此航速是什么速度类型(对水速度还是对地速度)。

5.考生使用 FURUNO DS80 型多普勒计程仪真机或模拟器,独立完成以下任务:

（1）对着计程仪设备指出计程仪的三个核心组成部分:换能器、收发机、显示器;正确开启计程仪;调整显示亮度和对比度。

（2）读取计程仪的航程值,此航程值显示"Trip"字样,请告诉评估员此航程是航次航程还是累计航程,并向评估员解释航次航程与累计航程的不同。

（3）读取计程仪航速值,速度显示"STW",请告诉评估员此航速是什么速度类型(对水速度还是对地速度)。

第七章

航海仪器智能评估

第一节　航海仪器智能评估系统概述

全国海船船员智能评估考试系统对我国的船员队伍建设、提高船员业务素质具有重要意义,航海仪器智能评估系统是全国海船船员智能评估考试系统的一个重要组成部分。系统主要根据《海船船员适任评估规范》中《航海仪器的使用》科目内容进行建设,模拟主流的航海仪器及其功能,开发相应的智能试题库,通过船员考务系统对船员进行航海仪器考试并自动评估考生操作能力,增加海船船员适任考试的交互性、智能性和实操评估的客观性。

一、系统组成

航海仪器智能评估系统可分为服务器端和考试端两部分,服务器端主要具有组织试题功能,即考官根据评估规范的要求和仿真设备的操作规程制定评估标准,在考务系统的服务器端组织试题;考试端主要具有考试和自动评估功能,即在考试端下载试题,根据试题题目、内容和考试时间实施考试,记录考生使用航海仪器设备的过程数据,考试完成后,根据评估标准以及所记录考生使用航海仪器设备的过程数据,对考生进行综合评估,给出评估成绩,并上传该成绩到考务系统的服务器。航海仪器智能评估系统主要由以下三部分组成:

(一)仿真设备子系统

仿真设备子系统主要完成评估规范涉及的航海仪器设备仿真,完成评估规范所涉及的相关功能,同时仿真设备子系统可以完整地记录相关的操作步骤及结果数据,为设备评估子系统提供考生操作的相关数据,该子系统集成于考试终端,面向各位考生,是整个智能评估系统的基础和平台。

（二）智能试题子系统

智能试题子系统主要负责试题库和成绩库的维护和管理。该子系统集成于服务器端,主要面向评估员和考务人员,是整个智能评估系统的后台。

（三）评估子系统

评估子系统完成评估试题的读取与显示,考生根据评估试题的要求,操作相应的航海仪器仿真设备。评估子系统读取考生操作仿真设备的步骤及结果数据,根据后台的评估标准和评估模型,给出考生的评估成绩。该子系统集成于考试终端,面向各位考生,是整个智能评估系统的核心。

二、系统主要功能

（一）智能试题编制

出题人员根据《海船船员适任评估规范》中《航海仪器的使用》科目的评估要素和标准编制评估试题脚本,而后根据考试的要求在考务系统的服务器端进行出题。

（二）评估操作及记录

在考试终端下载试题,根据试题题目、内容和考试时间进行考试,记录考生操作过程数据。

（三）结果自动评估

根据评估标准以及考生操作记录数据和结果数据,对考生操作自动进行综合评估,给出考试成绩,并上传考试成绩到考务系统的服务器。

第二节　航海仪器仿真系统

航海仪器仿真系统以商船上主流的航海仪器设备为仿真原型,采用计算机仿真技术进行开发。系统仿真界面和主要功能与真设备完全一致,且可以在评估试题的数据驱动下,显示各类航海仪器设备的初始状态。以下介绍航海仪器设备仿真系统的主要功能。

一、陀螺罗经仿真设备

陀螺罗经仿真设备涵盖了主流船载陀螺罗经设备型号,主要包含 ANSCHUETZ STD22 型双转子罗经、YOKOGAWA CMZ900 型双转子罗经、SPERRY MK37 型单转子罗经、TOKYO KEIKI TG8000 型单转子罗经等设备,每型仿真设备包含主罗经、方位分罗经、航向分罗经、操作单元等多个分设备。

陀螺罗经仿真设备主要功能如下：

(1)陀螺罗经的三维仿真,包括主罗经、方位分罗经、操控单元等;

(2)主罗经拆装过程的仿真,可查看主罗经内部结构;

(3)陀螺罗经操作单元查看罗经工作参数的功能;

(4)陀螺罗经操作单元切换艏向数据源的功能;

(5)陀螺罗经操作单元和主罗经操作切换的功能;

(6)陀螺罗经纬度和速度设置的功能;

(7)陀螺罗经启动过程的完整仿真。

仿真设备操作环境有船舶驾驶台场景和实训室场景两种形式,在船舶驾驶台场景下陀螺罗经设备仿真效果如图 7-2-1 所示,在实训室场景下陀螺罗经设备仿真效果如图 7-2-2 所示。

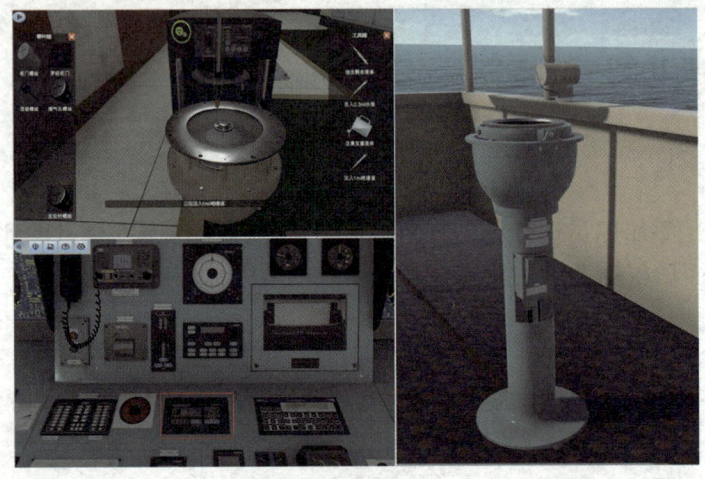

图 7-2-1　船舶驾驶台场景下陀螺罗经设备仿真效果

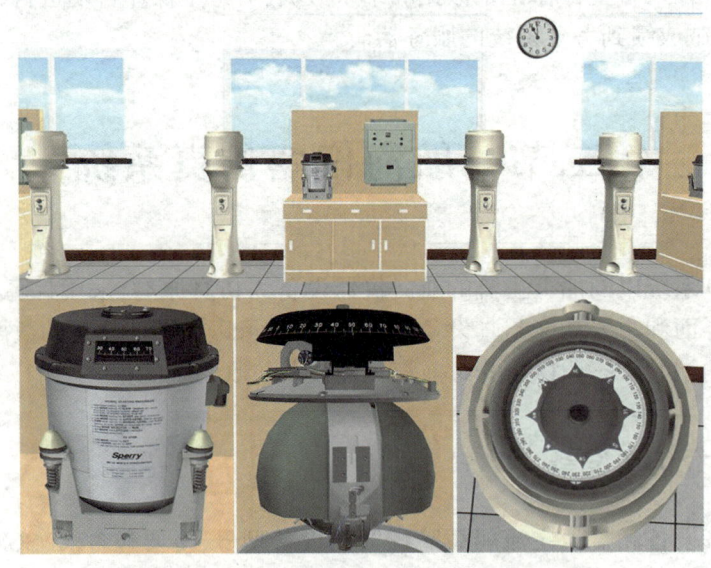

图 7-2-2　实训室场景下陀螺罗经设备仿真效果

二、磁罗经仿真设备

磁罗经仿真设备与磁罗经实船设备各型号构成及操作基本相同,仿真设备以 SPERRY NAIPOL 型磁罗经为原型,包含罗经柜、罗盆、软硬铁自差校正器等各主要组成部分的仿真。

磁罗经仿真设备主要功能如下:

(1)磁罗经的三维结构仿真,包括罗经柜、罗盆、软铁球、佛氏铁、纵横磁棒、垂直磁棒;

(2)磁罗经拆装过程的仿真,可查看各自差校正器;

(3)在驾驶台内通过投影或反射装置查看磁罗经航向;

(4)磁罗经灵敏度检测模拟;

(5)磁罗经半周期检测模拟;

(6)磁罗经消除气泡过程的模拟;

(7)磁罗经方位圈测目标方位的模拟。

仿真设备操作环境为船舶罗经甲板,磁罗经设备仿真效果如图 7-2-3 所示。

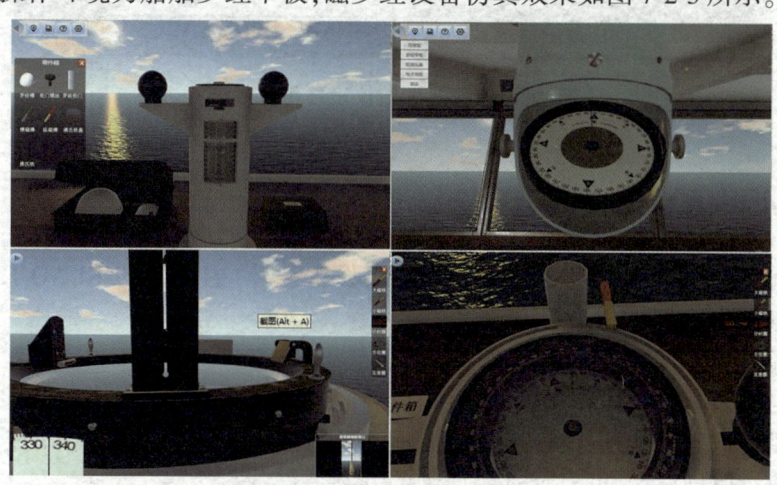

图 7-2-3　磁罗经设备仿真效果

三、卫星导航仪仿真设备

卫星导航仪仿真设备涵盖了主流船载卫星导航仪设备型号,包含 GPS 和北斗两大类系统导航仪设备,主要有 FURUNO GP150 GPS 卫星导航仪、JRC MK7700 GPS 卫星导航仪、NSR NGR1000 北斗卫星导航仪、NSR NGR3000 北斗卫星导航仪等仿真设备。

卫星导航仪仿真设备主要功能如下:

(1)卫星导航仪主要功能和界面的仿真;

(2)航路点设置功能:该功能可通过多种方式设置航路点;

(3)航线设计功能:该功能可利用航路点设置一条航线;

(4)事件和人员落水标记功能:该功能可设置 EVENT 点和 MOB 点;

(5)显示区缩放功能:该功能可实现显示范围的放大和缩小;

（6）报警设置功能：该功能可进行到达警、锚泊警、偏航警等相关设置；

（7）手动计算功能：该功能主要用于手动计算航路点相关数据；

（6）卫星监控功能：该功能主要用于显示卫星相关信息。

卫星导航仪设备仿真效果如图 7-2-4 所示。

图 7-2-4　卫星导航仪设备仿真效果

四、自动识别系统仿真设备

自动识别系统仿真设备涵盖了主流船载 AIS 设备型号，主要有 FURUNO FA150、JRC JHS 182、SKANTI KDU2100 等 AIS 仿真设备。

自动识别系统仿真设备主要功能如下：

（1）自动识别系统主要功能和界面的仿真；

（2）目标船信息显示，可通过图形显示界面和列表显示界面呈现目标船的信息；

（3）本船静态信息显示，可显示本船详细的静态信息；

（4）本船动态信息显示，可显示本船详细的动态信息；

（5）本船航次数据设置，可设置本船详细的航次数据；

（6）MSG 功能，可进行广播或点对点发送日常或安全相关短消息。

自动识别系统设备仿真效果如图 7-2-5 所示。

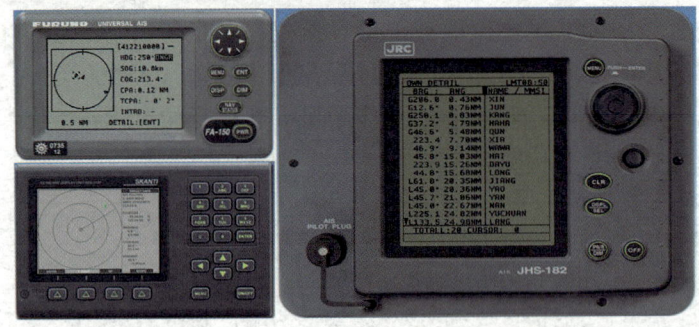

图 7-2-5　自动识别系统设备仿真效果

五、测深仪仿真设备

测深仪仿真设备涵盖了主流船载测深仪设备型号,主要有 FURUNO FE700、JRC JFE 680、SKIPPER GDS101 等回声测深仪仿真设备。

测深仪仿真设备主要功能如下:

(1)回声测深仪主要功能和界面的仿真;

(2)增益调整,该功能主要影响噪声和海底回波的强弱;

(3)量程调整,该功能主要用于调整当前的水深量程,量程小于水深将无法显示海底回波;

(4)浅水报警,该功能主要用于设置船舶的浅水报警;

(5)吃水设置,该功能主要用于设置船舶的吃水,从而显示船舶当前的实际水深;

(6)常见显示模式的界面仿真。

测深仪设备仿真效果如图 7-2-6 所示。

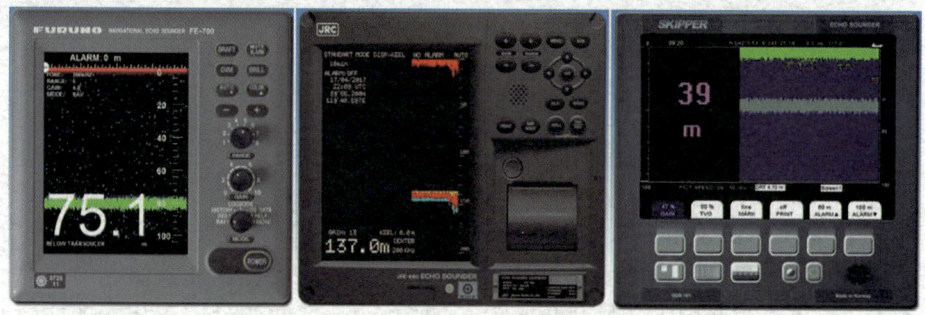

图 7-2-6　测深仪设备仿真效果

六、计程仪仿真设备

计程仪仿真设备涵盖了主流船载测深仪设备型号,主要有 FURUNO DS80、JRC JLN205、SKIPPER DL850 等计程仪仿真设备。

计程仪仿真设备主要功能如下:

(1)船载多普勒计程仪主要功能和界面的仿真;

(2)航程和航速两种显示模式切换;

(3)主菜单及模拟航速设置、速度平均、跟踪水深等常用功能;

(4)速度数据源的选择。

计程仪设备仿真效果如图 7-2-7 所示。

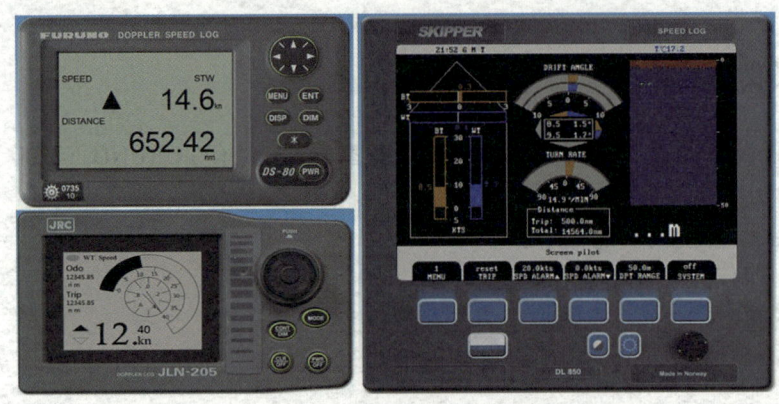

图 7-2-7　计程仪设备仿真效果

第三节　航海仪器智能评估试题及考试

一、航海仪器智能评估试题

　　航海仪器智能评估试题由主考官在智能试题系统上生成,智能试题主要包含智能试题内容、操作过程解析、评估时间、初始变量设置、评估变量设置等信息。评估试题内容及评估时间为考生可见信息,初始变量用于初始化仿真设备初始状态,评估变量用于智能评估模型对考生操作进行智能评估。航海仪器典型智能试题脚本如表 7-3-1 所示。

表 7-3-1　航海仪器典型智能试题脚本

科目	航海仪器的使用
试题内容	打开 FURUNO GP150 GPS 卫星导航仪,将显示模式调整为 PLOTTER1 模式,指向模式调整为北向上
初始变量设置	电源状态:关机 显示模式:DATA 指向模式:COURSE UP
操作过程解析	点击 POWER 键开机,通过按钮 DISPLAY SEL 选择显示模式,通过 NU/CU 切换指向模式
评估变量设置	操作时间:≤5 min,0 分 电源状态:开机,20 分 显示模式:PLOTTER1,40 分 指向模式:NORTH UP,40 分

二、航海仪器智能评估考试

1.智能评估系统考生端在接收到评估指令和评估试题后,在考生端显示评估题卡和试题,评估题卡由多道评估试题构成,评估题卡及试题内容显示如图 7-3-1 所示。

图 7-3-1　评估题卡及试题内容显示

2.考生开始答题时,用鼠标点击"点击此处开始答题",考生端会自动推送考试对应的航海仪器仿真设备,考生根据评估试题内容操作仿真设备,如图 7-3-2 所示。

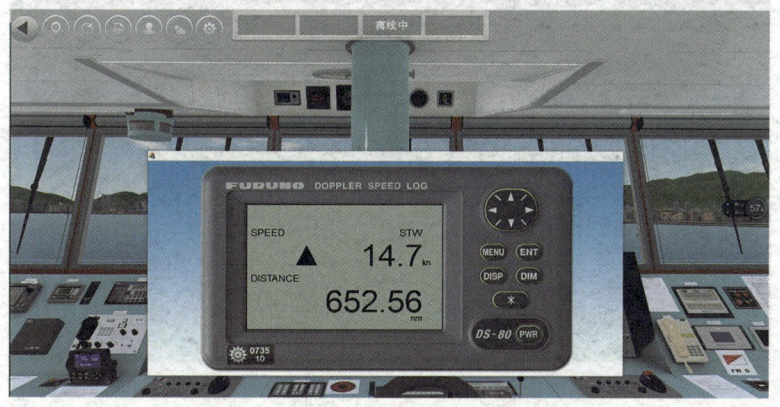

图 7-3-2　仿真设备初始化及评估开始

3.答完一道试题后,点击"此题正在进行中,点击此处提交答案",提交该试题,如图 7-3-3 所示：

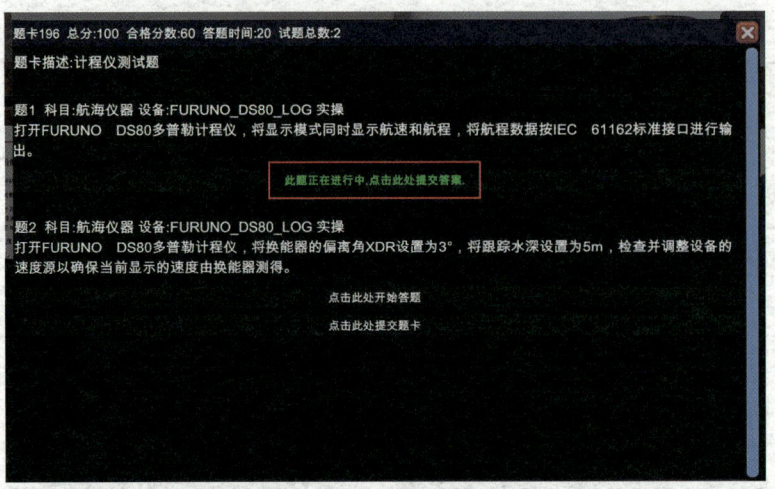

图7-3-3 评估试题提交答案

4.提交某一道试题后,会显示黄色的"正在计算得分,请耐心等待……",此时请耐心等待自动评估完成。

5.自动评估完成后,会显示"获得评估结果。得分:"××"",此时可以做下一道试题。

6.做完全部试题后,点击"点击此处提交题卡"即可,如图7-3-4所示。

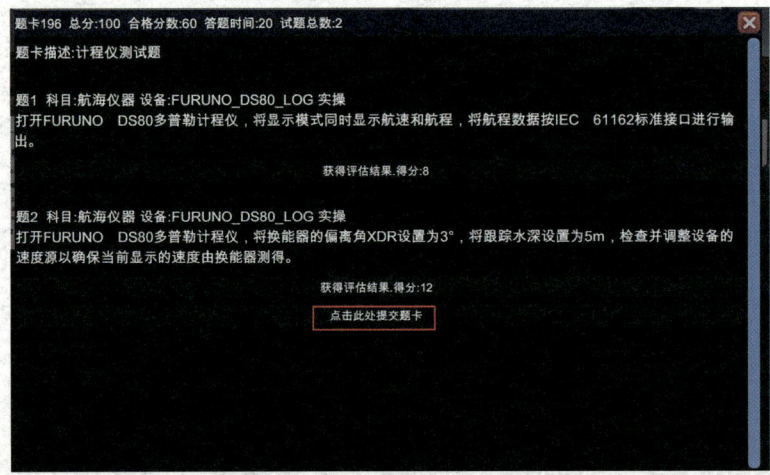

图7-3-4 提交评估题卡

7.提交题卡后,点击"点击此处查看详细信息"可调出评估结果界面,如图7-3-5所示,显示详细的评估结果。

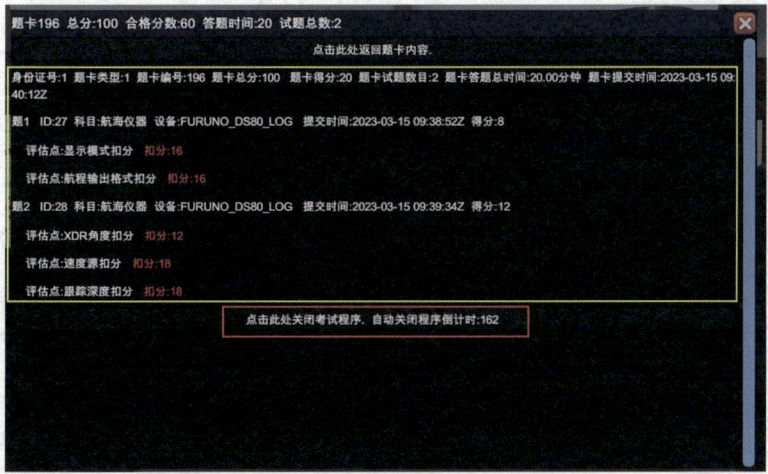

图 7-3-5　评估结果显示界面

第二篇

雷达操作与应用

第一章

雷达图像调节

评估规范要点概述:要求 500 总吨及以上船舶二/三副,能完成雷达开机和雷达控钮操作及图像调整两项内容。针对雷达开机,要求如下:开机前检查雷达天线周围是否清爽;开启雷达电源,磁控管自动预热;开启发射;设置与核查雷达传感器数据,包括但不限于:全球卫星导航设备(GNSS)、航速航程测量装置(SDME)、艏向发送装置(THD)、船载自动识别终端(AIS)。针对雷达控钮操作与雷达图像调整,要求如下:正确使用雷达控钮,包括但不限于:亮度、增益、调谐、海浪杂波抑制、雨雪杂波抑制和同频干扰抑制;正确设置量程和显示方式(北向上、艏向上、航向向上);正确设置运动模式(真运动、相对运动);能够使用偏心显示。未满500 总吨船舶二/三副不做要求。

第一节 雷达设备概述

安装在船上用来观测船舶周围各种水面物标(如来往船舶、岛屿、浮标、岸线等),并测定其距离和方位,从而进行船舶定位和避碰的雷达,称为船用雷达。安装在港口,用来监视和协助船舶安全进港的雷达,称为港口雷达。通常将二者统称为航海雷达。

航海雷达早已成为船舶航行必不可少的主要助航设备,常被称为"船长的眼睛"。

一、雷达基本组成及各部分作用

船用雷达型号很多,基本组成如图 1-1-1 所示。一般雷达都由天线、显示器、雷达中频电源和收发机组成,其中收发机又包括定时器、发射机、接收机和收发开关等四个部分。从结构角度讲,一台船用雷达通常包括以下 7 个部件,其组成框图如图 1-1-2 所示。

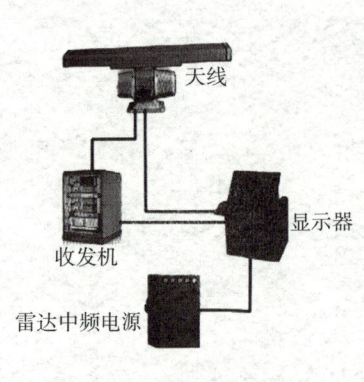

图 1-1-1　雷达基本组成

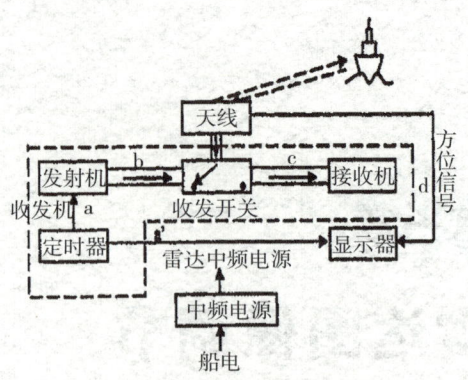

图 1-1-2　雷达组成框图

（一）触发电路

触发电路又称触发脉冲产生器、定时器，用来产生周期性触发脉冲。触发脉冲的功用是：控制发射机发射起始时刻和显示器扫描起始时刻，并使两者保持严格同步。

（二）发射机

发射机的任务是在触发脉冲控制下产生周期性、大功率的微波脉冲（又称发射脉冲、射频脉冲或雷达波），通过天线向外发射。

（三）收发开关

收发开关又称天线转换开关，其作用是：雷达发射时，收发开关使发射机与天线相通，并确保发射能量全部加到天线，同时切断接收机通路，以防止强发射脉冲的能量损坏接收机；雷达接收时，收发开关使天线与接收机相接，同时切断发射机支路，使物标回波信号全部送入接收机，以防止物标回波信号的损坏。由于收发开关能够起到天线在接收、发射两个状态下自动转换的作用，因而发射和接收可以共用同一个雷达天线。

（四）天线系统

雷达天线是一种方向性很强的定向天线。其作用是：将来自发射机的发射脉冲能量聚成细束向一个方向辐射出去，同时也只接收来自该方向的物标反射回波，并把它送入接收机。

雷达天线由驱动马达带动，按顺时针方向匀速旋转，转速通常为 15~30 r/min（个别为 80 r/min）。天线分机还必须向显示器送出方位信息，包括天线波束指向的方位角信号及船首信号。

（五）接收机

接收机的主要作用是放大来自天线的物标回波信号，并使它变成显示器显像所要求的回波视频信号。

（六）显示器

显示器是雷达信息处理与显示系统。现代雷达应用数字信息处理方法和光栅显示技术，采用高品质平面监视器作为雷达信息显示终端。显示器配有距离和方位测量标志,用来测量目标的距离和方位。

(七)雷达电源

船用雷达一般设有专用的雷达中频电源,其任务是将各种船电变换成雷达工作所需要的具有一定电压、一定功率的中频电源。中频频率一般在 400~2 000 Hz。

二、雷达整机工作概况

当雷达通电后,雷达电源产生的中频电会加到各分机。定时器产生的触发脉冲一路送到显示器控制扫描系统,在荧光屏上形成距离扫描线;另一路送到发射机,控制发射机产生发射脉冲。后者经收发开关、通过波导管传输后送到天线并向外辐射。当雷达辐射的电磁波遇到物标,便被物标反射,其中有一部分反射信号返回天线、进入接收机、构成物标回波脉冲。回波脉冲经接收机放大并变换成视频脉冲,在扫描线相应的位置上形成回波亮点。天线的旋转方位角信号经方位同步系统送入显示器,并带动偏转线圈,使扫描线与天线同步旋转。因此,天线旋转时从四周搜索回来的物标回波脉冲,在相应方位的扫描线上形成物标回波亮点,在触发脉冲同步作用下产生扫描线,物标回波亮点在扫描线上形成,且扫描线与天线同步旋转,这三者综合构成了一幅雷达平面位置图像。利用显示器产生的测量标志(固定距标圈、活动距标圈、船首线等)可测量物标的距离和方位。

三、雷达日常维护保养

(一)LCD 保养

LCD 经常会积聚灰尘,导致显示图像昏暗。若需清除顽固污渍,应使用 LCD 清洁剂及棉纸轻柔擦拭以便溶解污渍。

(二)处理器单元清洁

可以使用柔软的布清除灰尘。

(三)天线单元上暴露在外的螺栓和螺母

检查锈蚀或松动的螺栓和螺母,仔细清洁并重新涂漆,必要时,替换严重锈蚀的螺栓和螺母。

(四)天线发射器

检查发射天线器表面的污垢和裂痕,若需清除污渍,可用浸湿清水的软布擦拭。如果发现裂痕,可使用少量密封剂或黏合剂进行临时补救,然后电话寻求维修服务。

(五)跟踪球维护

如果光标出现跳动或移动等异常情况,请按照以下方法清洁跟踪球:

1.逆时针旋转卡圈 45°,解除锁定。

2.拆掉卡圈和跟踪球。

3.用无绒软布清洁跟踪球表面,并小心地向球笼里吹气,清除灰尘和绒毛等杂物。

4.检查金属滚轮,若有灰尘,用浸有异丙醇的湿棉签轻轻擦拭清洁。

5.确保棉签上的绒毛没有残留在滚轮上。

6.更换跟踪球和卡圈,确保卡圈没有插反。

第二节　雷达设备与参数

雷达由七个基本部分组成。在实际设备中存在各种集成组合方式。一般说来定时器、发射机、接收机、收发开关和中频电源在一个机箱里,称为收发机。其余部分各有一个独立机箱,所以常见的雷达设备有天线部件、收发机、显示器三个部分,这种雷达常称为三单元雷达。也有些雷达,把收发机与天线底座整合,装在桅顶上,合称为天线收发机单元,此时的雷达设备由天线收发机单元及显示器两部分组成,这种雷达称为二单元雷达。

一、定时器

定时器又称触发脉冲产生器,电路形式常采用与中频电源同步的他激式间歇振荡器,先产生周期性触发脉冲,再通过分频或倍频技术,得到随量程变换的具有不同重复频率的触发脉冲。例如,用 1 000 Hz 中频电源同步可产生重复频率为 1 000 Hz 触发脉冲;经过二分频可得 500 Hz 触发脉冲;经过二倍频可得 2 000 Hz 触发脉冲,经过四倍频可得 4 000 Hz 触发脉冲等。

如前所述,触发脉冲用来控制发射机发射时刻与显示器扫描起始时刻,并保障二者的时序严格同步。然而,由于发射机到天线辐射口往往要经过很长的波导管,这就会造成传输延时,使天线辐射脉冲的起始时刻落后于显示器扫描的起始时刻,从而引起固定的测距误差。除此之外,电路自身也会对触发脉冲产生一定的延时。为了消除这项由于发射和扫描不同步引起的测距误差,触发脉冲通常都经过延时线延时后再送往显示器和发射机,延时的长短可通过调整电感与电容组成的延时线的抽头位置来实现,如图 1-2-1 所示。

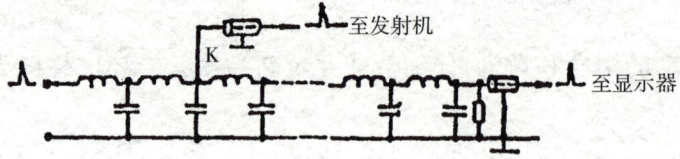

图 1-2-1　延时线及同步调整

二、发射机

（一）雷达发射机的组成框图及波形图

雷达发射机的组成框图如图 1-2-2 所示,发射机波形图如图 1-2-3 所示。发射机的核心部件是磁控管振荡器,简称磁控管。作为一种大功率微波振荡器,它在特高压调制脉冲的作用下,产生大功率射频脉冲振荡,经波导馈至天线向外发射。其余各部分电路都是围绕磁控管工作设置的。发射机工作概况如下:在定时器产生的触发脉冲 b 控制下,预调制器产生具有一定脉冲宽度为 τ 的预调脉冲 c;在预调脉冲 c 作用下,调制器将特高压(即高压调制脉冲 d)加至磁控管,产生持续时间为 τ 的微波脉冲 e。有些调制器可直接用触发脉冲控制,此时就可省去图1-2-2中的预调制器。

图 1-2-2 中三大开关的作用:电源开关(K1)在置于预备挡时接通低压电源 3~5 min 后向发射机各组件供电预热。后置于发射挡,再接通高压电源,并仅向调制器供应高压电,磁控管发出雷达波(发射机正式工作)。延时开关(K2),如果 K1 开关直接拨到 K2,则 K2 自动延时3~5 min 后接通高压电源,在这个时段内发射机仅向各组件供应低压,从而保证各组件,特别是磁控管充分预热。门开关(K3),发射机正式工作时,一旦发射机箱被打开,则 K3 立即切断高压电源,使调制器、磁控管失压,从而确保人身安全。

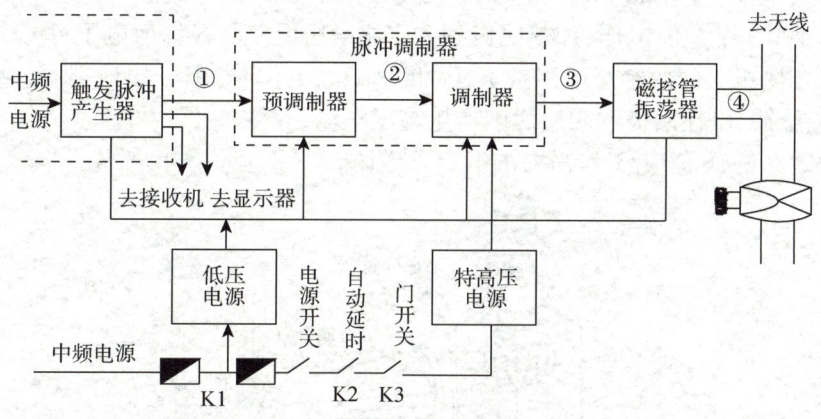

图 1-2-2　发射机的组成框图

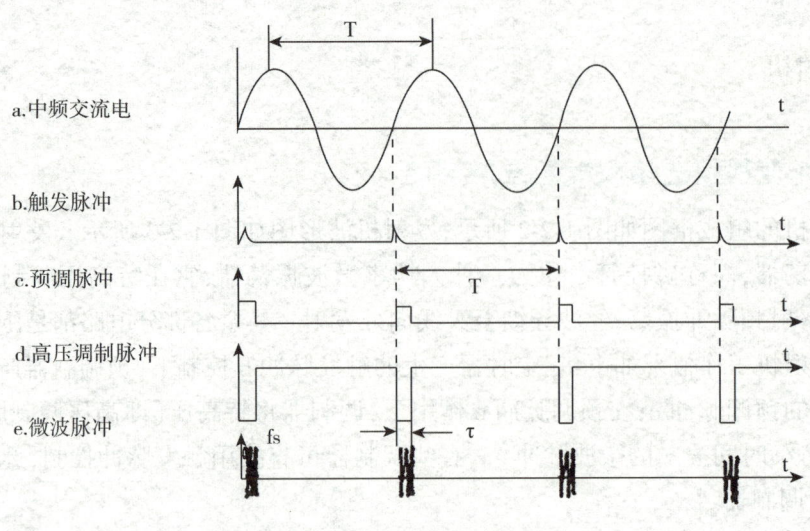

a.中频交流电

b.触发脉冲

c.预调脉冲

d.高压调制脉冲

e.微波脉冲

图 1-2-3   发射机波形图

(二) 磁控管振荡器

磁控管是一种特殊的电子管,工作在微波波段,工作电压高达一万余伏,结构特殊,价格昂贵,是发射机中最关键的器件,使用中应特别予以注意。磁控管的外形如图 1-2-4 所示。

1. 磁控管工作的特点

(1)灯丝通 6.3 V 交流电压,加热阴极到一定温度后促使阴极发射电子。

(2)阳极与阴极之间的绝缘电阻应大于 200 MΩ。工作时,阳极接地,阴极施加负极性一万余伏的调制脉冲,以在阳极和阴极之间产生高压电场。

(3)借助永久磁铁,产生工作需要的恒定强磁场。

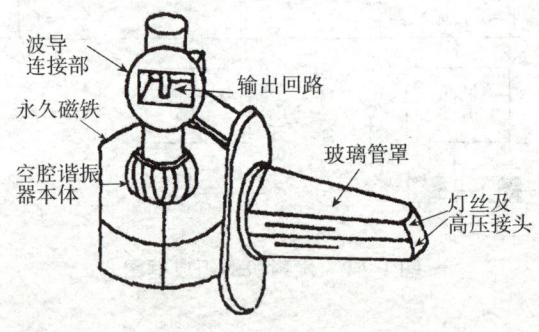

波导连接部

输出回路

永久磁铁

玻璃管罩

空腔谐振器本体

灯丝及高压接头

图 1-2-4   磁控管的外形

2. 磁控管使用注意事项

(1)磁控管阴极保护:在加高压发射前,务必充分预热阴极。雷达低压开关接通后,灯丝需预热 3~5 min,确保阴极达到足够温度;在短时间(如 10~30 min)不使用雷达时可不关低压而只关高压,以免阴极因温度骤变而损坏,以延长磁控管的使用寿命。

(2)磁控管磁场保护:严禁敲击磁控管,并严禁其与铁磁性物体靠近、接触,拆装时用非铁磁性(如不锈钢)工具。

（3）保护人身安全：检修维护时，严防高压触电。换管前应先关机并用接地导线进行放电；雷达发射时，严禁人员在开口波导或天线辐射口附近停留；带电检查时，须有两人协同在场，且全程应高度警惕。

（4）老炼：新管或长期不用的备用管，用前必须"老炼"，以消除管内残存气体，提高真空度，同步激活阴极，避免管内因打火而损坏磁控管。"老练"即先低高压发射半小时或几小时，再将高压调至正常值。实践证明，定期轮流使用备品管，可延长磁控管的使用寿命。

（5）要保证磁控管负载匹配：即要防止波导管内积水或污物，波导破裂、变形或连接处松脱等现象造成磁控管负载加重，使磁控管受损。检查波导弯头处有无积水，可在雷达工作时，用手摸波导弯头处，如有积水，则会有发热现象，可视情况加以处理。

三、高压控制电路

高压控制电路主要用来控制特高压（EHV）电源的中频雷达电输入，包括保险丝（F1 和 F2）、发射/等待开关 K1、3 min 自动延时开关 K2 以及门开关 K3 等，如图 1-2-5 所示。

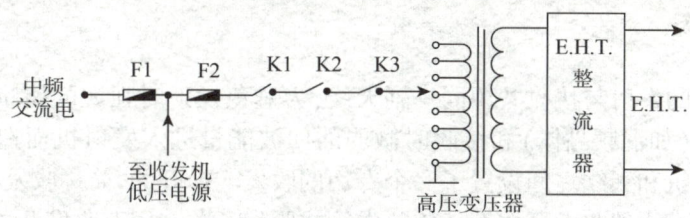

图 1-2-5　特高压控制电路

四、主要技术参数

1.工作波段：现代船用雷达常采用微波波段中 X 和 S 两个工作波段，这两个波段相应的工作频率 f_s 及工作波长分别为：

（1）X 波段：$f_s = 9\,400 \pm 100$ MHz，$\lambda \approx 3.2$ cm，简称 3 cm 波段；

（2）S 波段：$f_s = 3\,000 \pm 100$ MHz，$\lambda \approx 10$ cm，简称 10 cm 波段。

其中：1 MHz $= 10^6$ Hz，f_s 与 λ 二者关系为 $\lambda = C/f_s$，C 为电波传播速度。

2.发射脉冲宽度 τ：脉冲宽度就是射频振荡持续的时间，一般用 τ 表示。在船用雷达中常用 μs（微秒）为单位。综合各类需求，τ 一般选在 0.05 μs~1.2 μs。

3.脉冲重复周期 $T = 1/F$（或脉冲重复频率 F）：每相邻两次发射的间隔时间称为脉冲重复周期 T，其单位为 μs，常用符号 P.R.F（Pulse Repeat Frequency）表示。雷达发射脉冲重复频率即触发脉冲的重复频率 F 为 400~4 000 Hz。T 和 F 的关系互为倒数关系：

$$F = 1/T \tag{1-1}$$

F 随量程不同而改变，近量程用高脉冲重复频率，远量程用低脉冲重复频率。

4.发射峰值功率 P_t（又称发射脉冲功率）：雷达在每一次发射瞬间所能达到的最大功率称为雷达发射峰值功率 P_t。雷达的发射峰值功率很大，通常为 3~75 kW，而发射的平均功率 P_C 却很小，只有峰值功率 P_t 的几百至几千分之一。P_C 与 P_t 的关系如式（1-2）所示：

$$P_C = P_t \frac{\tau}{T} = P_t \tau F \tag{1-2}$$

式中：τ/T 为脉冲工作比，其值很小。例如，当 $\tau = 1\ \mu s$，$T = 1\ 000\ \mu s$ 时，$\tau/T = 1/1\ 000$，意即 P_C 只有 P_t 的一千分之一。

5.发射脉冲包络的波形：力求接近矩形，即力求前沿与后沿陡直。

五、发射机的检测

发射机工作正常与否主要看磁控管工作正常与否，而检查磁控管工作正常与否的方法是检查磁控管电流。雷达发射后，利用机内监测电表来检查不同发射脉冲宽度时的磁控管电流值，测得磁控管电流值等于说明书规定值，表示发射正常；磁控管电流大于或小于说明书规定值，则表示磁控管已衰老或特高压太高或太低；磁控管电流指示电表指针抖动，则表示管内有打火现象。

六、收发开关

由于船用雷达的发射与接收共用同一副天线，为避免发射时强大的能量进入接收机而烧毁接收机内的元件(如混频晶体)和接收时微弱的回波能量进入发射机而造成无谓浪费的现象，在发射机、接收机和天线之间设置了一个专用的收发转换开关，简称收发开关。

目前船用雷达常用的收发开关有气体放电管式收发开关与固态收发开关两类。

1.气体放电管式收发开关

气体放电管式收发开关即在发射机和接收机之间的波导中安置气体放电管，如图 1-2-6 所示。气体放电管又分为窄带和宽带两种。

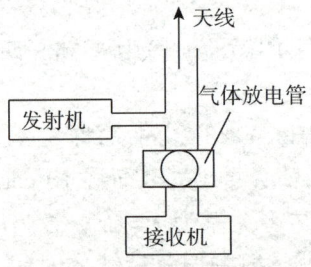

图 1-2-6　收发开关安装位置

（1）窄带气体放电管

窄带气体放电管的两种结构如图 1-2-7 所示。由图 1-2-7 可见，管内有一对圆锥形电极，极间构成火花隙，工作时预游离电极经一个大阻值电阻(一般为几兆欧)接到预游离电压($-1\ 000\ \sim -600\ V$)，火花隙所在空间称为谐振腔，此腔与充气室相通，管内气体(含水蒸气的氢气)处于一定的预游离状态。一旦加入大功率微波脉冲后，即迅速全部电离，两电极间产生电弧，形成"短路"，从而阻止微波能量进入接收机，起到保护作用；当发射结束后，火花隙又恢复到预游离状态，当回波回来时，已不足以引起火花隙跳火。此时火花隙及谐振腔体形成并联电感、电容回路，调整调谐螺丝来调节火花隙间距，改变极间等效电容，可改变其等效电路的固有频率,使它谐振于回波信号频率,回波信号可顺利进入接收机。

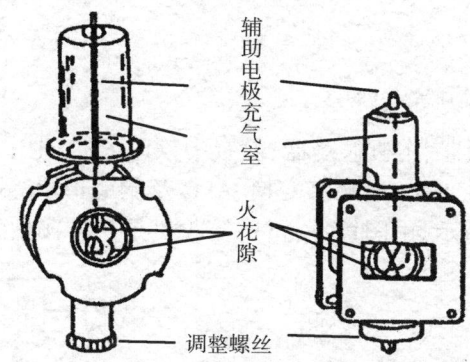

图 1-2-7　常用窄带气体放电管

（2）宽带气体放电管

宽带气体放电管可工作的带宽为 8 000~12 000 MHz,可适用于整个 3 cm 雷达波段,因使用中无须调谐,已被现代船用雷达广泛使用。

（3）收发开关使用注意事项

①要保证预游离状态。预游离电流在 50~150 μA 时,一旦发现混频晶体被烧毁,应首先检查收发开关管预游离电压或电流是否正常。

②窄带收发开关管应仔细调谐,使荧光屏上的回波最强。

③当发现雷达盲区增大时,应考虑可能是收发开关衰老,可更换新管试验效果。

2.固态收发开关

固态收发开关是一种使用固态器件(铁氧体环流器)的收发开关。铁氧体环流器是一种利用铁氧体和石榴石等亚铁磁体制成的微波元件。目前常用的是具有三个或四个微波支路的环流器。应用三个微波支路的铁氧体环流器的固态收发开关原理图如图 1-2-8 所示。图中箭头的方向表示微波能量传递的方向,即环流方向,具有如下特性:发射能量从"1"端进,只能从"2"端出,并送往天线而不到"3"端;回波能量从"2"端进,只能从"3"端出,并送往接收机而不到"1"端。

可见,接到发射机的"1"端与接到接收机的"3"端是相互隔离的。为防止隔离不良而造成反射能量泄漏到接收机,引起混频器烧坏,在"3"端还接有功率限幅器。

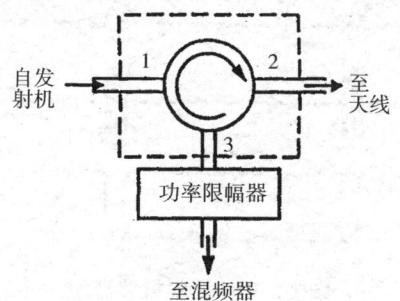

图 1-2-8　固态收发开关原理图

七、接收机

1.接收机组成框图及波形图

船用雷达接收机由混频器、本机振荡器、前置中频放大器、主中频放大器、检波器及前置视频放大器等基本电路及增益、STC、通频带变换、AFC 及调谐指示等电路组成,如图 1-2-9 所示。接收机波形图如图 1-2-10 所示,由图可见,雷达接收机是一种典型的超外差式接收机。

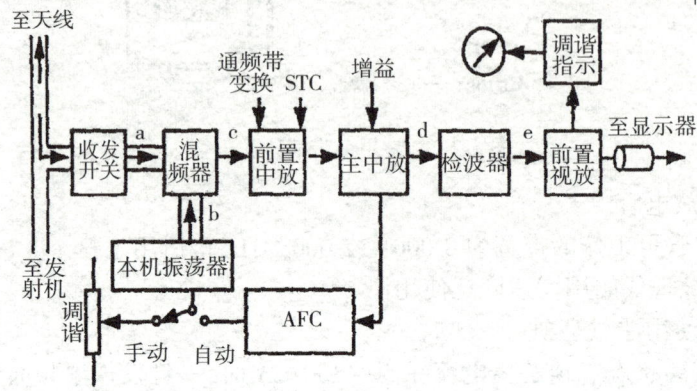

图 1-2-9　接收机组成框图

来自天线的物标回波信号(a)经过收发开关进入混频器,本机振荡器产生的连续本振信号(b)也送入混频器。混频器将(a)(b)两信号经变频后选出中频信号(c),中频信号(c)经前置中放、主中放十几万倍放大后加到检波器输入端(d),检波器从中频信号中检出其包络信号,即视频信号(e),后者经前置视频放大器阻抗匹配后,用同轴电缆送到显示器。

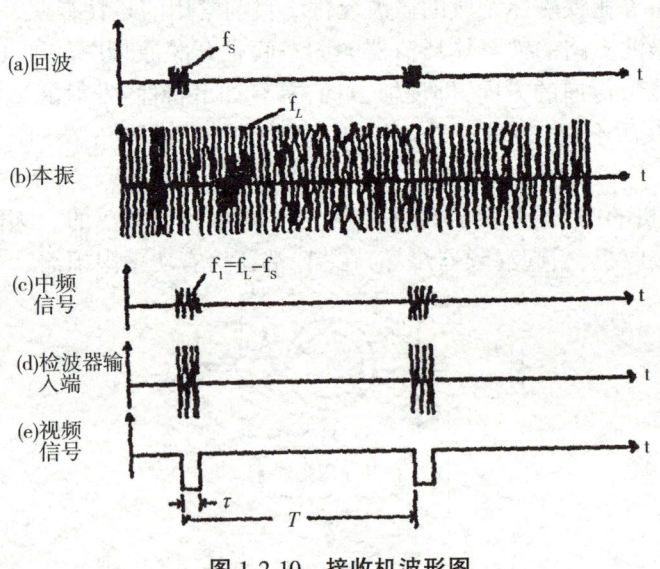

图 1-2-10　接收机波形图

2.本机振荡器

本机振荡器用来产生一个频率比磁控管振荡频率高出一个中频的小功率连续等幅振荡,

作为本机信号送入混频器。用作本机振荡器的器件主要有反射速调管、微波晶体三极管及体效应二极管。由后两者构成的本机振荡器又称固态本振源。装在显示器面板上的调谐控钮通常是用来微调本振频率,使其满足式(1-3)的关系,以使回波清晰显示。

$$f_L = f_s + f_I \qquad\qquad (1-3)$$

式中:f_s为回波频率;

　　　f_I为中频频率(常用的有 30 MHz、45 MHz、60 MHz)。

由于设备开机工作后存在热稳定过程,因此本振频率的准确调谐应在开机工作 10~15 min以后进行。调谐是否准确以回波图像清晰为准,也可通过调谐指示器或电表辅助监测。

有些雷达还装有自动频率控制电路,该电路的作用是根据混频器输出中频的频率的变化自动控制本机振荡器的频率,使混频器输出保持在额定中频上,让屏上回波稳定清晰,可替代面板上调谐控钮的作用。

3.混频器

混频器由混频晶体和选频回路组成,如图 1-2-11 所示。回波信号(f_s)和本振信号(f_L)同时加至混频器进行混频,得到其差频信号,即中频信号($f_I = f_s - f_I$)。选择回路的任务是将混频产生的中频脉冲信号选择出来并加到后面的中频放大器中。

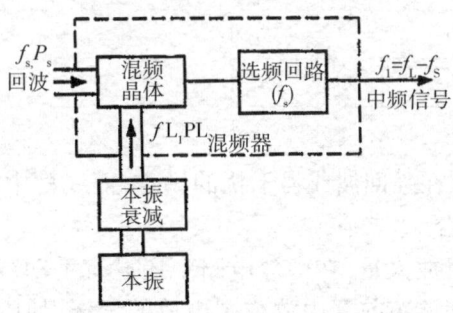

图 1-2-11　混频器组成框图

4.中频放大器

中频放大器的任务是稳定、可靠地放大混频器输出的中频信号。船用雷达常用的中频频率有 30 HMz、45 HMz、60 MHz。其主要的技术要求是低噪声、高增益、动态范围(即允许输入信号幅度的变化范围)宽等。船用雷达中频放大器的特点有:

(1)为防止在强信号或强干扰环境中造成接收机饱和或过载,有些雷达中往往增加"对数中放",并配合显示器面板上的"线性对数"开关灵活选用。"对数中放"和"线性中放"的输出与输入电压振幅关系分别为对数和直线关系,如图 1-2-12 所示。

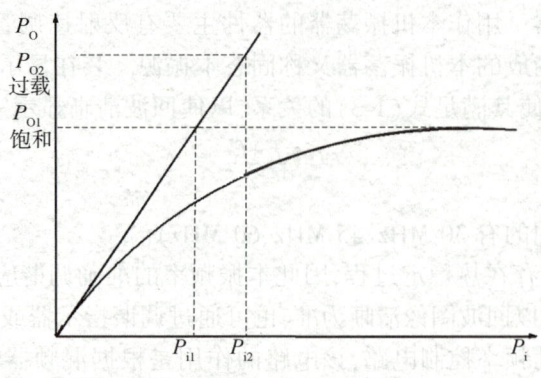

图 1-2-12　中放的振幅特性

由 1-2-12 图可见,对数中放的输入动态范围 P_{i2} 比线性中放的动态范围 P_{i1} 大得多,两种中放的性能比较如表 1-2-1 所示。

表 1-2-1　中放性能比较

比较的性能	线性中放	对数中放
动态范围	小	大
抗饱和、过载能力	小	大
抗干扰能力	小	大
小信号增益	大	小

显然,对数中放适用于存在强回波或强干扰的场合,而线性中放的小信号增益较大,适用于有弱回波而无强干扰的场合。

(2)为了按需调整接收机放大量,在中放电路中还设有手动“增益”控制。利用装在显示器面板上的“增益”(GAIN)钮调节前置中放或主中放的偏压,使中频增益(放大倍数)根据回波强弱的实际需要而改变。

使用“增益”时,应将该控钮调节到荧光屏上,背景噪声斑点以似见未见为宜。若“增益”钮调得过大,会使屏上背景噪声斑点淹没物标回波;若“增益”钮调得过小,则会使弱小物标回波消失。

(3)为了适应不同发射脉冲宽度对接收机通频带的不同要求,中放电路的通频带通常由量程开关进行变换。

(4)为了抑制海浪干扰回波,中放电路中还设有灵敏度时间控制电路(STC)。俗称“海浪干扰抑制”电路。由于该电路控制的是接收机近距离的增益,故又称为近程增益控制电路。

5.视频回波与前置视频放大

(1)视频检波器

视频检波器的任务是检出中频脉冲中的包络,即视频脉冲,它是利用检波二极管的非线性来完成中频到视频的频率变换。

(2)前置视频放大器

前置视频放大器的主要任务是确保前后电路的阻抗相互匹配,常采用射极跟随器,利用其高输入阻抗,接到检波输出端,可减少对检波负载的分流影响,以提高检波效率;利用其低输出阻抗,可与低阻抗的同轴电缆匹配,以便将视频脉冲回波信号无失真地送至显示器主视频放大器。

6.主要技术指标

(1)增益

接收机的增益是将输入的回波信号(一般仅几个微伏)放大至显象管正常工作所需要的幅值(一般为 20~40 V)的倍数,通常约为 130 dB。此时屏上可见到背景噪声斑点。

(2)通频带 $\Delta f_{0.7}$

通频带表示接收机能有效放大的信号频率范围,即接收机对输入信号的电压放大倍数从中心频率 f_s 的最大相对值 1 下降到 0.707 时的两个对应频率差 Δf。

当通频带不够宽时,回波脉冲被放大后波形前后沿将会失真,导致雷达分辨力和测距精度下降;反之,若通频带过宽,则会使接收机灵敏度下降。因此,在近量程时,要求接收机有较宽的通频带;在远量程时,要求接收机有较窄的通频带。

现代船用雷达接收机的通频带范围为 3~25 MHz;远量程用窄频带为 3~5 MHz;近量程用宽频带为 18~25 MHz。

(3)灵敏度(最小可分辨信号功率)

灵敏度表示接收机能接收微弱信号的能力,用最小可分辨信号功率 P_{rmin} 来表示。P_{rmin} 越小,表示灵敏度越高。接收机灵敏度可用式(1-4)表示:

$$P_{rmin} = KT\Delta f_{0.7} \cdot N \tag{1-4}$$

式中:K—玻尔兹曼常数;

　　T—接收机输入端绝对温度;

　　$\Delta f_{0.7}$—接收机通频带;

　　N—接收机噪声系数。

由式(1-4)可知,接收机噪声系数 N 越小,通频带 $\Delta f_{0.7}$ 越小,即接收机灵敏度越高。为了提高雷达远距离探测能力,远量程应采用窄通频带。

7.接收机的检查和性能检测

检查接收机工作正常与否的简单方法如下:

(1)开大"增益"钮,屏上应出现噪声斑点,否则说明接收机通道断路。有噪声斑点出现,但使用面板上"调谐"钮无法使回波清晰出现时,则说明周围无物标或需进行上述机内本振调谐。

(2)利用机内监测电表查找晶体电流,指示值应与说明书规定值相符。若无晶体电流,可检查晶体和本振。

监测接收机性能有否下降可利用雷达附有的性能监视器进行。

八、雷达天线系统与传输线路

1.系统构成及各部分的作用

船用雷达的波导及天线系统由波导管(或同轴电缆)、天线部件和旋转机构等组成,如图1-2-13所示。由图1-2-13可见,波导管连接天线与发射机,用作传输微波能量。天线用于定向发射雷达信号并接收物标回波信号。旋转机构包括:(1)由交(直)流船电供电的天线驱动电机,其转速一般高达1 000~3 000 r/min,其输出轴经减速齿轮装置,使天线以15~30 r/min的转速均匀旋转。天线电机的驱动能力能使天线在相对风速为100 kn时仍能正常启动和运转。天线电机的电源开关或是单独设置或与雷达电源开关同轴安装。为安全起见,有的雷达在天线座上装有天线安全开关,当上天线维修检查时,可用它切断天线电机的电源。(2)天线方位同步发送机,用来将大线旋转方位角信号送至显示器方位同步接收机,再带动偏转线圈旋转,以构成方位同步系统。(3)船首触点装置,用作每当天线转到船首方向时,使触点闭合一次,控制显示器中的船首脉冲形成电路,产生船首标志脉冲信号。有些雷达采用无触点式船首标志电路,则不设船首触点装置,而是利用同步发送机的信号来生成船首标志信号。

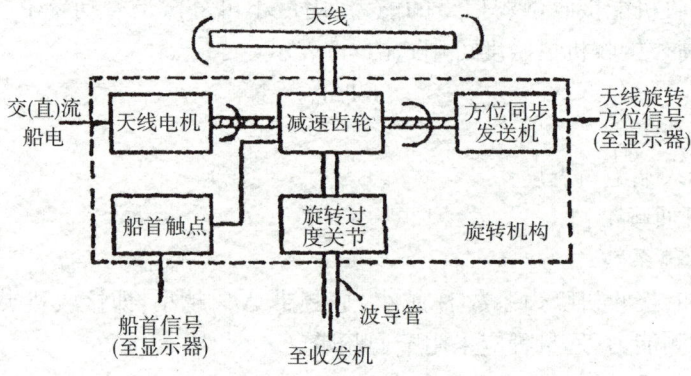

图1-2-13　波导及天线系统

2.波导管与同轴电缆

雷达微波能量的传输必须使用波导管或同轴电缆,后者仅限于10 cm雷达或雷达使用长度很短的场合使用。船用雷达常用的波导管是用黄铜或紫铜拉制而成的矩形空心管。如图1-2-14所示,其截面宽边长a,窄边长b,在a、b尺寸一定的矩形波导下,能够传播的最大波长称截止波长λ_c,$\lambda_c = 2a$,凡波长大于截止波长λ_c的微波能量不能在此波导管内传输。船用雷达常用的两种波导管尺寸如表1-2-2所示。

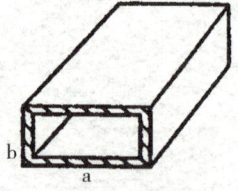

图1-2-14　波导管

表1-2-2　波导管尺寸

尺寸 适用于	a	b
3 cm	23 mm	10 mm
10 cm	72 mm	34 mm

根据雷达在船上安装位置的实际需要,可用直波导、弯波导、扭波导、软波导及扼流接头等各种波导件连接而构成波导系统,上述波导件如图1-2-15所示。

为减小传输损耗,不允许波导管受力变形,并应保持管内清洁和干燥,绝不允许出现积水和破裂现象,否则会引起磁控管受损和传输能量损耗。波导管使用长度越短越好,总长不宜超过20 m;拐弯次数也越少越好,不宜超过5次。

在船用雷达中,除采用上述矩形波导管外,还可采用同轴电缆来传输10 cm雷达微波能量。同轴电缆结构示意图如图1-2-16所示。同轴电缆的外导体直径D与内导体直径d与工作波长λ应满足式(1-5)条件才能保证传输性能:

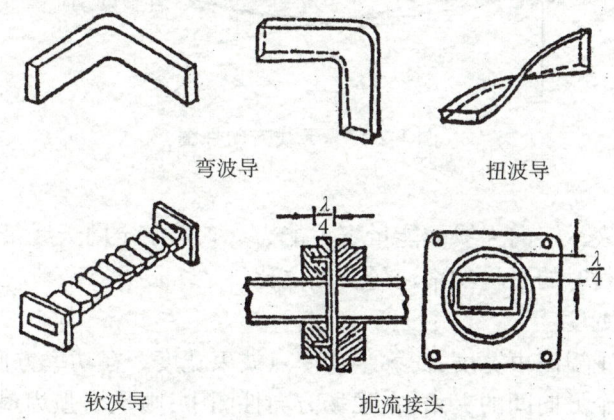

弯波导　　扭波导

软波导　　扼流接头

图1-2-15　波导件

$$D+d<\lambda/\pi \tag{1-5}$$

由于在同轴电缆的内外导体之间填以介质,因而难免引起微波能量的传输损耗。由于内外导体的间距受限制,在传输大功率微波能量时容易发生击穿现象。因此,同轴电缆不宜用于长距离传输能量,而只用在10 cm雷达中作短距离传输线。

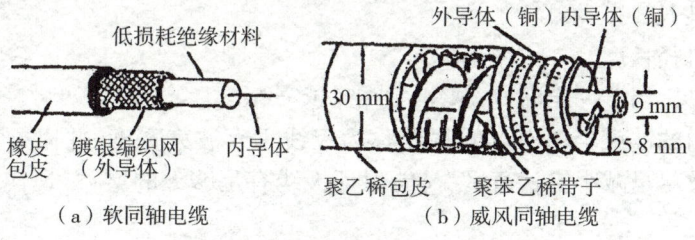

（a）软同轴电缆　　（b）威风同轴电缆

图1-2-16　同轴电缆结构示意图

3.雷达天线

(1)雷达天线主要的技术指标

①方向性图

方向性图表示天线收发电磁波功率(或场强)与方向关系的三维坐标立体坐标图。但在船用雷达中,我们仅需讨论它在水平面和垂直面内的方向特性。平面方向性图可用极坐标或直角坐标表示。用极坐标表示的天线方向性图如图1-2-17所示。天线的方向性图越尖锐,表示天线收发电磁波能量的聚束能力越好,即收发的"定向性"越强。图1-2-17中天线辐射和接收能量最强方向的波束称为主波束或主瓣。此外,在其他方向也有几个小的波束,能量很小,且对称分布于主波束的两边,称为旁瓣或副波束。图1-2-17中实线表示功率与方向的关系,虚线表示场强与方向的关系。

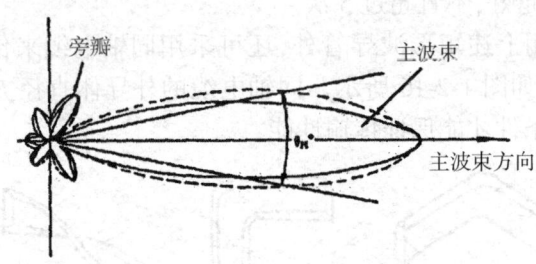

图1-2-17 天线方向性图

②方向性系数

方向性系数用来表示定向天线的能量聚束能力。它等于定向天线最大辐射方向的功率通量密度与各向均匀辐射时的平均功率通量密度之比。

③半功率点波束宽度

天线辐射电磁波主瓣波束宽度,简称半功率点波束宽度。在功率方向性图中,是指功率为最大值的一半时的两个方向间的夹角;在强场方向性图中,则是场强为最大值的0.707倍时的两个方向间的夹角。

在水平面内的波束半功率点的宽度称为天线水平波束宽度,并以θ°_H表示,θ°_H越小,雷达的方位分辨率及测方位精度越高。现代船用雷达天线的θ°_H为0.7°~1.3°。

天线半功率点水平波束宽度θ°_H与工作波长及天线口径长度的关系可用(1-6)的近似式表示,即:

$$\theta^\circ_H \approx 70\lambda/L \qquad (1-6)$$

式中:λ——工作波长;

L——天线口径长度。

由式(1-6)可见,当L一定时,λ越短,则θ°_H越窄。

在垂直平面内的波束半功率点的宽度称为天线垂直波束宽度,并以θ°_V表示。为使船摇时不致丢失物标及尽量减小雷达盲区,又能保证天线有足够大的增益,现代船用雷达的θ°_V为15°~30°。

θ°_V与工作波长和天线口径尺寸的关系可用(1-7)近似式表示,即:

$$\theta^\circ_V \approx 70\lambda/H \qquad (1-7)$$

式中:H——天线口径的高度。

④天线增益

天线增益 GA 表示定向天线将输入功率集中到一个方向的能力。天线增益 GA 与天线波束宽度的关系可近似地由式(1-8)确定：

$$GA \approx 27\ 000/\theta^\circ_H \cdot \theta^\circ_V \qquad\qquad (1\text{-}8)$$

若用分贝表示则：

$$GA \approx 10\lg 27\ 000/\theta^\circ_H \cdot \theta^\circ_V \qquad\qquad (1\text{-}9)$$

可见，波束越窄，天线增益越高。例如：$\theta^\circ_H = 1.2^\circ$，$\theta^\circ_V = 20^\circ$，则 $GA = 32\ db$。

（2）雷达天线的分类与特点

现代船用雷达普遍采用隙缝波导天线，如图 1-2-18 所示。

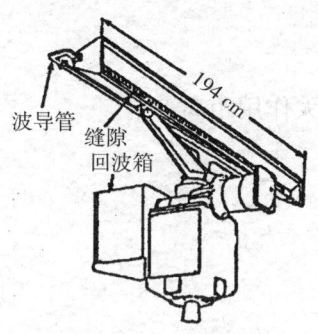

图 1-2-18　隙缝波导天线

极化形式是指天线辐射的电磁波的电向量在空间的振动方向。雷达天线按极化形式不同可分为水平极化、垂直极化与圆极化三种形式：

电场向量在空间沿水平方向振动称"水平极化"。水平极化天线抗海浪干扰较好，海面物标的反射较强，在船用雷达中被广泛采用。

电场向量在空间沿垂直方向振动称"垂直极化"。垂直极化天线抗雨雪干扰较好，在港口雷达中可见到运用。

电场向量的终点在传播空间以电磁波传播方向为轴，描成螺旋线称"圆极化"。圆极化又可有右旋圆极化与左旋圆极化两种形式。

圆极化天线的重要优点是能有效地抑制或减弱雨雪干扰反射波，其抑制原理可简单地解析为：若采用右旋圆极化天线，其辐射的右旋圆极化波遇到球状体雨滴反射后，反射波变成左旋圆极化波，后者不能进入右旋圆极化天线，而当右旋圆极化波遇到外形不规则物标（大多数物标属不规则物标）时，其反射波中绝大部分仍为右旋圆极化波，因而可被天线接收。

实验证明，圆极化天线可将雨雪干扰回波减弱到 1/40～1/100。但应注意：凡属类似于圆对称的物标（如浮筒、灯塔等），其回波将均被削弱。因此，常见水平极化天线与圆极化天线同时安装于一部雷达，或在一个天线中采用极化器改变不同极化方式，用在显示器面板上的"极化"选择开关控制极化转换。一般晴天用"水平极化"天线，雨天用"圆极化"天线。

4.雷达天线的维护保养

（1）天线辐射窗口（或抛物面）上的油烟灰尘至少每半年清除一次，清除时应用软湿布、软毛刷、清水清洗，不准加涂油漆。

（2）每半年检查一次波导连接、密封、紧固、开裂等情况，并每半年涂一次油漆。

（3）每半年按说明书规定对减速齿轮箱加一次防冻润滑油。

九、雷达显示器

（一）主要技术指标

船用雷达显示器常用极坐标表示，扫描中心代表天线位置（即本船位置），物标回波以距离扫描线上的加强亮点表示，回波亮点至扫描中心之间的距离代表物标距离。扫描线随天线同步旋转，从船首（或真北）至回波亮点之间的夹角表示物标舷角（或真方位）。对船用雷达显示器的主要技术要求是：

1.要满足要求的观测范围。

距离：最小作用距离 R_{min} 至最大作用距离 R_{max}。

方位：0°～360°。

2.要满足测量精度要求。

3.要满足图像分辨率要求。

4.要操作、使用简便等。

（二）视频辅助电路

1.固定距标电路（Fixed Range Ring Circuit）

显示屏上出现的一列等间隔亮点，会在扫描线旋转时，在屏上形成等间距的同心圆圈，称为固定距标。量程不同，间距代表的距离也不同。

2.活动距标电路（Variable Range Marker Circuit）

活动距标电路是由测距可变的同心圆活动距标圈来精测屏上任意位置的距离，测量误差不应超过所用量程的 1.5% 或 70 m。

3.船首标志电路（Heading Marker 或 Heading Flashing Line HL）

船首标志电路的作用是每当天线转过船首方向时，会产生一个宽度大于 2 倍脉冲重复周期的船首标志方波脉冲，显示屏上一条代表船首方向的径向亮线，称为船首线。触点式船首标志电路由装在天线上的微动开关凸轮（或磁铁）及船首标志形成电路组成，每当天线转过船首时，开关闭合一次，发出一个触发信号产生一个船首标志方波脉冲。

无触点式船首标志电路用发光二极管及光敏三极管，其作用是用点光源置于船首方，天线旋转到该位置，光敏元件就导通瞬间，产生对应的船首信号。

IMO 性能标准规定，船首线的宽度不应大于 0.5°，位置误差不应大于 1°。

4.电子方位标志电路（Electronic Bearing Line，EBL）

电子方位标志电路是由一条方位可调的径向亮线，测量物标的方位，测量方位无视差、精度高，且适用于偏心显示时测量物标方位。

5.抗雨雪干扰电路（Fast Time Constant，FTC）

当雨雪对雷达产生干扰时，回波图像呈棉絮状回波亮斑，无明显边沿。雨雪干扰抑制电路通常是接在显示器回波视放输入电路中的一个微分电路,亦叫 FTC 电路。使用该电路可能丢失小物标回波,因此只有在雨雪干扰严重时才使用,调节时应以只排除雨雪干扰而不致丢失物标为好。

6.雷达同频干扰抑制电路（Radar Interference Canceler，RIC）

两台距离相近的同波段雷达同时工作时,相互间产生的干扰图像称为雷达同频干扰。若脉冲重复频率相同,图像为辐射状虚线;若脉冲重复频率相近图像为螺旋线;若脉冲重复频率相差很大,则图像呈散乱光点。另外,螺旋线图像还会随量程变小而逐渐变直。

抑制同频干扰的原理是利用"与门"工作特点,其要求每次自身发射并接收相关物标回波时,其他信号则认为是干扰信号。

第三节　雷达显示模式

按扫描中心代表本船位置在荧光屏上的运动方式,船用雷达可分为相对运动显示方式和真运动显示方式。本船(扫描中心)在荧光屏上始终保持不动的显示,称为相对运动显示方式;而在荧光屏上按照本船运动而移动的显示,称为真运动显示方式。真运动显示方式按照速度的输入源不同可分为计程仪真运动和模拟速度真运动;按照速度的类别它们又可分为对水真运动及对地真运动。

按照船首线的指向及所显示的物标方位,船用雷达的显示方式可分为(船)艏向上、(真)北向上及航向向上三种显示方式。下面分别介绍其图像特点。

一、相对运动显示方式

（一）艏向上图像不稳相对运动显示

这种显示方式的特点是:

1.扫描中心代表本船位置在荧光屏中心不动,显示周围运动物标相对于本船的运动状态,固定物标回波与本船等速反向移动。

2.船首线固定指向方位刻度盘的 0°,代表本船船首方向。以它为基准,可直接测读物标的舷角。

3.本船改向时,船首线不动,而物标回波因反转而图像不稳,会留下一段弧形尾迹,会同测精度。在风浪中本船船首偏荡频繁时,会使图像模糊不清,也影响观测精度。

以上特点可用图 1-3-1 来说明,图中画出海上实际情况与荧光屏上的显示情况。其中,本船在①位置时,屏上显示见①图:艏线指 0°,物标回波显示舷角为 030°,距离 6 n mile 的 A 处。本船保向(050°)航行到②位置时,屏上显示②图,艏线指 0°,物标回波在正横 90°,距离为 3 n mile的 B 处。当本船在②位置右转 45°到 095°的③位置时,屏上显示见③图,艏线仍指 0°,但物标回波左转 045°至 C 处的距离仍为 3 n mile。这种显示较直观,便于判明来船在本船右舷还是左舷,适用于判断碰撞危险的场合。

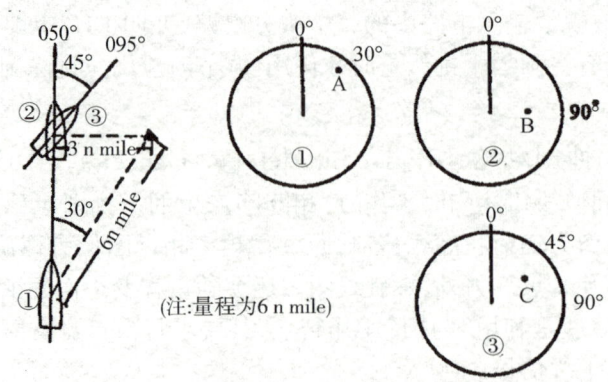

（注：量程为6 n mile）

图 1-3-1　艏向上图像不稳相对运动显示

为了发挥上述直观显示的优势，又克服不能测读物标真方位的缺陷，现在有些雷达在固定方位刻度圈外面或里面又套上一个可动方位刻度圈，也标有0°～360°的刻度。用手拨动或直接由陀螺罗经带动该刻度圈。并随时使航向值置于固定方位刻度圈的0°处。这样便可以在可动方位圈上方便地测读物标的真方位。

(二) 北向上图像稳定相对运动显示方式

北向上图像稳定相对运动显示方式必须接入陀螺罗经航向信号，其显示特点有：

1.同上述(一)第"1"条相同。

2.固定方位圈的0°代表真北，船首线指航向，可直接测读物标真方位。因此这种显示方式有时又称为"真方位显示方式"。

3.本船转向时，船首线随时指新航向值，而图像保持清晰稳定。

以上特点可用图1-3-2来说明，图中，本船在①位置时屏上显示①图：艏线指050°，物标回波在真方位080°，距离6 n mile的A处。当本船保向(050°)航行到②位置时，屏上显示②图，艏线仍指050°，物标回波到正横、真方位为140°，距离为3 n mile的B处。当本船在②位置右转45°到095°的③位置时，屏上显示见③图，艏线右转到095°，物标回波则仍在真方位为140°，距离为3 n mile的C处。

这种显示方式可方便地测读物标真方位，且在本船转向或船首偏荡时，图像清晰稳定，故适用于定位。由于其图像指向和海图一致，在改向较多的窄航道航行时，也便于将雷达图像与海图对照，以迅速确认本船船位。但这种显示方式的船首线不固定在荧光屏上方，当航向在045°～315°，特别是在090°～270°时，观测不便，有时容易搞错物标在左舷还是在右舷。不利于避碰操作。

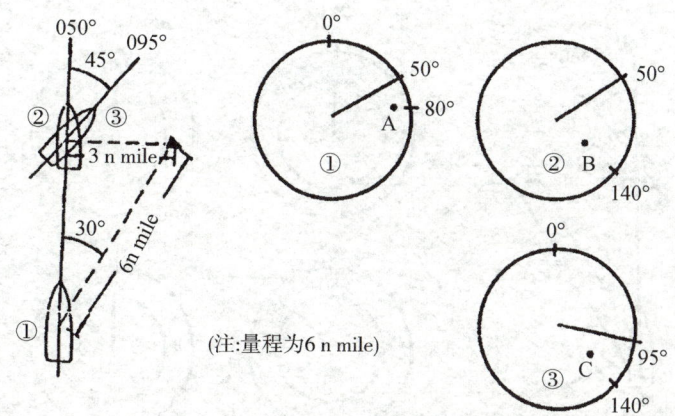

(注:量程为6 n mile)

图 1-3-2　北向上图像稳定相对运动显示

(三)航向向上图像稳定相对运动显示方式

这种显示方式综合了上述两种显示方式的优点,既:

1.船首线指向屏上方,图像直观。

2.因一般均有由陀螺罗经稳定的可动方位圈或电子方位刻度标志,故可直接测读物标相对方位与真方位。

3.本船转向时,船首线随航向转动而固定物标回波不动,图像稳定。改向完毕只要按一下"新航向向上"(New Course-Up)钮,则船首线、图像及可动方位圈一起转动,直到船首线重新指向固定方位刻度圈0°为止,故又可保持直观地观测。

航向向上显示方式既具有艏向上显示方式的显像直观、便于判明物标回波在本船的左舷还是右舷的优点,又有北向上显示方式的图像稳定,可直接测读物标真方位的优点。因而在避碰和定位应用中均较方便,故这种显示方式在现代船用雷达中得到广泛的运用。

这种显示方式的特点可用图 1-3-3 来说明。

图中本船在①位置时,显像见①图:船首线指向屏上方固定方位圈0°。从可动方位圈读本船航向050°,物标回波显示在舷角为030°(从固定方位圈上读取)、真方位080°(从可动方位圈上读取),距离为 6 n mile 的 A 处。本船保向航行到②位置时,显像见②图:物标回波从 A 处沿着和本船相反方向移动到正横 3n mile 的 B 处:舷角为 090°,真方位为 140°。本船在②位置右转45°到航向为095°的③位置时,显像见③图:物标回波不动仍在 B 处,艏线右转指到095°;本船转向完毕,当按了"新航向向上"钮后,显像见④图:艏线随及可动方位圈的095°。一起左转回到屏上方固定方位圈0°处,物标回波也左转到相对方位045°的 C 处。

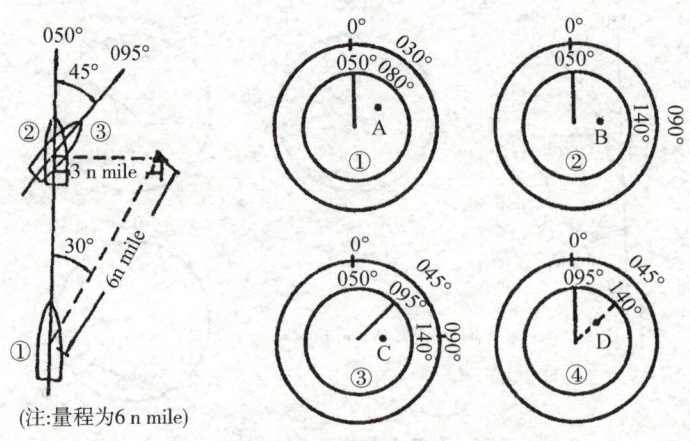

(注:量程为6 n mile)

图1-3-3　航向向上图像稳定相对运动显示

二、真运动显示方式

(一)北向上真运动显示方式

为说明方便起见,假定海面无风和流,陀螺罗经输入的航向和计程仪输入的航速数据都准确。则其显示特点如下:

1.固定方位刻度圈的0°(即上方)代表北,船首线指向实际航向值,本船转向时,船首线移动,其他物标不动。

2.扫描中心在屏上按计程仪或人工置入的速度沿着船首线方向(航向)移动。

3.屏上其他物标按各自的航向、航速移动,固定物标则在屏上不动。

这种显示方式就像在陆地上所看到的海面上的实际情况一样。因此这种显示方式在狭水道航行时,能与海图配合使用,从而直观、方便。由于海岸、浮标等固定物标在屏上不动,这对在近量程上观测高速航行的船时保持屏面的清晰起了很大的作用。但是,当航向处在090°~270°时,观测不直观,容易搞错物标的左右舷,不利于避碰。

(二)航向向上真运动显示方式

与相对运动显示方式一样,如果采用了航向向上真运动显示方式,则可避免前述弊病。其特点和操作与相对运动的有关显示方式相同,并具有上述真运动特点,这种显示方式的操作及实现方法也与相对运动有关显示方式相同。

在对上述两种真运动方式的讨论时都假定了海面无风和流,航速和航向都无误差的条件。实际上这是很少的情况。如果海区有风流,而速度输入仍是对水速度(如用水压式或电磁式计程仪)。航向输入仍是陀螺罗经航向(未校正风流压),则此时的真运动是对水(稳定)真运动,不是对地真运动。在这种显示方式中,固定物标要按风流的影响(风流压差的方向和速度)移动,物标尾迹表示该物标的对水速度及航向,本船船首线在航行中是稳定的。

如果速度输入由多普勒计程仪或用人工方法(航迹校正控钮)将风流的影响校正后,则本船中心将按实际的航迹向及对地实际速度运动,此时的真运动为对地(稳定)真运动。

三、雷达显示方式的选择

不同的显示方式可以满足不同的雷达观测需要。在相对运动方式下,连续观测回波相对本船的变化,有利于判断物标船的会遇危险,及早做出避让措施。在平静的大洋航行时,雷达只用于避碰观测,采用艏向上是最方便的选择;在沿岸航行时,需要雷达定位和导航,为了便于和海图对照识别物标,最好用真北向上显示方式,在狭水道和进出港口航行时,船首偏荡或频繁转向,选择航向向上更有利于避碰观测。

避碰观测时,对水真运动能够方便、准确地判断物标船的动态,有助于驾驶人员根据航行态势和规则,做出避让行动。真运动显示时,物标船在屏幕上的运动不受本船机动的干扰,这对于本船避让过程中和避让结束后,监测物标船的动向非常有利。对地真运动显示方式能够及时观测本船相对于海岸的航行动态,是船舶在狭水道导航或进港靠码头时最佳选择。值得注意的是,一定要严格区分对水稳定和对地稳定的模式。避碰时误用了对地稳定,或导航时误用了对水稳定,都是相当危险的。

第四节　雷达图像综合调节

一、雷达图像基本元素

雷达显示系统将雷达传感器探测到的本船周围物标以平面位置图像(极坐标系)显示在屏幕上,早期的雷达也因此被称为 PPI,如图 1-4-1 所示。其中图(a)为海面态势示意图,本船周围有一岛屿,另有一物标船与本船相向行驶。图(b)为海平面俯视图,可以看出本船航向000°,物标船正航行在本船右舷,本船左舷后约 245°处有一岛屿。图(c)为雷达屏幕,扫描中心(起始点)为本船参考位置,又称为统一公共基准点(Consistence Common Reference Point,CCRP)。作为综合船桥系统中的重要组成部分,雷达测量物标所得到的数据如距离、方位、相对航向和航速、本船与物标船的最近会遇距离和航行到最近会遇距离所需时间等,都必须参考CCRP。这个位置点在传统的雷达上通常对应为雷达天线辐射器的位置。最新性能标准要求CCRP 可以由驾驶员根据需要设置,典型位置通常为驾驶台指挥位置。图 1-4-1 中雷达量程为12 n mile,即在雷达屏幕上显示了以本船为中心,以 12 n mile 为半径本船周围海域的雷达回波。在雷达屏幕上,HL(Head Line)称为船首线,其方向由本船发送船首向装置(THD)或陀螺罗经驱动,指示船首方向。发自于扫描起始点的径向线称为扫描线。扫描线沿屏幕顺时针匀速转动,转动周期与雷达天线在空间的转动周期一致。屏幕上等间距的同心圆称为固定距标圈(Range Ring,RR),每圈间隔 2 n mile ,用来估算物标的距离。与固定距标圈同心的虚线圆是活动距标圈(Variable Range Marker,VRM),它可以由操作者随意调整半径,借助数据读出窗口的指示测量物标的精确距离。EBL(Electronic Bearing Line,EBL)称为电子方位线,可以通过面板按钮操作,控制其在屏幕的指向,借助数据读出窗口的指示或屏幕边缘显示的方位刻度,测量物标的方位。很多雷达将 VRM／EBL 联动,称为电子距离方位线(Electronic Range Bearing Line,ERBL),可以通过一次性操作同时测量物标的距离和方位。现代雷达用平面光栅显示器取代了 PPI,雷达回波图像区域仍然采用图 1-4-1(c)的形式,在图像周围的功能区域大致可以划分为操作菜单、状态指示和数据显示等区域。屏幕上除了显示岛屿、岸线、导航标志、船舶等船舶导航避碰、安全航行等有用的各种回波之外,还无法避免地显示出驾引人员不希望看到的回波,如海浪干扰、雨雪干扰、同频干扰、云雾回波、噪声、假回波等。一个专业的雷达观测者,应能够在杂波干扰和各种屏幕背景中识别出有用回波,引导船舶安全航行。

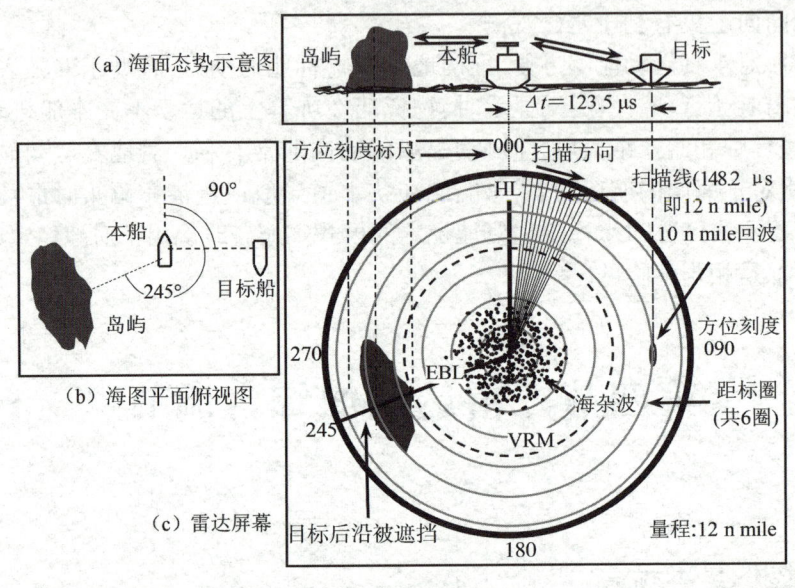

图 1-4-1　雷达图像

二、雷达开关机操作

(一) 开机步骤

1. 开机前的准备工作
雷达开机前应充分考虑到设备和人身的安全,认真做好以下三点:
(1)检查天线周围是否有人或妨碍天线旋转的障碍物(如旗绳、天线等)。
(2)检查各主要开关控钮是否处于正常位置;高压发射开关和天线开关应在"关"位置;亮度和增益,雨雪、海浪干扰抑制旋钮逆时针方向调至最小。
(3)在气温太低、空气太潮湿时,应先用加热电阻对各分机加热干燥后使用。

2. 雷达发射
在"雷达开关"接通 3 min 后,发射机内高压自动延时触点闭合,"预备好"指示灯发亮后,将"雷达开关"置于"发射"(ON)位置。

3. 亮度的调节
调节"BRILL"钮,使扫描线在屏幕上似见非见。

4.增益的调节

调节"GAIN"钮,使显示器荧光屏上的噪声斑点调到刚见未见。调得太小,会使探测距离减少,同时造成弱物标回波的丢失;但是如果增益调得过高,会造成回波和背景之间的对比度减小,给观察带来较大的困难。

5.调谐控钮的调节

调节"TUNE"控钮,使回波图像清晰饱满。

6.干扰抑制的使用

包括海浪干扰抑制、雨雪干扰抑制、自动干扰抑制、同频干扰抑制四种:

(1)海浪干扰抑制按键的主要作用是减小海浪杂波的影响,即由本船附近海浪引起的大块随机干扰信号,将其旋钮顺时针方向调整,使干扰杂波强度减小到显示器荧光屏上只出现小点为止,这样就提高了在杂波中的小物标的可见度。

(2)雨雪干扰抑制按键的主要作用是减小雨雪杂波的影响,即由本船附近雨、雪、冰雹等引起的随机干扰信号,顺时针调大该旋钮,可分解由雨、雪和冰雹引起的一大片杂波,这样就能看清被杂波所淹没的物标回波。

(3)自动干扰抑制:可称作自适应视频处理,按下该按键,指示灯亮,雷达自动进行干扰抑制。

(4)同频干扰抑制:相同频率,不同重复周期的雷达相互之间产生的影响。按下该按键,指示灯亮,雷达自动进行同频干扰抑制。

注意:在使用海浪、雨雪抑制功能键时,不能将其调整过大,否则杂波被抑制了,同时很大一部分弱小物标也被抑制掉了。

7.回波增强

必要时采用"回波增强"控钮,以增大微弱物标或小物标回波的显示强度。

(二) 关机步骤

将雷达调到预备(Standby)状态,检查亮度和增益,雨雪、海浪干扰抑制旋钮逆时针方向调至最小,按下雷达关机键,雷达关机。

三、雷达传感器设置

雷达系统的标配传感器主要包括船用雷达、艏向发送装置、航速航程测量装置、全球卫星导航设备和船载自动识别终端五种传感器配接,由它们提供必要的传感信息。各传感器任务如下:

(1)X 或 S 波段的船用雷达:为雷达系统提供物标回波原始视频外,还向雷达系统提供触发脉冲、天线旋转方位信号与船首信号,以使雷达系统的计算机、显示器的工作与雷达保持时间上严格同步。

(2)艏向发送装置(THD):为雷达系统提供本船航向信号。

(3)航速航程测量装置(SDME):为雷达系统提供本船航速信号,可有对水航速和对地航速。

（4）全球卫星导航设备（GPS）：为雷达系统提供本船船位及时间信息。

（5）船载自动识别终端（AIS）：为雷达系统提供物标信息。

四、FURUNO FAR-28X7系列雷达基本操作与设置

（一）雷达界面及功能

图1-4-2和图1-4-3分别为FURUNO FAR-28X7系列雷达键盘和雷达显示器，表1-4-1给出了雷达键盘功能键及作用。

图1-4-2　FURUNO FAR-28X7雷达键盘

图1-4-3　FURUNO FAR-28X7雷达显示器

表 1-4-1　雷达键盘功能键及作用

控制按钮	说明
POWER	开启和关闭系统
EBL 和 VRM 旋转式控钮	分别调整 EBL 和 VRM
EBL ON, EBL OFF	分别开启和关闭 EBL
F1–F4	执行快捷分配的菜单
ALARM ACK	消除声音警报
STBY TX	在待机和发射之间切换
BRILL	调整显示亮度
A/C RAIN	抑制雨滴杂波
A/C SEA	抑制海浪杂波
GAIN	调整雷达接收器的灵敏度
HL OFF	按下时暂时清除艏线
EBL OFFSET	启用、禁用 EBL 偏移。在菜单操作中,在北南及东西之间切换极性
MODE	选择显示模式
OFF CENTER	移动本船位置
CU/TM RESET	将本船位置移动到船尾方向半径的 75%处 在航向向上和真运动模式中,将艏线重置为 0°
INDEX LINE	开启和关闭刻度线
VECTOR TIME	选择向量时间(长度)
VECTOR MODE	选择向量模式,相对或真
TARGET LIST	显示 ARP 物标列表
CANCEL TRAILS	取消全部物标轨迹
ENTER MARK	输入标记,终止键盘输入
VRM ON, VRM OFF	分别开启和关闭 VRM
MENU	打开和关闭 MAIN(主)菜单;关闭其他菜单
ACQ	操纵跟踪球选择物标后,探测 ARP 物标 操纵跟踪球选择物标后,将休眠中的 AIS 物标更改成激活的物标
RANGE	选择雷达探测距离
TARGET DATA	显示使用跟踪球选择的 ARP、AIS 物标的物标数据
TARGET CANCEL	取消跟踪使用跟踪球选择的 ARP、AIS 或参照物标

(二) 开机操作

1.打开电源

[POWER]开关位于控制单元的左角。打开[POWER]开关护盖,按开关启动雷达。再次按开关可关闭雷达。打开电源后大约 30 s 内,屏幕上会显示方位刻度和数字计时器。计时器将倒计时 3 min 的预热时间。磁控管(即发射管)将在这段时间内预热,以备发射。当计时器数到"0:00"时,屏幕中间会显示"ST-BY"(待机),表示雷达随时可以发射脉冲。

在预热和待机条件下,以小时和十分之一小时计算的"ON TIME"和"TX TIME"出现在屏幕中央。

注意:避免关闭电源后立即打开电源。重新开启电源前,应等待几秒钟,以确保启动正确。

2.调节屏幕亮度

整个屏幕的亮度应根据照明条件进行调整。

(1)操纵键盘

在控制单元上操纵[BRILL]控制按钮调节亮度。顺时针转动增加亮度,逆时针转动降低亮度。

(2)操纵跟踪球

①转动跟踪球,将箭头放置在屏幕左下角的亮度级别指示框中的亮度级别指示符上;

②向下转动滚轮可增加亮度,向上转动可降低亮度。亮度条的长度随滚轮的操作增加或减少。

3.开启发射器

开启电源,磁控管预热之后,ST-BY 出现在屏幕中央,表示雷达准备发射雷达脉冲。可以在键盘上按 [STBY/TX] 键发射,或者转动跟踪球在显示屏左下角处选择 TX STBY 方框,然后按左按钮(跟踪球上)。屏幕右下角导视框左边的标签由 TX 变成 STBY。

[STBY/TX]键(或 TX STBY 方框)在雷达的 STBY(待机)和 TRANSMIT(发射)状态之间来回切换。在待机状态中,天线停转;在发射状态中,天线转动。

如果雷达刚刚使用过且发射管(磁控管)依然温热,可以直接将雷达切换到 TRANSMIT(发射)状态而无须进行 3 min 的预热。操作失误或类似原因导致 [POWER]开关关闭,应该在断电后的 10 s 之内打开[POWER]开关以快速地重新启动雷达。

4.调整灵敏度

调整增益控制按钮,使背景噪声刚好在屏幕上可见。

(1)操纵键盘

监视屏幕顶部增益级别指示符的同时,操纵 [GAIN](增益)控制按钮,调整灵敏度。

(2)操纵跟踪球

①转动跟踪球,将箭头置于屏幕顶部的增益级别指示器内;

②向下转动滚轮增加增益,或向上转动降低增益。

5.选择调谐方式

使用屏幕顶部的 TUNE(调谐)方框选择调谐模式。

（1）转动跟踪球在屏幕顶部选择 TUNE（调谐）方框（TUNE AUTO 或者 TUNE MAN）；

（2）转动滚轮调整调谐。最好的调谐点是调谐条图表幅度最大的地方。

6.用电罗经校准船首方向

（1）转动跟踪球,将箭头置于显示屏右上角的 HDG 框内。

（2）按右按钮打开 HDG 菜单。

（3）向下转动滚轮,选择 GC-10 SETTING（GC-10 设置）,然后按下滚轮或左按钮。

注意:如果选择的船首方向源不合适,在 HDG SOURCE（HDG 源）处更改,以与船首方向源相匹配。

（4）转动滚轮设置船首方向（对于键盘输入,使用数字键）。

（5）按下滚轮,完成操作。

（6）按右按钮关闭菜单。

7.选择显示模式

（1）操纵键盘

连续按 MODE 键选择所需的显示模式。PRESENTATION MODE（显示模式）方框显示当前显示模式。

（2）操纵跟踪球

①转动跟踪球,将箭头置于屏幕左上角的 DISPLAY MODE（显示模式）方框内;

②按左按钮选择所需模式。

8.选择量程

（1）操纵键盘

使用［RANGE］键选择所需距离。点击键的"+"部分增加距离;点击"—"部分减小距离。

（2）操纵跟踪球

①转动跟踪球,在屏幕左上角选择 RANGE（距离）方框。导视框显示"RANGE DOWN / RANGE UP"（距离减小/距离增加）;

②按左按钮减小距离,按右按钮增加距离。也可以通过转动滚轮选择距离,然后按下滚轮或左按钮。

9.杂波抑制

（1）抑制海浪杂波

转动跟踪球,选择显示器顶部的 SEA AUTO 或 SEA MAN（取显示者）。按左按钮显示相应的 SEA AUTO 或 SEA MAN。

操纵键盘

观察 A/C SEA 级别指示器的同时,使用［A/C SEA］控制按钮调整 A/C SEA。有 100 个可用级别。

操纵跟踪球

①转动跟踪球,将箭头置于显示器顶部的 A/C SEA 级别指示器内;

②观察 A/C SEA 级别指示器的同时,向下转动滚轮减少 A/C SEA 或者向上转动滚轮增加 A/C SEA。有 100 个可用级别（0~100）。

（2）抑制雨雪杂波

可分为自动抑制和手动抑制。

操纵键盘

使用［A/C RAIN］控制按钮，调节 A/C RAIN。

操纵跟踪球

①转动跟踪球，将光标置于显示器右上角的 A/C RAIN 级别指示符内；

②观察 A/C RAIN 级别指示符的同时，向下转动滚轮减小 A/C RAIN 或者向上转动滚轮增加 A/C RAIN。有 100 个可用级别（0～100）。

（3）同频干扰抑制器

①转动跟踪球，在屏幕左边选择 PICTURE（画面）方框；

②按右按钮显示 PICTURE（画面）菜单；

③转动滚轮选择 INT REJECT（抑制干扰），然后按下滚轮；

⑤转动滚轮，选择所需抑制级别，然后按下滚轮或左按钮（"3"提供最高级别的抑制）；

⑥按右按钮关闭菜单。

10.输入流向和流速

（1）转动跟踪球，选择 SPD（速度）方框，然后按下右按钮；

（2）转动滚轮，选择 SET DRIFT（设置流速），然后按下滚轮或左按钮；

（3）转动滚轮，选择 ON（开），然后按下滚轮或左按钮；

（4）按右按钮关闭菜单。然后 SET（流向）和 DRIFT（流速）方框出现在显示屏的右上角；

（5）转动跟踪球，在屏幕右边选择 SET（流向）方框；

（6）使用滚轮设置数字，转动它选择数字并按下进行设置［设置范围：000.0～359.9（°T）］；

（7）转动跟踪球，在屏幕右边选择 DRIFT（流速）方框；

（8）使用滚轮设置数字，选择数字并进行设置［设置范围：00.0～19.9（kt）］。

11.中心偏移

中心偏移的作用是在不扩大量程的情况下，通过改变本船位置（或扫描原点）来扩展视域。扫描原点可以偏移到光标位置，但是不能超过当前量程的 75%。这项功能不适用于真运动模式。

（1）操纵键盘

①操纵跟踪球，将光标放置在扫描原点需要移动到的位置；

②按［OFF CENTER］键。然后，扫描原点偏移到光标位置；

③再次按［OFF CENTER］键取消偏移。

（2）操纵跟踪球

①将光标放置于有效显示区域内，转动滚轮在导视框内显示"OFF CENTER / EXIT"（偏移/退出），按下滚轮或左按钮；

②转动跟踪球，将光标放置在希望定为屏幕中心的位置；

③按下左按钮，偏移扫描原点；

④要取消偏移功能，在导视框显示"OFF CENTER / EXIT"（偏移/退出）时按下左按钮。

12.测量距离

使用活动距标（VRM）测量距离，此处有两个 VRM：No.1 和 No.2。

（1）操纵键盘

①按［VRM ON］（活动距标开）键显示任意一种 VRM。连续按［VRM ON］键可在 No.1 和 No.2 之间切换；

②操纵 VRM 旋转式控制按钮，将活动距标与关注目标的内边缘对齐，然后读取屏幕右下角的距离值；

③按［VRM OFF］键清除全部的 VRM。

（2）操纵跟踪球

①转动跟踪球，将箭头置于想使用的 VRM1 或 VRM2 方框内；

②导视框显示内容为"VRM ON"。按左按钮开启 VRM。导视框的显示内容为"VRM SET L = DELETE"；

③再次按下左按钮，光标跳到有效显示区域内。此时导视框的显示内容为"VRM FIX／EXIT"（固定 VRM/退出）；

④操纵跟踪球（粗调）或滚轮（微调），将活动距标与关注目标的内边缘对齐，然后读取屏幕右下角的距离值；

⑤按下左按钮，固定 VRM 及其读数，或按右按钮，使 VRM 返回到先前位置（距离）；

⑥要清除 VRM，选择适当的 VRM 读数框，然后按左按钮，直到 VRM 从屏幕上消失。

13.测量方位

使用电子方位线（EBL）测量目标方位。有两种 EBL：No.1 和 No.2。

（1）操纵键盘

①按［EBL ON］键显示任意一根 EBL。连续按［EBL ON］键可在 No.1 和 No.2 之间切换；

②顺时针或逆时针操纵 EBL 旋转式控制按钮，将 EBL 与关注目标的中心相交，然后读取屏幕左下角的方位值；

③按［EBL OFF］键清除全部 EBL。

（2）操纵跟踪球

①转动跟踪球，将箭头置于想使用的 EBL1 或 EBL2 方框内；

②导视框显示内容为"EBL ON"。按左按钮开启 EBL。此时导视框的显示内容为"EBL SET L＝DELETE"；

③再次按下左按钮，光标跳到有效显示区域内。此时导视框的显示内容为"EBL FIX L＝DELETE"；

④转动跟踪球（粗调）或滚轮（微调），将 EBL 与关注目标中心相交；

⑤按下左按钮，固定 EBL 和它的读数，或者按下右按钮，使 EBL 返回到先前位置（方位）；

⑥要清除 EBL，选择适当的 EBL 读数框，然后按左按钮，直到 EBL 从屏幕上消失。

（三）关机操作

调节 BRILL、GAIN、SEA、RAIN 到最小，按 TX/STBY 钮，然后按电源开关 POWER 钮。

第五节　雷达开机及准备评估要素及评价标准

一、评估要素及评价标准

表 1-5-1 为"雷达开机及准备"评估要素及评价标准。

表 1-5-1　"雷达开机及准备"评估要素及评价标准

序号	评估要素	关键要素	评价标准	标准解读
1	雷达开机	否	1.开机前检查雷达天线周围清爽； 2.开启雷达电源,磁控管自动预热； 3.开启发射； 4.设置与核查雷达传感器数据,包括但不限于：全球卫星导航设备（GNSS）、航速航程测量装置（SDME）、艏向发送装置（THD）、船载自动识别终端（AIS）	1.检查天线周围是否有障碍物；雷达增益、雨雪抑制、海浪抑制控钮是否调至最小。 2.正确开机；一般雷达磁控管预热时间 3 min；雷达磁控管预热的目的是保护磁控管,延长使用寿命；预热完成后雷达处于待命状态,天线还未转动。 3.预热完成后正确开启发射；此时天线开始转动；电磁波开始从天线辐射。 4.全球卫星导航设备传感器信号接入正常；航速航程测量装置传感器信号接入正常；艏向发送装置传感器信号接入正常；船载自动识别终端（AIS）传感器信号接入正常
2	雷达控钮操作与图像调整	是	1.正确使用雷达控钮,包括但不限于：亮度、增益、调谐、海浪杂波抑制、雨雪杂波抑制和同频干扰抑制。 2.正确设置量程和显示方式（北向上、艏向上、航向向上）。 3.正确设置运动模式（真运动、相对运动）。 4.能够使用偏心显示	1.调整亮度（跟驾驶台背景亮度有关）；调增益 GAIN（噪声斑点若隐若现）,调调谐 TUNE,目前很多采用自动调谐（回波清晰饱满）；结合海况、天气调整海浪、雨雪抑制（去干扰保小物标）；同频干扰抑制（当两台同频段雷达的船舶相互驶近时,出现散乱光点或径向射线或螺旋状射线,可以使用此功能）。 2.量程调节跟本船周围通航密度成反比关系,一般进出港、狭水道 3 n mile 及以下,沿岸航行 3 ~ 6 n mile,放洋航行 12 n mile 及以上；北向上（N-UP）稳定显示模式,适合雷达定位,一般用于进出港、狭水道,缺点是当航向在 180° 左右时观察不直观,容易搞混左右舷；艏向上

续表

序号	评估要素	关键要素	评价标准	标准解读
2	雷达控钮操作与图像调整	是	1.正确使用雷达控钮,包括但不限于:亮度、增益、调谐、海浪杂波抑制、雨雪杂波抑制和同频干扰抑制。 2.正确设置量程和显示方式(北向上、艏向上、航向向上)。 3.正确设置运动模式(真运动、相对运动)。 4.能够使用偏心显示	(HEAD-UP)适合导航避让,分清左右舷,缺点是不稳定显示模式,定位误差 较大;航向向上(COURSE-UP)稳定显示模式,结合北向上和艏向上两种优点,缺点是频繁转向时需要频繁设置新航向向上。 3.TM 真运动是所有物标都按实际的航向航速运动,分对地真运动(小岛、灯塔等固定物标不动)和对水真运动(随波逐流的漂浮物标不动);RM 相对运动是本船保持不动,其他物标相对本船运动(跟本船同向同速物标不动)。 4.偏心显示一般往本船船尾方向偏,为了在同一量程下扩大前方视野,提早发现来船,做好避让准备且图像大小不变

二、评估练习题

使用雷达模拟器或雷达真机评估。某船在某海港准备开航,雷达处于关机或待机状态;评估员在每位考生评估前,事先将雷达增益、调谐和杂波抑制等调至最小位置。

考生根据评估员要求完成以下操作:

(1)开启雷达,检查及设置各传感器;

(2)调整功能控钮使雷达目标回波清晰饱满,并根据评估员要求设置量程和显示方式。

第二章

雷达定位

评估规范要点概述：要求 500 总吨及以上船舶二/三副,能完成选择合适的雷达物标和定位方法、物标测量、在海图上绘画船位线等三项内容。针对选择合适的雷达物标和定位方法,要求如下:正确识别可供雷达定位的物标,包括但不限于:孤立小岛、岩石、岬角、突堤、灯塔和雷康等显著物标;选择合适的雷达定位方法,应考虑的因素包括但不限于:尽可能选择多、近距离且位置线夹角合适的物标。雷达测量精度,针对物标测量,要求如下:掌握物标距离和方位的测量方法,包括但不限于:活动距离标识(VRM)、电子方位线(EBL)或光标;掌握减少雷达测量误差的方法。针对在海图上绘画船位线,要求如下:能够在海图上画出规范的船位线;雷达船位误差在合理的范围。未满 500 总吨船舶二/三副不做要求。

第一节　物标识别与测量

雷达定位是指船舶驾驶员根据雷达测得的物标距离和方位数据,通过海图作业,求取本船船位的过程。要使雷达定位准确,必须做到选择合适的定位物标,且其回波辨认无误;测量距离或方位使用的方法正确;测量距离或方位数据准确;速度快捷且海图作业正确。

一、回波识别和物标辨认

天线波束宽度会造成回波横向肥大,脉冲宽度又会造成回波外缘扩张,遮蔽效应可能使岸线回波形状与海图不相符,再加上经常可能出现的各种假回波和干扰杂波等原因,使得雷达图像与实际海面状况或海图往往差别很大,因此,在雷达定位前,必须认真识别物标和辨认回波。

在辨认和观测回波之前,首先要根据海图等资料,仔细研究本船附近海面或岸上各种物标的特点,如高度、地形、地貌、视角及传播途径状况,并结合本雷达性能、当时的气象、海况等分析各种物标在屏上回波可能产生的各种变形,然后提出特征明显而不易混淆的物标(如孤立小岛、岬角、灯塔等)作为参考点,按其相对位置逐一加以辨认,并经再三核实后予以确认。

二、适合雷达定位的物标

（1）应尽量选用孤立小岛、岩石、岬角、突堤、孤立灯标等物标,其回波特性应是:图像稳定,亮而清晰,回波位置应能与海图精确对应。应避免使用那些回波可能产生严重变形或位置难以在海图上确定的物标,如平坦的岸线,斜缓的山坡,附近有高大建筑物的灯塔等。

（2）应尽量选用近而便于确认的可靠物标。

（3）多物标定位时应选用三条位置线交角接近 120° 的物标,或选用两条位置线的交角接近 90° 的物标。仅在只有一个可靠物标时,方可采用单物标的方位与距离定位。

三、准确测量物标距离和方位

（一）准确测距的要领

1.选择能显示被测量物标的合适量程,使物标回波显示于约 1/3～2/3 扫描线长度的附近;

2.正确调节显示器各控钮、使回波饱满清晰;

3.为应使活动距标圈内缘与回波前沿（内缘）相切;

4.测距的先后次序为:先正横,后艏艉（因艏艉向物标距离变化快）;

5.应经常检查活动距标的准确度。

（二）准确测方位的要领

1.选择合适量程。

2.选择近而可靠的物标,左右侧陡峭的物标或孤立物标。

3.各控钮应调节适当,否则将使图像变形而导致测量误差。

4.调准中心,减少中心偏差,正确读数,减少视差。

5.检查船首线是否在正确的位置上。应校核罗经复示器、主罗经及船首线所指航向值三者是否一致。

6.测点物标时,应使方位标尺线穿过回波中心;测横向岬角、突堤等物标时,应将方位标尺线切于回波边缘进行测读,再扣去或加上"角向肥大"部分。

7.测方位的先后次序:先艏艉,后正横（因正横方向物标的方位变化快）。

8.船摇摆时应视机测定,即把住舵,待船身回正时快测。当实在不可避免在船摇的情况下测方向时,则横摇时测正横方向物标;纵摇时测艏艉方向物标。不要测左右舷角为 45° 和 135° 或附近的物标方位。

第二节 雷达定位方法及作图

一、雷达定位方法

(一) 单物标方位、距离定位

利用雷达同时测定孤立、显著的单物标的方位和距离来确定船位的方法称为单物标方位、距离定位。这种定位方法简单、快速。正横距离方位即为此法常用的特例。若用陀螺罗经目测方位代替雷达方位，则可得较高的定位精度。

应用这种定位方法，首先应注意图像"角向肥大"失真的影响（对有一定横向长度的小岛）；其次要注意正确辨认，一旦认错物标，将会产生严重后果。

(二) 两个或两个以上物标方位定位

利用两条或两条以上方位线定位具有作图方便、迅速的特点，并可便于辨认物标，即可用此法辨清物标后，再用距离定位法，以求得准确船位。

采用这种定位方法时，在测物标回波边缘方位的过程中应注意改正因"角向肥大"引起的方位误差；除应遵循前述正确选择物标原则及正确测量方法外，还应尽量采用三物标方位定位，避免使用两物标方位定位。

一般来说，用雷达方位线定位的船位精度较差，但若用孤立小物标定位，仍可获得较高的定位精度。

(三) 两个或两个以上物标距离定位

当物标位置分散且回波特性又符合要求时，则可选择两个或两个以上物标距离定位。

由于雷达造成的物标回波失真在物标前缘的距离上最小，故应尽可能选择较陡的岸线和视角成直角的突出物标。

通常选用两个或三个物标进行距离定位，不要超过三个物标，否则会因测量时间间隔大而增加定位误差。

如果位置线合适，这种多物标距离定位的方法在所有雷达定位方法中精度最高。

(四) 多物标方位、距离混合定位

用多物标方位和距离混合定位的组合方法很多，如两物标方位加一物标距离，两物标距离加一物标方位等。

混合定位具有船位精度高和便于用来辨认和校核物标正确性等优点。

(五) 雷达定位的精度

由于雷达图像存在"角向肥大"、罗经引入的误差及受外界影响等原因，一般来说用测距

离定位较测方位定位好。

就位置线数目来说,三条位置线定位精度高于两条位置线定位精度;就物标远近来说,近距离高于远距离定位精度;就位置线交角来说,用两条位置线定位时,交角越接近 90°越好,用三条位置线定位时,接近越接近 120°越好;就物标回波特性来说,用孤立、点状及位置可靠的物标或迎面陡峭、回波边缘清晰、明显的物标定位为好。此外,定位精度还和测量方法、速度及作图技巧等有关。

若各种条件相同时,上述几种定位方法的精度高低的排序大致如下:

1.三物标距离定位;

2.两物标距离加一物标方位定位;

3.两物标距离定位;

4.两物标方位加一物标距离定位;

5.单物标距离方位定位;

6.三物标方位定位;

7.两物标方位定位。

二、雷达定位作图

(一)以单物标方位、距离定位作为示例作图

利用活动距标圈和电子方位线(或游标),在雷达上快速精准地测量物标的距离和方位,并记录测量最后一个数据的时间。

找到海图上最接近所测物标的罗经花,在海图上利用平行尺或两块三角板,平移到所测物标处,画出与所测方位相反的位置线。

利用分规或圆规在接近所测物标的海图纬度刻度上量取所测距离,在海图上,以所测物标为圆心,距离为半径,画圆弧并标记与位置线的交点,该交点即为本船所定位置。

在船位处用小三角形标示船位,并标注测量最后一个数据的时间。

(二)雷达定位误差

从雷达定位过程看,辨识可靠目标、选择定位目标、确定定位方法、测量目标数据、在纸质海图上画出船位线、确定船位,整个过程目前只能依靠手动操作,加之雷达系统的局限性,雷达定位的误差不可避免。

与 GNSS 定位比较,雷达定位的误差应不大于 0.2 n mile。

第三节　雷达定位评估要素及评价标准

一、评估要素及评价标准

表 2-3-1 为"雷达开机及准备"评估要素及评价标准。

表 2-3-1　"雷达开机及准备"评估要素及评价标准

序号	评估要素	关键要素	评价标准	标准解读
1	选择合适的雷达物标和定位方法	否	1.正确识别可供雷达定位的物标,包括但不限于:孤立小岛、岩石、岬角、突堤、灯塔和雷康等显著物标。 2.选择合适的雷达定位方法,应考虑的因素包括但不限于:尽可能选择多、近距离且位置线夹角合适的物标;雷达测量精度	1.应尽量选用孤立小岛、岩石、岬角、突堤、灯塔和雷康等显著物标; 2.应避免使用平坦的岸线,斜缓的山坡,附近有高大建筑物的灯塔等; 3.多物标定位时应选用符合位置线交角要求的物标(两物标交角 90°或三物标交角 120°最好),在只有一个可靠物标时,可采用单物标方位与距离定位; 4.应尽量选用近便于确认的可靠物标,而不用远、容易混淆的物标; 5.定位精度与物标特性、测量方法、速度、作图技巧等有关,测距精度高于测方位
2	物标测量	否	1.掌握物标距离和方位的测量方法,包括但不限于:活动距离标识圈(VRM)、电子方位线(EBL)或光标; 2.掌握减少雷达测量误差的方法	1.利用活动距离标识圈、电子方位线或光标测量方位或距离; 2.测距的操作要领:选择包含目标的小量程并将目标置于 1/2 至 2/3 半径处、用距标圈内切目标前沿、先测正横目标后测首尾目标、经常检查距标圈以保证测量准确; 3.测方位的操作要领:选择包含目标的小量程、确定扫描中心是否在荧光屏中心、先测首尾目标,后测正横目标、选择突出点/点物标/直角边缘、经常检查显示效果、海况较差时尽可能防止测隔点方向的方位

续表

序号	评估要素	关键要素	评价标准	标准解读
3	在海图上绘画船位线	是	1.能够在海图上画出规范的船位线； 2.雷达船位误差在合理的范围	1.海图作业迅速,时间控制在 2 min 左右,标注规范准确。 2.与 GPS 船位比较,定位误差控制在 0.2 n mile以内。 3.平行尺或三角板平推迅速及平稳;圆规使用规范;考虑到纬度渐长率,距离量取准确

二、评估练习题

1.使用雷达模拟器或雷达真机评估。某船在某沿岸水域航行途中,雷达处于开机发射、图像最佳状态;评估员在每位考生评估前,事先准备合适的作图工具。

考生根据评估员要求完成以下操作:

(1)识别雷达回波,选取合适的物标,测量其方位和距离;

(2)在海图上进行雷达定位(两目标方位)。

2.使用雷达模拟器或雷达真机评估。某船在某沿岸水域航行途中,雷达处于开机发射、图像最佳状态;评估员在每位考生评估前,事先准备合适的作图工具。

考生根据评估员要求完成以下操作:

(1)识别雷达回波,选取合适的物标,测量其方位和距离;

(2)在海图上进行雷达定位(三目标方位)。

3.使用雷达模拟器或雷达真机评估。某船在某沿岸水域航行途中,雷达处于开机发射、图像最佳状态;评估员在每位考生评估前,事先准备合适的作图工具。

考生根据评估员要求完成以下操作:

(1)识别雷达回波,选取合适的物标,测量其方位和距离;

(2)在海图上进行雷达定位(两目标距离)。

4.使用雷达模拟器或雷达真机评估。某船在某沿岸水域航行途中,雷达处于开机发射、图像最佳状态;评估员在每位考生评估前,事先准备合适的作图工具。

考生根据评估员要求完成以下操作:

(1)识别雷达回波,选取合适的物标,测量其方位和距离;

(2)在海图上进行雷达定位(三目标距离)。

5.使用雷达模拟器或雷达真机评估。某船在某沿岸水域航行途中,雷达处于开机发射、图像最佳状态;评估员在每位考生评估前,事先准备合适的作图工具。

考生根据评估员要求完成以下操作:

(1)识别雷达回波,选取合适的物标,测量其方位和距离;

(2)在海图上进行雷达定位(单目标距离方位)。

第三章

雷达导航

评估规范要点概述：要求 500 总吨及以上船舶二/三副，能完成平行线导航和避险线避险两项内容。针对平行线导航，要求如下：能够在雷达为北向上对地真运动显示模式下正确设置平行线和距离标识圈导航；能够正确判断船舶是否偏航。针对避险线避险，要求如下：能够在雷达为北向上对地真运动显示模式下正确设置距离避险线或方位避险线避险；正确使用避险线判断本船是否存在航行危险。未满 500 总吨船舶二/三副不做要求。

第一节　平行线导航方法

平行线导航方法是一种基于雷达观测的船舶导航技术，通过在雷达屏幕上预设并保持船舶航行于与计划航线平行的"安全走廊"内，从而规避航行风险并确保航线精度。该方法要求航海人员首先根据航用海图或电子海图显示与信息系统（ECDIS）制定一条计划航线，随后在雷达屏幕上以该航线为基准，向两侧延伸设定两条等距的虚拟平行线，形成船舶航行安全通道。船舶在航行过程中需通过持续观测雷达回波，确保船位始终处于两线之间，该方法适用于能见度不良的狭窄水道或复杂航道，既能弥补单纯依赖 GPS 定位的局限性（如信号丢失或误差），又可以减少因海流、风压导致的船位漂移影响，直观性强、操作灵活，能通过实时雷达图像动态修正航线。平行线导航方法作为传统地文导航与现代电子导航的融合实践，是航海雷达应用中的核心技能之一。

一、船舶导航的定义与目的

船舶导航是综合运用地理、天文、船舶导航设备，确定船舶实时位置，规划最优航线，规避航行风险，引导船舶安全高效地航行的导航。其核心是通过多维信息的融合与动态分析，实现对船舶运动状态的精确控制。船舶导航不仅涉及船位计算，还包含对航行环境（如海流、潮汐、气象）、船舶性能（如吃水、航速）以及法规约束（如避碰规则、航道限制）的综合管理。船舶导航大致可以分为以依赖地文标志（如灯塔、岛屿）、天文观测（如星体高度角）和纸质海图，通过罗经、六分仪等工具进行人工推算定位和航迹修正的传统导航和以电子设备为主导,结合船舶电子定位系统(GPS/北斗)、雷达、ECDIS、船舶自动识别系统(AIS)等,实现实时数据采集、自动航线规划与动态避让的现代导航两大类型。

船舶导航的目的是通过精准定位、风险规避和航线优化,确保船舶安全、高效完成航行任务。通过实时确定船舶位置,动态规划并调整航线以避开浅滩、暗礁、他船等静态与动态航行风险,同时综合考虑航线经济性、环境因素和法规要求。同时,船舶导航还需满足应急响应能力、绿色节能减排、自动化决策等现代航海需求,以提升航运效率与可持续性。

二、常用船舶导航方法

在狭水道航行时,受限于水道宽度狭窄、通航环境复杂等因素,常规定位方法在精度和时效性上均难以满足安全需求。针对上述局限性,狭水道内除天然地标外,通常还在航行水域中布设浮标、导标、叠标等人工导航标志,通过提供连续、直观的目测导航系统,实现船舶连续定位与航向修正,满足船舶在狭水道中高精度、实时性导航需求。目前航海中常用的导航方法主要包括以下几种:

(一)浮标导航

在入海口及近岸水域,由于海岸地形平缓,缺乏显著参照物,通常需布设灯船、浮标等助航设施来标识航道走向,规避潜在风险,保障船舶进出港安全。浮标导航是一种按预设浮标顺序航行的导航方法。在浮标导航中,要加强瞭望,注意避让,严格遵守航行规则。能见度不良时,要充分考虑吃水、航道等条件,确保船舶航行安全。

(二)叠标导航

叠标导航是一种基于几何定位原理的精密导航方法,主要通过预设的两组或两组以上方位叠标,构成特定的空间排列关系,当船舶航行中观测到这些标志物在视野内形成预定相对位置(如垂直重叠或水平对齐)时,准确地引导船舶按照推荐航线安全航行,尤其适用于港口航道、狭窄水道等对航迹控制要求较高的水域。相比电子导航,叠标导航具有抗干扰性强、直观可靠的特点,是船舶重要助航手段之一。

(三)导标方位导航

当在预定的航线上没有合适的叠标可用时,可选取航线延长线上的显著物标(如山头、灯塔)作为导标实施导航。船舶航行时,只要使船保持对该导标的方位不变,即可安全航行在该导标所指示的计划航线上。

(四)雷达平行线导航

通常船舶在无合适的物标可供导航或在能见度不良、夜间航行、缺乏陆标参照的水域航行时,可借助雷达,利用航线两侧附近的物标进行平行线导航。雷达平行线导航法是一种基于雷达显像技术的航迹保持方法,通过在雷达屏幕上预设与计划航线平行的电子参考线,构建虚拟航迹带。航行中,驾驶员通过持续比对船舶回波与参考线的相对位置关系,实时判断航迹偏差,为船舶提供导航。

三、雷达平行线导航法的基本原理

雷达平行线导航法是一种基于雷达显像技术的高精度航迹保持方法,通过在雷达屏幕上设置参考线与船舶回波的动态比对,能使值班人员对船舶偏离计划航迹的情况做出即时响应,并持续判断船位处于"航线右侧""航线左侧"或"严格循迹"状态。其技术原理是固定物标的相对运动路径与船舶实际对地航迹呈精确反向关系。通过观测物标在雷达屏幕上的移动趋势,可直接反推船舶的真实运动状态,从而实现航迹偏差的实时检测与修正。

另一种比较简便的方法是使用浮动电子方位线(EBL),即将其偏移并定位在危险物或目标物上,与计划航向平行对齐。同时,可在目标物上设置一个固定半径的浮动活动距标圈(VRM),使计划航向与该范围圈相切。当船舶进入该范围圈内时,可以改变航向,从而与危险物保持安全距离。

采用雷达 NAVMARK 功能,自动跟踪静止物标并实时解算对地航迹向(COG)与航速(SOG),通过舵效调整使 COG 与计划航向重合,并维持物标最小接近距离(CPA)等于海图安全值,将定位精度提升至±0.05~0.1 n mile。相较普通雷达(精度±0.3~0.5 n mile,受视差效应影响显著),通过自动目标跟踪与航迹解算,在狭窄水道及低能见度条件下实现亚百米级航迹控制,有效降低人为操作误差。

(一)雷达平行线导航基本操作方法

利用雷达平行线导航时,应事先结合海图或电子画图,选取邻近计划航线(≤1 n mile)、反射特性显著、海图坐标精确的静态物标(如导航塔、孤立礁石)作为基准,结合雷达电子标尺实现航迹精准监控,有以下两种常见操作方法。

1.通过雷达平行线设置操作。在航海雷达的选项菜单中使用。该功能允许设定平行标线之间的固定间距,并可使船舶同时与两侧的两个固定物标保持安全距离。在选项菜单中选择"平行索引线"后,屏幕上会显示一组相互平行的浮动标线。标线的方向可通过电子方位线(EBL)标记设定,标线之间的间距则可通过活动距标圈(VRM)标记调节,如图3-1-1所示。

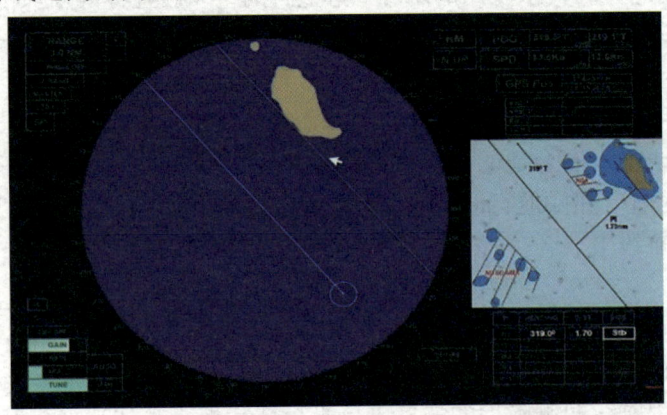

图 3-1-1　雷达平行线导航模拟示意图

2.利用 EBL 和 VRM 组合操作。首先将雷达切换至北向上相对运动模式,确保方位基准与海图一致;调整活动距标(VRM)至物标与航线的最小安全距离(取自海图量测),并设置与计划航线平行的电子方位线(EBL),平移其扫描中心至与 VRM 相切以形成动态导航基准线。航行中,通过监测物标回波沿 EBL 的移动趋势判断航迹状态:若回波严格沿 EBL 匀速移动,表明船舶精确保持航线;若回波偏离,则依据偏移方向(左/右)及速率(每 0.1 n mile 偏移对应 3°~5°舵角)实施舵效修正。长航程中需每 5~8 n mile 更新导航物标以避免误差累积,如图 3-1-2所示。

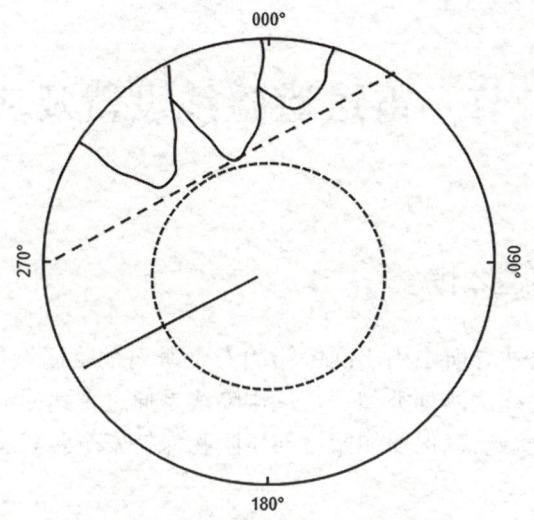

图 3-1-2　EBL、VRM 组合导航示意图

四、现代导航技术对平行线法的增强扩展

现代计算机技术通过数字化、自动化和多源数据融合,使平行线导航法从依赖人工经验的手动操作,升级为智能化、高精度的综合导航工具。这些扩展不仅提升了安全性,还降低了船员工作强度,更加符合国际海事组织(IMO)对航次计划监控的更高要求。现代导航技术对平行线导航法的增强扩展主要体现如下几个方面:

1.与卫星导航系统(GNSS)的集成。高精度定位辅助:现代卫星导航技术(GPS/北斗)提供实时、高精度的船舶定位数据,与平行线法结合后,可动态修正航线偏差。通过 GNSS 获取船舶经纬度,叠加到电子海图的平行线导航图层中,实现更精准的航线监控。多传感器数据融合:卫星导航与惯性导航系统(INS)的组合导航技术,可在雷达信号受限时,维持平行线法的可靠性,通过冗余数据减少定位误差。

2.电子海图系统与平行线法自动化应用。电子海图自动生成平行导航线:通过 ECDIS 可自动绘制平行避险线,取代传统的手工标绘。系统同时依据航线设计参数和障碍物位置,自动生成与航线平行的安全距离线,并实时显示船舶与安全线的相对位置。智能报警与纠偏:当船舶偏离平行线时,系统结合航速、风流压差等参数,自动计算纠偏航向,并通过声光报警提示驾驶员,减少人工判断的延迟。

3.雷达目标跟踪的增强应用。活动距标圈自动化调整:现代雷达可自动跟踪导航陆标,动态调整活动距标圈的半径,适应不同航段的避险需求,尤其在狭水道中可提升灵敏度。多目标

并行监控:通过多窗口雷达显示,可同时设置多条平行导航线(如转向线、避险线),并监控多个物标的实时位置,优化复杂航区的导航效率。

未来,随着人工智能技术发展应用,在智能导航系统中,利用摄像机捕捉岸线或导航标志的平行特征,实时计算船舶与航线的相对位置,扩展平行线法在视觉导航中的应用。增强现实(AR)叠加显示:将平行导航线叠加到驾驶台显示屏的实时视频中,根据实时海况和障碍物信息,动态调整平行线导航路径,辅助驾驶员直观判断船舶是否偏离预定航线。

第二节　雷达避险线设置及应用

一、雷达避险线的基本概念

雷达避险线是船舶雷达导航中用于确保船舶安全避离危险区域的一种技术方法,主要有距离避险线法和方位避险线法两种类型。雷达避险线是通过雷达回波监测参考物标与船舶的相对位置,从而控制航行轨迹,确保船舶始终与危险物保持安全距离,达到安全航行的目的。

二、常用避险线方法

(一)距离避险线法

为了使船舶在航行中离岸(或选定目标点)保持一定距离,确保航行安全,首先在海图上确定距离避险线。它由各危险点(包括浅滩、暗礁等)的安全距离圈的切线组成(切线如图3-2-1中虚线所示,图中的实线表示船舶的计划航线)。航行时必须使船舶始终保持在距离避险线的外侧。实际操作时,可用方位标尺线协助:将方位标尺指向航向,并用活动距标圈定出与避险线距离相对应的一根平行方位标尺线(避险方位标尺线),航行时随时保持使危险物标(上述各危险点)的回波处在上述避险方位标尺线的外侧即可。

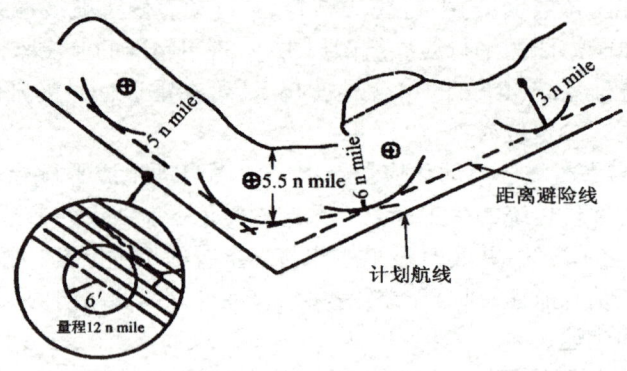

图 3-2-1　距离避险线法

雷达安全距离的选定,由驾驶员或船长根据当时当地的天气情况、能见度情况、流向、流速、船舶类型及密度等情况、本船操纵性能、值班驾驶员的技术状态等决定。

(二) 方位避险线法

当船舶的航向和岸线或多个危险物连线的方向近于平行时,为了安全地避离航线附近的危险物标,可用方位避险线来表明危险物标的所在方位。方法是在海图上求得物标的危险方位,在显示器上将方位标尺置于该危险方位(真方位)上。航行中应将物标回波始终放在方位避险线外侧,船首线始终放在方位避险线的安全一侧。船首线与方位避险线的间距可由活动距标指示,应随时核实船位,保证船位确实位于方位避险线的安全一侧,如图3-2-2所示。图中,计划航线左侧是危险的,右侧是安全的。

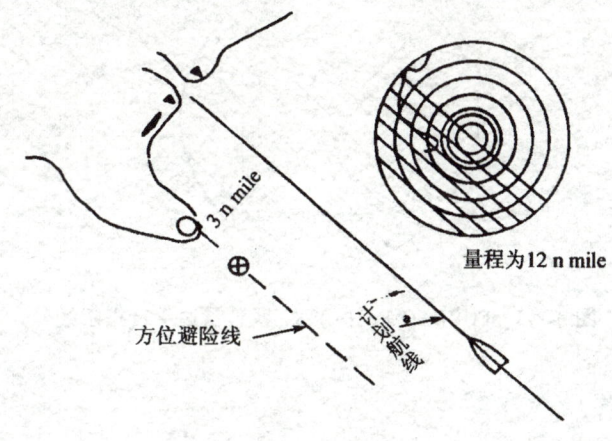

图 3-2-2　方位避险线法

三、利用雷达导航避险注意事项

利用雷达导航时应注意如下几点:

1.在进入导航区前,应在海图上仔细研究海区及本船计划航线情况,了解导航目标及危险物的位置及特点,找到主要参考目标、转向点位置及转向数据,还应了解当时的风流情况,确定避险安全距离。导航时,要仔细分析雷达图像与海图的差异,及时掌握航区中的船舶动态。

2.在狭水道中,由于陆标近、方位变化快,一般不能像在近海航行那样作图定位而只能根据雷达图像及当时情况即时导航。这就要求对图像的判读要准而快,并且准备工作要做得充分。

3.狭水道大多用浮标和岸标标志航道,因此要熟悉它们的特点,了解它们的探测距离,认真识别。如有怀疑,应立即设法用岸上可靠目标进行核查。

4.狭水道中,雷达荧光屏上易出现假回波和干扰回波,应注意识别。小船和浮标的回波也较难识别,应仔细辨认,不可混淆。

5.应充分利用雷达导航线、EBL 和 VRM 协助判断船位及避离危险物。

6.进入狭水道前要准备好雷达,将图像调至最佳状态,尤其要仔细核准各传感器信息。显示方式的选择要根据具体情况决定,一般来说,用真北向上对地稳定真运动显示方式为好。量程要根据航道情况、船舶密度及本船操纵性能等决定。

7.注意利用视觉瞭望手段,参考其他传感器信息(如 AIS、ECDIS 等),避免仅凭雷达信息做出草率的决策。

四、平行线导航功能基本操作

航行时启用平行指示线(Parallel Index Line),有助于保持本船与海岸线或其他船之间的恒定距离。FURUNO FAR-28X7 系列雷达平行指示线,可以控制指示线方向和线间隔,如图3-2-3所示。

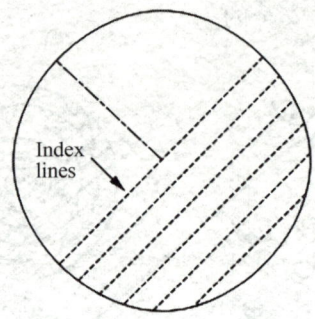

Index lines

图 3-2-3 FURUNO FAR-28X7 系列雷达平行指示线

(一) 显示、清除平行指示线

1.键盘操作

(1)菜单关闭时,按〔INDEX LINE〕(指示线)键。导视框显示"DISP INDEX LINE/"(显示指示线)。

(2)观察屏幕左边的 IL(指示线)方框的同时,按住〔INDEX LINE〕(指示线)键开启或关闭适用的指示线。再次按下该键显示(或清除)选择的指示线。雷达导视框显示如图3-2-4和图3-2-5 所示。

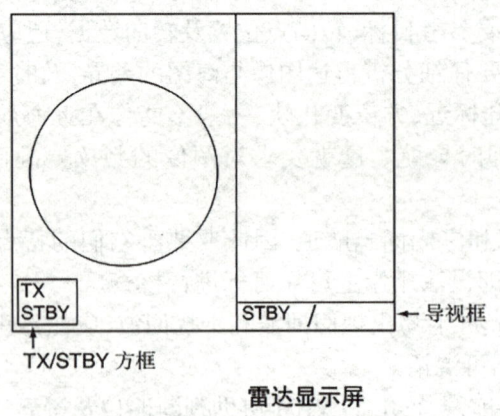

TX
STBY

STBY   /   ← 导视框

TX/STBY 方框

雷达显示屏

图 3-2-4 雷达导视框显示(一)

刻度线偏号 →　[IL 1]　ON　← 状态（ON或OFF）

刻度线方向，刻度线间隔[刻度线为OFF（关闭）时，两者均不出现。]　{ [032.0° T]　[5.60NM] }

IL（刻度线）方框

图 3-2-5　雷达导视框显示（二）

2.跟踪球操作

（1）转动跟踪球,将箭头置于屏幕左下角的 IL(指示线)方框内。

（2）转动滚轮选择指示线编号,并根据需要按左按钮或滚轮打开或关闭指示线。

（二）调整指示线方向和间隔

（1）显示希望调整方向的指示线。

（2）转动跟踪球,将箭头放置在位于 IL(指示线)方框正下方的指示线方向设置窗口。

（3）转动滚轮,调整指示线方向,调整范围为 000.0～359.9(°T)。输入一个负值,将指示线移至沿本船位置相反的方向。

（4）转动跟踪球,将光标放置在指示线间隔设置窗口内。

（5）转动滚轮,调整指示线间隔,如图3-2-6所示。

[IL 1]　ON

刻度线方向 →　[032.0° T]

刻度线间隔 →　[5.60NM]

图 3-2-6　平行指示线方向、间隔距离调整

（三）指示线方位参照

指示线的方位参照可以相对于本船的船首方向(相对)或者参照北(真),步骤如下：

（1）转动跟踪球选择位于屏幕右边的 MENU(菜单)方框,然后按左按钮。

（2）转动滚轮,选择 2 MARK(标记),然后按下滚轮或左按钮,显示 MARK(标记)菜单,如图3-2-7所示。

（3）转动滚轮,选择 4 INDEX LINE BEARING(指示线方位),然后按下滚轮或左按钮。

（4）根据需要,转动滚轮选择 TRUE(真)或 REL(相对),然后按下滚轮或左按钮。

（5）按两次右按钮关闭菜单。

（四）选择显示指示线的最大数量

指示线的最大显示数量可以是 2 条、3 条或 6 条,选择步骤如下。根据线之间的间隔,实际可见的线数量可能会更少。对于 W 规格的雷达,可以为两套指示线指定数量:菜单显示为 4 INDEX LINE1 和 5 INDEX LINE2。

（1）转动跟踪球选择位于屏幕右边的 MENU(菜单)方框,然后按左按钮。

（2）转动滚轮,选择 2 MARK(标记),然后按下滚轮或左按钮,显示 MARK(标记)菜单,如图3-2-7所示。

```
[MARK]

1  BACK
2  OWN SHIP MARK
   OFF/ON
3  STERN MARK
   OFF/ON
4  INDEX LINE BEARING*¹
   REL/TRUE
5  INDEX LINE*²
   1/2/3/6
6  INDEX LINE MODE*³
   VERTICAL/HORIZONTAL
7  [BARGE MARK]
8  EBL OFFSET BASE
   STAB GND/STAB HDG/
   STAB NORTH
9  [EBL, VRM, CURSOR SET]*⁴
0  RING
   OFF/ON
```

*¹ W-type shows INDEX LINE1. Same choices as INDEX LINE.
*² W-type shows INDEX LINE2. Same choices as INDEX LINE.
*³ Shown when INDEX LINE is set to other than "1".
   Not shown on IMO or A type.
*⁴ IMO and A types show
   9 EBL CURSOR BEARING (REL/TRUE)

图 3-2-7　MARK(标记)菜单

(3)转动滚轮,选择 5 INDEX LINE(指示线),然后按下滚轮或左按钮。

(4)根据需要,转动滚轮选择 1、2、3 或 6,然后按下滚轮或左按钮。

(5)按两次右按钮关闭菜单。

(五)指示线模式

指示线的方向可以是水平或垂直方向。当 MARK(标记)菜单中 5 INDEX LINE(指示线)的设置不是"1"时,此功能可以使用。

(1)转动跟踪球选择位于屏幕右边的 MENU(菜单)方框,然后按左按钮。

(2)转动滚轮,选择 2 MARK(标记),然后按下滚轮或左按钮,显示 MARK(标记)菜单。

(3)转动滚轮,选择 6 INDEX LINE MODE(指示线模式),然后按下滚轮或左按钮。

(4)根据需要,转动滚轮选择 VERTICAL(垂直)或 HORIZONTAL(水平),然后按下滚轮或左按钮。

(5)按两次右按钮关闭菜单。

第三节　雷达导航评估要素及评价标准

一、评估要素及评价标准

表 3-3-1 为"雷达导航"评估要素及评价标准。

表 3-3-1　"雷达导航"评估要素及评价标准

序号	评估要素	关键要素	评价标准	标准解读
1	平行线导航	否	能够在雷达为北向上对地真运动显示模式下： 1.正确设置平行线和距离标识圈导航； 2.正确判断船舶是否偏航	1.理解并知晓雷达平行线导航使用时机； 2.能够按照要求在合适的水域设置平行线导航，设置合理的危险距离表示圈； 3.根据船舶航行状态，判断船舶是否偏航，并能操纵船舶恢复到计划航线上
2	避险线避险	否	能够在雷达为北向上对地真运动显示模式下： 1.正确设置距离避险线或方位避险线避险； 2.正确使用避险线判断本船是否存在航行危险	1.理解并知晓方位,距离避险线的使用时机； 2.能根据特定水域选择并正确设置方位、距离避险线； 3.监控本船航行状态,判断本船是否处于航行危险中

二、评估练习题

1.使用雷达模拟器或雷达真机评估。雷达处于开机状态,雷达增益、调谐和杂波抑制等已调整到最佳状态。评估员在每位考生评估前,事先准备合适的作图工具。

考生根据评估员要求完成以下操作：

(1)设置雷达为北向上和真运动显示模式,使用平行线进行导航；

(2)选取合适的目标,设置方位避险线。

2.使用雷达模拟器或雷达真机评估。雷达处于开机状态,雷达增益、调谐和杂波抑制等已调整到最佳状态。评估员在每位考生评估前,事先准备合适的作图工具。

考生根据评估员要求完成以下操作：

(1)设置雷达为北向上和真运动显示模式,使用平行线进行导航；

(2)选取合适的目标,设置距离避险线。

第四章

雷达人工标绘

评估规范要点概述:要求 500 总吨及以上船舶二/三副,能完成求取目标船运动要素和采取避让措施两项内容。针对求取目标船运动要素,要求如下:使用标绘工具,观测并标绘目标船的相对运动线;正确标绘目标船相对运动矢量三角形,求取目标船的航向、航速、CPA 及 TC-PA。针对采取避让措施,要求如下:正确判断碰撞危险及会遇局面;能够根据避碰规则拟定避让措施;能够求取恢复原航向和航速的时机。未满 500 总吨船舶二/三副不做要求。

第一节 雷达标绘基础

一、雷达标绘的常用术语与基础知识

(一) 船舶运动要素、会遇参数种类及描述

船舶运动要素是描述船舶在水面上运动状态的关键参数,主要包括船舶的航向(Course)和航速(Speed)。

船舶会遇参数主要包括:

最近会遇距离(Distance of Closest Point of Approach,DCPA),是判断两船是否构成碰撞危险的重要参数。在雷达标绘中,DCPA 用海里(n mile)表示。

到达最近会遇点的时间(Time to Closest Point of Approach,TCPA),反映了两船碰撞危险的大小及其紧迫程度。TCPA 通常用某个时刻来表示,如 1016。

距离、方位、他船航向、他船速度、DCPA、TCPA 通常称作船舶运动六要素。

(二) 船舶运动矢量概念

在雷达标绘中,通常用运动矢量来表示船舶在平面运动中的状态。运动矢量的方向表示船舶的航向,运动矢量的长度表示单位时间内船舶的航程,即航速。因此,对于船舶的航向和

速度,矢量的大小就是船舶速度的大小,矢量的方向就是船舶的航向。

船舶运动矢量示意图如图 4-1-1 所示:

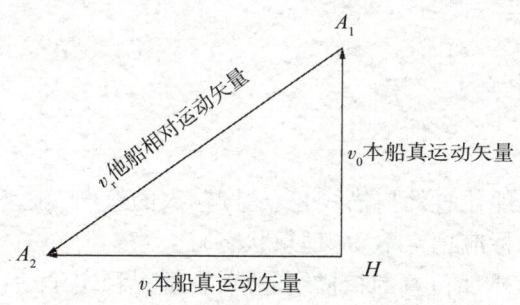

图 4-1-1　船舶运动矢量图示意图

图 4-1-1 中,v_t 表示他船的真运动矢量、v_r 表示他船的相对运动矢量、v_0 表示本船的真运动矢量。

(三)船舶真运动、相对运动

通常对于船舶的运动从船舶操纵来说,主要是指船舶相对于大地(水面)的运动状态,船舶的航向、航速也是相较于大地(水面)来说的。但是在船舶的避碰过程中,船舶驾驶员更加关注的是本船与他船之间的相对运动关系,这时采用以本船运动为坐标系来研究他船的运动状态就更为直观、方便,从而判断他船与本船是否存在碰撞风险。

在雷达标绘中,我们把船舶相对于与大地(水面)的运动定义为船舶的真运动;把船舶相对于另一个运动的船舶的运动定义为船舶的相对运动。船舶的真运动与船舶的相对运动的关系如(4-1)式所示:

$$v_t = v_r + v_0 \qquad\qquad (4\text{-}1)$$

式中:v_t——他船的真运动矢量。

v_r——他船的相对运动矢量。

v_0——本船的真运动矢量。

v_t、v_r、v_0 关系图如图 4-1-2 所示。

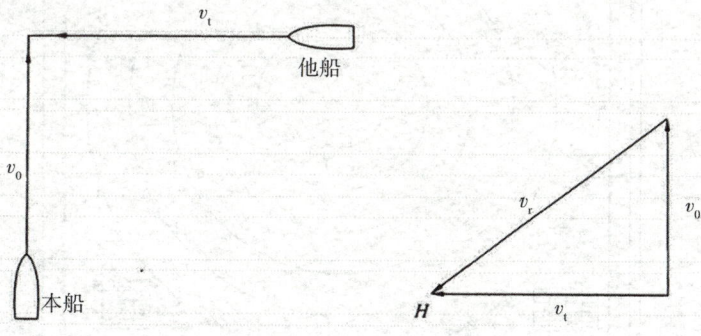

图 4-1-2　v_t、v_r、v_0 关系图

二、雷达标绘作图方式与标绘工具

(一)雷达标绘作图方式

1.雷达的运动模式

真运动(TM),代表本船位置的扫描线起点,按输入的航向、航速移动;其他运动目标按各自航向、航速移动;固定目标应稳定不动(理想状态)。

相对运动(RM),代表本船位置的扫描线起点,在屏上稳定不动;其他目标相对本船运动;固定目标应以本船的速度反方向移动。

2.作图方式

雷达作图方式根据显示模式不同可分为真运动显示与相对运动显示两种基本类型。在相对运动显示模式下,可分为北向上(North-up)和首向上(Head-up)两种显示方式。其中,在相对运动北向上显示模式下雷达回波直接显示物标的真实方位坐标,无须进行真方位与相对方位的转换计算,有效简化了作图计算步骤。鉴于操作便捷性及数据直观性,本书将重点阐述相对运动北向上作图法的原理与应用。

(二)雷达标绘工具

在雷达标绘的过程中,主要使用铅笔在专用图纸(舰操绘算纸)或使用专用的标绘笔在雷达显示屏上的反射标绘器上作图,借助于航海三角尺、分规等辅助工具来完成。本书仅介绍使用雷达标绘纸作图。雷达标绘纸是一种标有方位与距离标志、距离比例刻度的专用于绘算目标船的运动参数和求取避让方案的专用纸张,如图4-1-3所示。

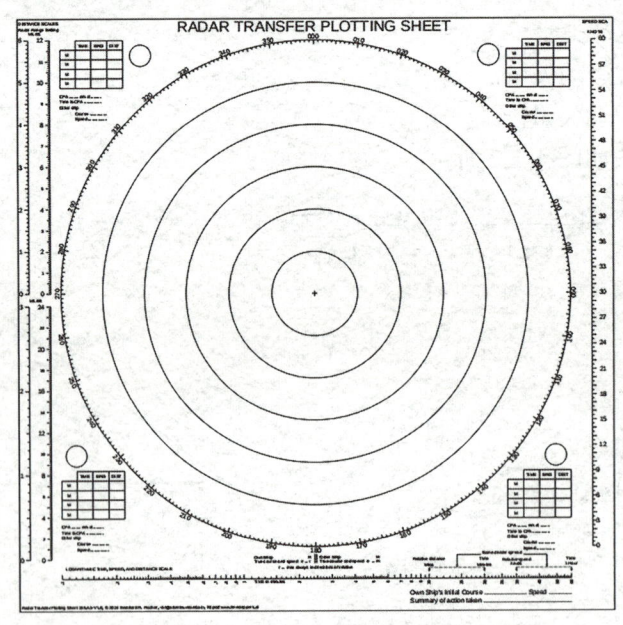

图 4-1-3　雷达标绘舰操绘算纸

（三）雷达标绘舰操绘算纸

对于各种雷达标绘纸，虽然大小、格式与内容有所不同，但都具有清晰的方位（线）与距离（圈）的标志，并附有距离的比例尺。雷达标绘纸的方位刻度的数据一般取整 $10°$，并清楚地标出每一度。其距离（圈）标记范围一般为 $0\sim15$ n mile，其中，每 1 n mile 用虚线、每 5 n mile 用实线加以标出。从中心发出的方位线上，每两个点之间的距离为 0.1 n mile，每两个点之间的角度为 $1°$，如出现小数，则目测予以估计。有些雷达标绘纸除上述基本内容外，为了时间与距离之间的换算方便，还附有相应的时间与距离的"对数比例尺"。还有些雷达标绘纸上有用于填写观测物标的时间及其方位、距离的表格。

对数比例尺：在时间与距离、速度之间换算，时间单位为 min，距离单位为 n mile。如果已知他船 10 min 移动了 2.4 n mile，则移动 4 n mile 需要多长时间为 20 min 能够移动多少海里，他船的船速是多少？可用分规将左脚置于 2.4 处，右脚置于 10 处，保持分规的宽度不变，整体向左/右移动，使左脚置于 4 处，右脚处所对应的读数就是移动 4 n mile 所需的时间；继续使分规整体向左/右移动，使右脚置于 20 处，左脚所对应的读数就是他船 20 min 移动的距离；使右脚置于 60 处，左脚所对应的读数就是他船的速度。对数比例尺见图 4-1-4 所示。

图 4-1-4　对数比例尺

在航海实践中，只要严格遵循标准操作流程进行雷达标绘作业，基于专业雷达图纸绘制的船舶运动分析结果，完全能够满足国际海事组织（IMO）对船舶避碰决策的精度要求。

第二节　相对运动作图

本书作图范例均采用相对运动北向上作图，通过雷达观测，本船航向 TC，航速 v_0，在三个不同时刻（间隔相等，T_1、T_2、T_3）分别测得他船（目标）的真方位（TB_1、TB_2、TB_3）和距离（D_1、D_2、D_3）。雷达观测回波数据如表 4-2-1 所示：

表 4-2-1　雷达观测回波数据

本船航向 $TC=030°$，航速 $v_0=12$ kn		
观测时间	雷达回波真方位	距离
$T_1=0100$	$TB_1=060°$	$D_1=10'$
$T_2=0106$	$TB_2=055°$	$D_2=9'$
$T_3=0112$	$TB_3=050°$	$D_3=8'$

一、求他船的 DCPA 和 TCPA

如图 4-2-1 所示,作图方法如下:

1.作出本船航向,本船起始点为 O,TC 为本船航向;

2.根据资料(方位、距离)在标绘纸上标示出三个点;

3.三点连线,并适当延长所得 AC 的方向,即为他船相对本船的运动方向,AC 的长度,即为观测时间(12 min)内他船相对于本船运动的距离,经换算可得他船相对于本船的运动速度,$VR = AC/(T_3 - T_1)$;

4.从代表本船位置的 O 点作 OP,则 OP 的长度即为本船和他船相对运动的 DCPA;

5.量取 CP 的长度,根据他船相对于本船的运动速度换算得到他船回波从 C 点运动到 P 点所需的时间,即 TCPA。TCPA = CP/VR。

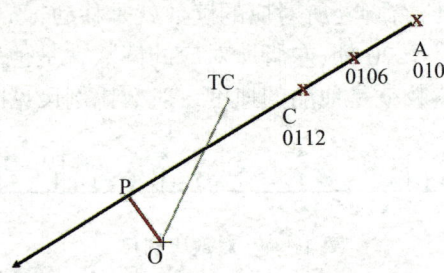

图 4-2-1　作图求他船的 DCPA 和 TCPA

二、求他船航向航速

如图 4-2-2 所示,作图方法如下:

1.过 A 点作本船航向线的反航向线,并截取本船在观测时间(12 min)内的相应航程,得一点,记为 B 点;

2.连接 B、C 点,则 BC 就是他船的真矢量,BC 的方向就是他船的真航向,BC 的长度就是他船在观测时间内的航程,计算后可以得出他船航速。

作图口诀:自始反航向终连。

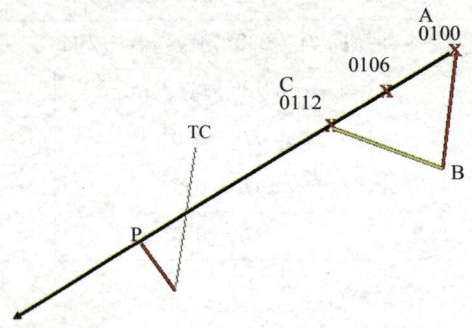

图 4-2-2　作图求他船航向航速

三、分析会遇态势，采取避让措施

（一）会遇态势分析

会遇态势分析通常需包括以下内容:他船驶过本船船首还是船尾;以 2 n mile 作为安全会遇距离,根据 DCPA 分析他船与本船有无碰撞危险;根据 TCPA 分析会遇局面的紧迫程度。根据 DCPA 和 TCPA,结合回波的舷角、回波的距离综合分析碰撞危险的大小。

（二）采取避让措施

通过标绘作图,如图 4-2-2 所示,如果本船与他船继续保速保向航行(即双方保持相对运动状态不变),所得 DCPA <2 n mile,即判断存在碰撞危险,那么本船可以采取措施进行避让。一般可按照以下几种情况进行分析(雷达观测回波数据如表 4-2-1 所示):

1. 本船预定点保速转向

如图 4-2-3 所示如双方都保速保向(即本船航向航速矢量 BA 不变,他船航向航速矢量 BC 不变),则他船将相对本船一直沿 AC 运动,则最近会遇距离为 OP,因为 OP 小于安全距离 OD,所以必须采取措施进行避让。

本船于 0112(C 点)采取措施,使他船相对本船沿 CD 运动,则最近距离刚好为 OD,达到安全会遇距离;因此,本船采取保速(矢量 BA 的长度不变),改向(矢量 BA 的方向可变)的措施,则相对运动矢量三角形由原来的 △ABC 变为新的 △A′BC,那么他船相对本船运动的方向为 A′C。

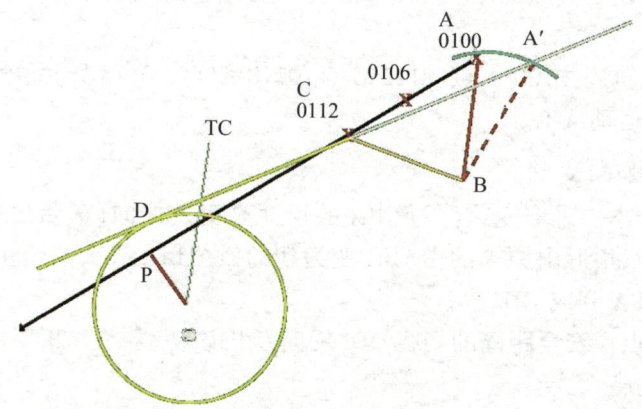

图 4-2-3　在预定点保速改向作图

作图方法:过 C 点作安全距离的切线 CD,反向延长该切线,以 B 点为圆心,BA 为半径作一圆弧延长线于一点记作 A′,则 BA′是本船保速改向时的新矢量,其方向就是本船的新航向。

他船回波的运动轨迹:0100 A 点;0112 C 点;0112 以后由 C 点沿 A′C 运动,速度为 12 min 内运动 A′C。

2. 本船在预计时刻转向

如图 4-2-4 所示,本船若于 0118(C′点)采取措施,使他船相对于本船沿 C′D 运动,则最近距离刚好为 OD。

0112-0118，本船和他船均没有采取措施，即相对运动三角形△ABC 不变，相对运动的方向和速度均不变，由 12 min 内（0100-0112）他船相对于本船运动距离为 AC，可推出 6 min 后（0112-0118），他船相对于本船运动的距离为 CC′，即可确定 C′点（0118）的位置。

0118 以后，本船采取了保速（矢量的 BA 长度不变）改向（矢量 BA 的方向变为 BA′）的措施，则相对运动矢量三角形由原来的△ABC 变为新的△A″BC，那么他船相对本船运动的方向为 A″C，速度为 12 min 内运动 A″C。

则 0118 以后，他船回波由 C′点开始沿 A″C 的方向向 C′D 运动，则 DCPA 变为 OD。

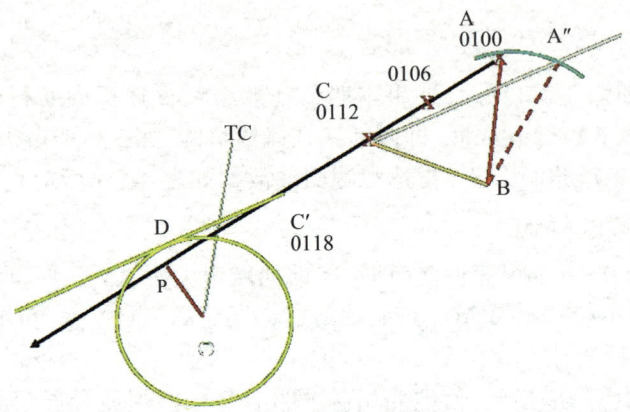

如图 4-2-4　在预计时刻转向作图

作图方法：过 C′点作安全距离的切线 C′D，过 C 点作 C′D 平行线 CA″，以 B 点为圆心，BA 为半径作一圆弧延长线于一点记作 A″，则 BA″是本船保速改向时的新矢量，其方向就是本船的新航向。

他船回波的运动轨迹：0100 A 点；0112 C 点；0118 C′点；0118 以后由 C′点开始沿 A″C 运动，速度为 12 min 内运动 A″C。

3.本船预定点保向变速

如图 4-2-5 所示，本船采取变速（矢量 BA 的长度改变），保向（矢量 BA 的方向不变）的措施，则相对运动矢量三角形由原来的△ABC 变为新的△A′BC，那么他船相对本船运动的方向为 A′C，即为 CD，DCPA 变成 OD。

作图方法：过 C 点作安全距离的切线 CD，反向延长该切线，交 AB 于 A′点，则 BA′则是本船保向变速时的新航速。

他船回波的运动轨迹：0100 A 点；0112 C 点；0112 以后由 C 点沿 A′C 运动，速度为 12 min 运动 A′C。

4.本船在预计时刻保向变速

如图 4-2-6 所示，本船采取了保向（矢量 BA 的方向不变）改速（矢量 BA 的长度可变）的措施，则相对运动矢量三角形由原来的△ABC 变为新的△A′BC，那么他船相对我船运动的方向为 A′C，速度为 12 min 内运动 A′C；

则 0118 以后，他船回波由 C′点开始沿 A′C 的方向沿 C′D 运动，则 DCPA 变为 OD。

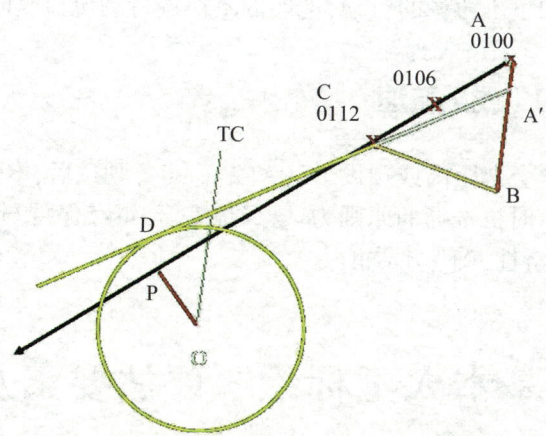

如图 4-2-5　本船预定点保向变速作图

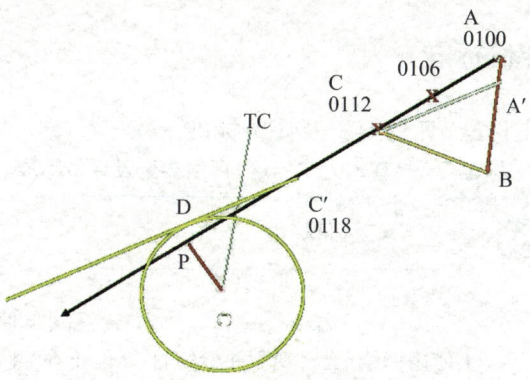

图 4-2-6　本船在预计时刻保向变速作图

作图方法:过 C′点作安全距离的切线 C′D,过 C 点作 C′D 平行线 CA″则 BA′则是本船保向 0118 时刻变速时的新航速。

第三节　避碰效果分析

一、检查避让行动的有效性

本船采取避让行动后,应核查避让行动的有效性。从雷达标绘的角度出发,核查避让行动有效性的主要方法是密切注视他船的回波,分析其回波的移动方向与预定的新相对运动线是否保持一致或基本一致,同时要考虑到本船行动有一定的时间过程或外界其他条件的影响,进而判断行动后的实际 DCPA 是否与预期效果相同。若发现本船行动后的新相对运动线与预定方向一致,但 DCPA 有所减小,则可能是因为本船的实际行动过程与理想状态存在差异;若发现新相对运动线与预定方向明显不一致,则应立即核查本船的新航向和(或)新航速是否准确,否则,应认为他船采取了不协调的行动,他船的不协调行动包括改向、变速度等。

二、恢复原航向和（或）航速

当本船与他船以安全会遇距离或预设 DCPA(2 n mile)驶过后,本船恢复原航向和(或)航速的时机应合理选择。该时机选择的原则为:既保证安全,继续保持与来船以 2 n mile 最近距离驶过,又保证行动的经济性,确保不绕航。

第四节　"基本人工标绘"评估要素及评价标准

一、评估要素及评价标准

表 4-4-1 为"基本人工标绘"评估要素及评价标准。

表 4-4-1　"基本人工标绘"评估要素及评价标准

序号	评估要素	关键要素	评价标准	标准解读
1	求取目标船运动要素	否	1.使用标绘工具,观测并标绘目标船的相对运动线; 2.正确标绘目标船相对运动矢量三角形,求取目标船的航向、航速、CPA 及 TCPA	1.熟悉并知晓雷达标绘船舶运动六要素; 2.能正确知晓标绘舰操绘算纸的内容,能正确使用标绘舰操绘算纸; 3.会正确调整雷达各项参数; 4.能熟练使用雷达观测目标,读取数据; 5.能熟练根据雷达观测数据在舰操绘算纸进行正确的标绘作业
2	采取避让措施	否	1.正确判断碰撞危险及会遇局面; 2.能够根据避碰规则拟定避让措施; 3.能够求取恢复原航向和航速的时机	1.能通过雷达观测正确判断观测目标类型(运动、静止),能正确分析本船和他船之间的会遇态势; 2.根据人工标绘作图结果,结合雷达观测,判断目标是否对本船造成紧迫或危险局面; 3.根据人工标绘作业结果和避碰规则在图中做出合理避让措施; 4.结合避让措施,能够在标绘图中正确标出恢复航向或航速的时机

二、评估练习题

1.使用雷达模拟器或雷达真机评估。雷达处于开机状态,雷达增益、调谐和杂波抑制等已调整到最佳状态。评估员在每位考生评估前,事先准备合适的作图工具。

考生根据评估员要求完成以下操作:

(1)作图求取目标船的航向、航速、CPA 及 TCPA;

(2)判断目标船是否有碰撞危险;

(3)要求目标船在 2 n mile 处通过,视时机采取变速或变向措施,求新航速或航向;

(4)作图求取恢复原航向、航速的时机。

第五章

雷达避碰

评估规范要点概述:要求 500 总吨及以上船舶二/三副,能完成目标跟踪设置、目标捕获、目标跟踪、使用 AIS 协助雷达避碰、判断碰撞危险及会遇局面、试操船操作等六项内容。针对目标跟踪设置,要求如下:正确设置量程、显示方式和航速来源;正确设置 CPA 和 TCPA 安全界限。针对目标捕获,要求如下:掌握手动捕获的方法;掌握自动捕获的方法。针对目标跟踪,要求如下:掌握目标跟踪精度及稳定跟踪条件;能够获取目标的跟踪数据;了解目标丢失和目标交换可能的原因及应对措施。针对使用 AIS 协助雷达避碰,要求如下:开启并设置雷达的 AIS 目标显示功能;能够识别各类 AIS 目标,并读取 AIS 目标相关信息;正确设置 AIS 目标与雷达跟踪目标关联。针对判断碰撞危险及会遇局面,要求掌握判断目标碰撞危险及会遇局面的方法(包括以下一种或多种方法):(1)使用 CPA 和 TCPA 判断;(2)使用方位和距离变化判断;(3)使用真矢量和相对矢量判断。针对试操船操作,要求能够完成以下其中一项试操船:(1)根据避碰规则、航行环境及本船操纵性能进行航向和(或)航速试操;(2)使用试操船延迟功能确定恢复原航向和(或)航速的时机;要求理解试操船功能的局限性。未满 500 总吨船舶二/三副不做要求。

第一节　雷达目标跟踪基本原理

雷达在船舶上的应用是航海仪器发展史上的里程碑。与视觉瞭望相比,驾驶员通过雷达观测能够远距离及早发现弱小目标,精确测量目标相对本船的距离和方位,确定船位,引导船舶航行。随着航运的发展,海上船舶密度和单船吨位不断增加,航行避碰成为驾驶员值班非常重要的职责之一。通过雷达观测,驾驶员能够得到目标的实时位置。在一段时间内通过对雷达目标的连续观测,并记录下目标的运动过程,即雷达目标跟踪或目标标绘,则可以得到目标船的航向、航速、CPA、TCPA 等数据。这些数据有助于驾驶员判断会遇局面和碰撞危险,做出正确避碰决策,采取恰当避碰行动。

在早期的雷达设备上,目标的跟踪过程由驾驶员通过人工标绘完成。雷达目标人工标绘需要驾驶员在雷达屏幕上密切观测目标的动态,定时连续记录目标的位置,通过作图获得目标运动和避碰参数,才能准确判断出目标船与本船的会遇局面和碰撞危险。技艺精湛的雷达操作者,标绘一个目标通常需要 4~7 min,在这个过程中要求驾驶员高度集中精力,而且本船和目标船都必须保速保向航行。如果任何一方有机动行动,就需要等待航向、航速稳定后才能够重新开始标绘。在多船会遇的复杂情况下,优秀的驾驶员最多也只能够同时标绘 2~3 个目标。随着航运的发展,在很多航行环境下,人工标绘已经不再能满足船舶避碰的需要。

随着现代信息处理技术在雷达视频处理中的广泛应用,20 世纪 60 年代末出现了自动标绘/跟踪目标的雷达辅助设备即自动雷达标绘仪(ARPA)。ARPA 能够通过驾驶员人工或在驾驶员设定的条件下自动捕获目标,并开始自动跟踪目标,获得目标与本船之间的航行避碰数据。到 20 世纪 90 年代,随着大规模集成电路和计算机信息处理技术的进一步发展,ARPA 已经从独立的辅助设备发展为雷达视频信息处理的一个不可或缺的重要功能模块。进入 21 世纪,以卫星导航为基础的信息技术已经广泛应用于航海技术领域,实现了雷达技术与航海信息综合处理技术的快速融合与发展。2004 年 12 月,IMO MSC.192(79)船舶导航雷达性能标准建议案将该组织以往分别颁布的关于雷达和 ARPA 的两个性能标准合而为一,ARPA 已经不再作为一个单独的设备出现,这个名词也未在标准中提及,取而代之使用了"目标跟踪(Target Tracking,TT)",雷达目标跟踪装置及其功能已经成为船舶导航雷达的标准配置和功能。同时该标准规定,雷达设备必须连接电子定位系统(EPFS)以及 AIS 传感器,为驾驶员提供地理位置信息以及目标识别和避碰参考信息,辅助雷达实现导航以及避碰功能。

一、雷达目标跟踪装置构成

目标跟踪功能最初是 ARPA 设备具有的功能,目前独立的 ARPA 设备已经淘汰。进入 21 世纪以来,雷达的目标跟踪功能是在信息处理与显示系统中实现的。为了理解目标跟踪装置的基本原理,我们将信息处理与显示系统以图 5-1-1 所示的结构表示。从目标跟踪的角度看,信息处理与显示系统包括主控制器、I/O 接口及视频处理器、跟踪器、信息处理器和综合信息显示与操作控制终端,雷达传感器、陀螺罗经或 THD、SDME、EPFS、AIS、ECDIS 等各种航海仪器是该系统的传感器。

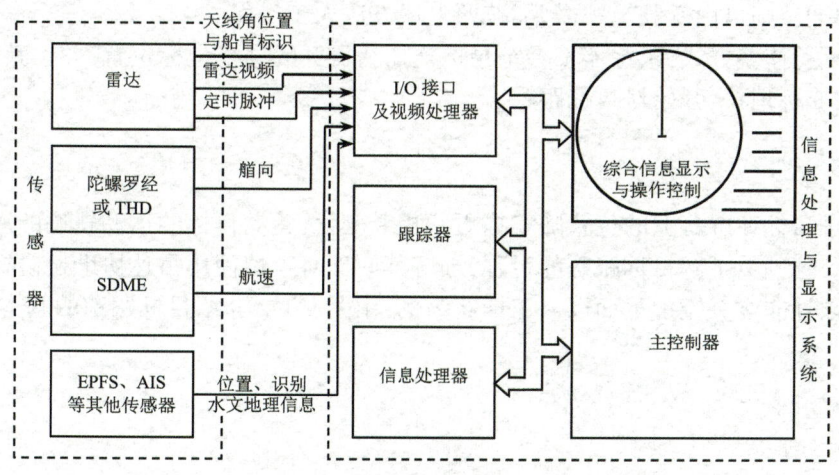

图 5-1-1　目标跟踪装置原理框图

二、雷达目标跟踪基本原理

雷达跟据目标在屏幕上位置的变化,建立目标运动轨迹,获取目标运动参数的跟踪器运算过程,称为目标跟踪。为了实现目标跟踪功能,雷达首先需要检测到目标的存在,启动对目标的初始跟踪,称为目标捕获(亦称录取)。当初始跟踪达到一定精度时,即可获得目标的运动趋势,这个过程通常在 1 min 之内完成。在随后大约 2 min 时间内,雷达对被捕获目标进一步跟踪,达到较高的跟踪精度时,获得目标的预测运动,为驾驶员的避碰决策提供参考,进入稳定跟踪状态。

(一) 目标检测

在噪声和杂波背景中发现目标的过程,称为目标检测。当天线每一次扫掠过海面时,噪声和杂波随机地出现在屏幕上,而目标回波即便微弱,其在屏幕上显示的位置通常也会相对稳定。驾驶员操作雷达时,通过对屏幕图像的观察分析,可以判断目标的存在。跟踪器采用自动检测方法发现目标,最简单的方法是设定一个阈值电压,如果回波信号幅值大于该电压,就认为是目标予以保留,相反则认为是噪声或杂波不予记录。

(二) 目标捕获

目标捕获是跟踪器记录目标的初始位置,启动对目标位置在屏幕上相继变化的检测和跟踪,从而建立目标初始运动轨迹(获得目标运动趋势)之前的雷达工作过程。目标捕获分为人工捕获和自动捕获,小于 10 000 总吨的船舶配备的雷达可不具有自动捕获目标的功能。

人工捕获时,驾驶员使用光标操纵设备(如轨迹球)移动屏幕光标将其覆盖在需要关注的目标上,如图 5-1-2 窗口 1 所示的位置,并按下捕获按键发出捕获指令。自动捕获是由驾驶员在雷达屏幕上设定一个或多个闭合的捕获范围,并设定捕获条件.当处于或进入该范围的目标触发了所设定的条件时,目标即可由设备自动捕获。驾驶员也可以根据当时的航行需要,将这个捕获范围和捕获条件设置为警戒范围和警戒条件。此时满足该条件的目标将触发设备报警,是否需要捕获则可由驾驶员视需要,按照上述方法人工操作。

无论是哪种捕获方式,跟踪器都会记录下被捕获目标的屏幕坐标位置,并以其前沿位置为中心,标记捕获标识符,开始对目标跟踪。

(三) 目标跟踪

雷达记录目标在屏幕上的位置随扫描更新相继变化,建立目标的运动轨迹的运算过程,称为目标跟踪。驾驶员了解目标跟踪的过程,理解其原理对审慎使用雷达协助避碰行动,了解目标跟踪的局限性非常关键。下面以人工捕获为例,用图 5-1-2 介绍目标跟踪的基本过程。

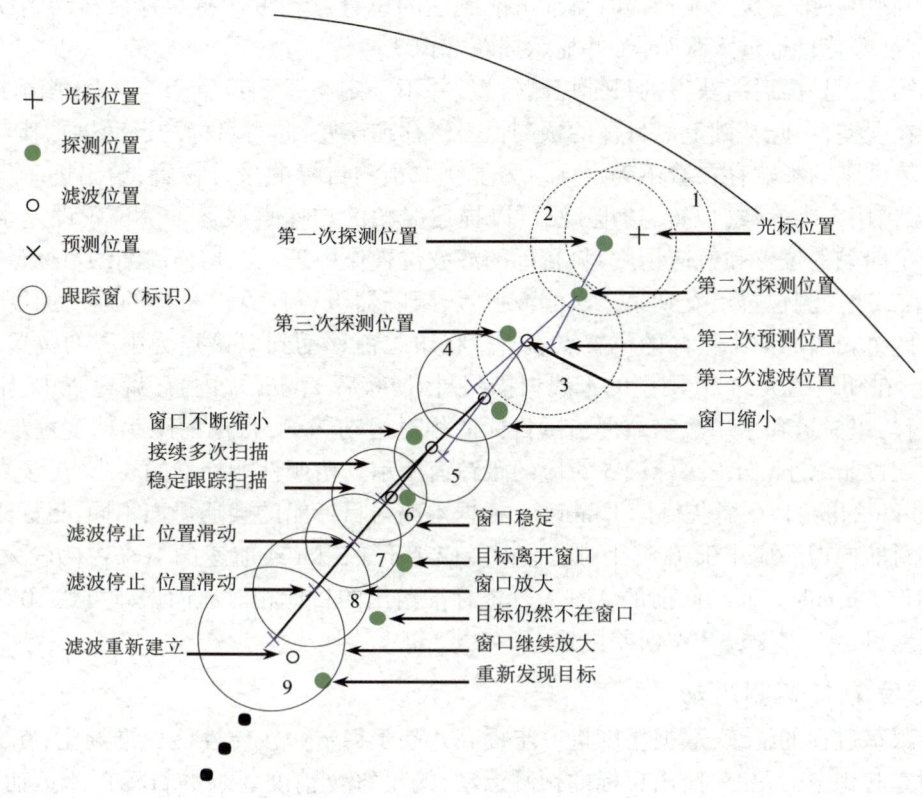

图 5-1-2　雷达目标跟踪原理

1. 跟踪标识符与跟踪窗

根据新颁布的航行信息显示标准,雷达初始跟踪和稳定跟踪时应采用相应的标识符如图 5-1-2 窗口 2 和窗口 6 所示的圆形标识。在捕获状态下,人工捕获标识符为直径 5 mm 的细划线圆;自动捕获标识符为直径 5 mm 闪烁的红色粗划线圆,直到驾驶员确认后停止闪烁。在跟踪状态下,跟踪标识符为直径 3 mm 的粗实线圆(或也可以为直径不大于 2 mm 的实心圆);危险目标为直径 5 mm 闪烁的红色圆,直到驾驶员确认后停止闪烁。

2. 建立目标相对运动趋势

当驾驶员发现需要关注的目标时,操作光标覆盖目标并按下捕获键,则跟踪器以光标位置为中心生成捕获窗,记录下目标的捕获位置,在窗口范围内搜索目标回波,同时在屏幕显示捕获标识 1。由于人为操作可能存在误差,对目标的运动参数也一无所知,因此捕获窗应在合理范围内足够大。

雷达捕获目标后的第一次扫描,会把跟踪窗内发现的回波当作所要跟踪的目标,并将回波的前沿位置记录为目标坐标点,跟踪窗移动到以该点为中心的位置,显示捕获标识 2。此时仍然不知道目标的运动参数,远未达到稳定跟踪的条件,因此跟踪窗仍保持足够大。

第二次扫描后,雷达会获取到目标的第二个位置数据。由于雷达天线的扫描周期通常为 3 s 左右,考虑到船舶的实际运动特性,可以将这个采样时间内船舶的运动近似地看作匀速直线运动。因此,根据目标相对本船的两个相继位置数据就可以计算出目标相对本船的航向和航速,并预测出在第三次天线扫描时目标可能到达的位置点。雷达将跟踪窗移动到以该点为中心的位置,等待目标进入跟踪窗,并显示捕获标识3。

雷达第三次扫描后所获得的目标探测位置,并不一定与预测位置重合。这是由于雷达探测目标存在误差,在此基础上对目标的预测也必然存在误差,同时目标的运动也受其自身控制特性和环境因素的影响存在着不确定性。为了获取预测目标的最佳位置,给出进一步的预测运动,考虑到用二维参数(位置、速度)便可以描述船舶的匀速直线运动。位置误差也即位置噪声影响了船舶的位置和航速精度,将目标的滤波位置作为第三次扫描周期的目标最佳位置。于是,从第二次探测位置出发到第三次滤波位置,跟踪器可以计算出目标的运动速度,并可以预测出第四个扫描周期中目标的位置点。雷达将跟踪窗移动到以该点为中心的位置,显示跟踪标识4。在随后的大约20圈内的天线扫描(目标捕获后1 min之内)跟踪过程中,跟踪器重复这个过程,以矢量和字母数字数据指示目标的相对运动趋势,目标的跟踪精度逐步提高,跟踪窗也随之逐步缩小,如跟踪标识5对应的跟踪窗所示。按照性能标准的要求,对于真航速最快到达30 kn的船舶,在捕获目标1 min内,根据本船与目标船的会遇局面不同,目标跟踪给出目标的相对航向误差应小于11°,相对航速误差应小于1.5 kn或航速的10%中的较大者,CPA误差应小于1 n mile。而在此前的ARPA性能标准给出的目标相对航向误差可达10°~15°,相对航速误差可达1~3 kn,CPA误差可达1.6~2 n mile。

3. 建立目标预测运动

随着跟踪过程的继续,数据精度进一步提高并趋于稳定。按照性能标准规定,在3 min后对目标建立起稳定的跟踪,给出目标的预测运动,输出符合精度要求的目标预测运动数据,相对航向误差在3°之内,相对航速误差为0.8 kn或航速的1%中的较大者,CPA误差在0.3 n mile左右,TCPA误差不超过0.5 min,真航向误差在5°之内,真航速误差为0.5 kn或航速的1%中的较大者。而此前的ARPA性能标准要求,根据目标与本船会遇局面不同,目标的相对航向误差在3°左右,相对航速误差在1 kn之内,CPA误差在0.5 n mile左右,TCPA误差不超过1 min,真航向误差在5°左右,真航速误差在1 kn左右。这个过程表现为跟踪窗逐渐缩小直至保持稳定,如跟踪标识6对应的跟踪窗所示。

在实际使用中,达到稳定跟踪所需的时间还与气象海况以及船舶机动情况有关。在气象海况恶劣或水域狭窄船舶频繁改向时,花费的时间要长些,数据误差偏大,比较接近标准的要求。在平静的大洋定向航行时,所需的时间就比较短,数据精度较高。实测表明,在较好海况下航行的船舶,大多数主流型号雷达可以在10圈左右的天线扫描周期内获得目标的运动趋势,在30~40圈的天线扫描周期内给出目标的预测运动。

4. 目标丢失

由于本船或目标船大幅度机动,或受其他干扰因素,目标回波可能出现跟踪标识7对应的跟踪窗所示的情况。此时跟踪器不能在跟踪检测区域内获得目标的探测位置,滤波无法按照上述原则继续,于是跟踪窗按照上次滤波结果直线外推,并扩大搜索范围,如跟踪标识8对应的跟踪窗所示。这种情况可以继续下去,跟踪窗也不断地合理的范围内扩大搜索范围。直到在某次天线扫描中,跟踪窗搜索到了目标,上述滤波过程可以重新恢复,如跟踪标识9对应的跟踪窗所示。按照性能标准规定,在连续10次天线扫描中,只要有5次能够在显示器上清楚识别出目标,目标跟踪就应能够继续。如果违反了这个原则,雷达就会判定目标丢失,给出目标丢失报警。

5. 目标交换

在目标跟踪过程中,如果存在两个非常接近的目标,在某次天线扫描时,它们的回波落在了同一个跟踪窗内,雷达就很容易产生错误判断,将已跟踪的目标放弃,错误地跟踪另一个目标,这种错误跟踪的现象称为目标交换。在目标交换发生的时候,如果跟踪器不能识别这个过程,就会给航行安全带来潜在的危险。驾驶员应该深刻理解目标交换的危害,不能因为雷达能够对目标自动跟踪,就忽视雷达观测,忽视对目标跟踪过程的监视。当被跟踪目标接近障碍物或其他目标,以及被跟踪的目标互相接近时,驾驶员有责任注意到发生目标交换现象的可能性,应审慎地保持雷达瞭望。

(四)危险判断

在目标跟踪过程中,跟踪器不断将跟踪目标的 CPA/TCPA 值与驾驶员设定的安全界限 CPA LIM/TCPA LIM 比较,对小于安全界限的目标给出危险报警。

(五)试操船

试操船是雷达的一个图形模拟功能,当本船在避碰行动或导航中需要机动(改向或改速或舵向、航速同时改变)航行时,对于雷达所有已跟踪目标和至少激活 AIS 目标,试操船可以在图形显示区域模拟本船机动操作的未来局面,辅助驾驶员做出保障船舶航行安全的有效避碰决策。

(六)目标跟踪流程

图 5-1-3 所示为雷达目标跟踪流程。未跟踪目标经人工或自动捕获之后开始建立跟踪,被跟踪目标可能因目标丢失而发出丢失报警,或被驾驶员判断其为不再需要跟踪的目标而删除;丢失的目标需经驾驶员确认才能消除报警,被删除的目标通常也需要驾驶员确认操作;当雷达判断被跟踪目标为危险目标时,需经驾驶员确认后发出报警;被确认的危险目标可能因目标丢失而发生丢失报警,或由于采取避碰措施而解除危险。

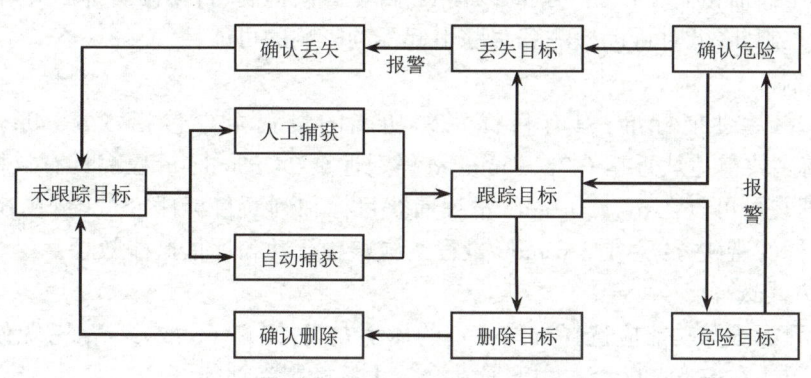

图 5-1-3　雷达目标跟踪流程

第二节　雷达目标跟踪功能及使用

一、目标跟踪初始设置

雷达目标跟踪的过程是跟踪器对相关传感器信息综合处理、连续计算、预测和更新目标航迹和最佳运动数据的过程。为了得到满足安全避碰的目标航行数据,需要首先进行目标跟踪初始设置,包括传感器设置和安全界限设置。

(一) 传感器设置

保证雷达跟踪器正常工作的基本传感器包括雷达、陀螺罗经或艏向发送装置(THD)、船舶航速和航程测量设备(SDME,如计程仪)。

1. 雷达

雷达传感器是跟踪器的关键信息源,它给跟踪器提供了定时信号、回波视频信息、天线角位置和船首标识信息。雷达传感器故障将直接造成跟踪器不工作,并有相应报警指示;雷达传感器信息误差将导致跟踪器输出目标信息误差,从而带来直接或潜在的航行危险;雷达传感器设置和操作不当,将可能导致跟踪器无法正常实现跟踪功能,以及可能出现目标检测困难、捕获杂波、目标丢失、目标数据误差等问题,严重影响跟踪器正常工作。雷达传感器设置包括以下内容:

(1)图像调整

使用目标跟踪功能之前,应综合运用增益、人工/自动调谐、脉冲宽度选择、人工杂波(海浪、雨雪)抑制等控钮,将雷达图像调整到最佳状态,保持回波图像稳定清晰。一般情况下应谨慎设置和使用扫描相关、回波平均、回波扩展、自动海浪抑制、自动雨雪抑制等对雷达图像无法自如调控的控制,降低对目标检测和跟踪引起不利影响的可能性。

(2)量程选择

按照 IMO 雷达性能标准,具有目标跟踪功能的量程至少包括 3 n mile、6 n mile 和 12 n mile,目前多数雷达从近至 0.75 n mile 量程到远至 24 n mile 量程都具有目标跟踪功能。通常情况下,驾驶员可以在 6~12 n mile 量程捕获目标和判断目标碰撞危险;在 6 n mile 量程确定对危险目标的避碰方案;在 3 n mile 量程实施避碰行动和评估避碰效果。

(3)显示方式选择

使用雷达目标跟踪功能应选择方位稳定的显示方式,如 N-up 或 C-up,避免使用 H-up 显示方式。现代雷达在 H-up 显示方式下通常会禁止目标跟踪功能。

2. 艏向发送装置

确认雷达艏向复示器的读数应与本船首向发送装置的示数保持一致且随动正常。按照性能标准要求,在艏向信息失效后 1 min 内,雷达应自动切换至艏向上的不稳定模式,目标跟踪功能停止工作。

3. 船舶航速和航程测量设备

在避碰时,雷达应采用对水航速(STW),以获得对水稳定方式;在导航时,雷达应采用 SOG,以获得对地稳定方式。本船航速通常通过传感器取得,需要时人工输入。按照性能标准要求,为雷达系统提供航速的传感器应能够提供本船 STW 和 SOG。

为雷达提供 STW 的传感器通常为工作在"水层跟踪"模式的计程仪。在计程仪故障且船舶定速航行时可以人工输入船舶航速。

为雷达提供 SOG 的传感器可有多种选择,包括在适宜的水深条件下能够有效地工作在"海底跟踪"模式的计程仪(如多普勒计程仪或声相关计程仪等);还可以使用 EPFS 设备提供 SOG,目前较为常用的是 GPS 导航仪;以及可以设置合适的静止目标(如岛礁)作为雷达跟踪的航速参考目标。在以上传感器都无法提供 SOG 的情况下,还可以在计程仪 STW 的基础上人工输入风流压差获得 SOG,或人工输入本船 SOG(大小和方向)。

(二)安全界限设置

驾驶员通过在雷达上设置避碰安全界限 CPA LIM/TCPA LIM,目标跟踪功能能够自动将被跟踪目标的 CPA/TCPA 值与安全界限比较,对小于安全界限的目标发出危险报警。

安全界限设置过大,会导致虚警增加,给驾驶员带来不必要的负担;设置过小,安全系数降低甚至不能达到对碰撞危险预警的目的。安全界限的设置值与很多因素有关,包括本船吨位和操纵特性、驾驶团队船艺水平、航行水域开阔程度和船舶密度、气象海况等,甚至还要考虑航行水域中可能出现的最大吨位的目标船,因此安全界限的设置值不能一概而论。根据海上航行避碰经验,结合海上避碰规则,大洋航行时 CPA LIM 通常为 2 n mile 左右,TCPA LIM 通常不低于 18 min;近岸航行时,结合上述因素考虑安全界限,CPA LIM 可为 1~2 n mile,TCPA LIM 通常为 12 n min 以上;狭窄水域航行时,雷达避碰的局限性比较大,特别当 CPA LIM 设置小于 0.8 n mile 仍然无法满足航行要求时,雷达目标跟踪信息只能作为参考,驾驶员应考虑其他避碰手段。

二、目标捕获功能

目标捕获分为人工捕获和自动捕获,《SOLAS 公约》和最新雷达性能标准对不同吨位/船级船舶配置的雷达捕获目标最少数量做出了明确的规定,如表 5-2-1 所示。

表 5-2-1　雷达最少捕获跟踪目标数量

船舶大小	500 GT 以下	500 GT 至 10 000 GT 以下及 10 000 GT 以下高速船	所有 10 000 GT 及以上船舶
最少捕获雷达目标数	20	30	40

被捕获的目标由跟踪器记录其前沿屏幕坐标位置,并以该位置为中心,标记一个捕获标识,开始对目标实施跟踪,这时的捕获标识也就成为跟踪标识,伴随目标的运动,直到目标丢失或取消对目标的跟踪为止。

(一) 人工捕获

人工捕获功能是雷达必须具备的功能。驾驶员使用光标操纵设备(如轨迹球)移动屏幕光标(或捕获标识)覆盖在需要关注的目标上,并按下捕获按键发出捕获指令,此时光标在屏幕上的坐标数据就作为被捕获目标初始的位置数据被记录在跟踪器中,并以该位置为中心显示捕获标识"⬚"。如果在随后的捕获窗中检测到目标,捕获标识则以该目标前沿为中心移动,雷达开始目标跟踪。根据性能标准要求,雷达将在 1 min 之内给出目标的运动趋势。

人工捕获目标时,应遵循驾驶员最关注目标优先捕获,即在船舶互见时船首、右舷、近距离,以及在能见度不良时船首、右舷的原则。结合海上避碰规则、航海实践和雷达观测特点,"船首"基本上可理解为相对方位 330°~30°附近这一范围;"右舷"基本上可理解为相对方位 30°~150°附近这一范围,而在能见度不良时,左右舷(210°~330°附近和 30°~150°附近)的目标都应被同等关注;"近距离"基本上可理解为 8 n mile 以内的范围。船首、右舷、近距离三者无先后顺序,应当结合当时海面状况综合判断。在船舶密度较大的水域航行时,真尾迹功能可以辅助区分运动目标和静止目标,判别运动目标中的同向船、对遇船和交叉会遇船,利于判断目标捕获的优先度。

人工捕获具备如下特点:

(1)可按会遇局面和航行需要逐个捕获目标,目的明确,针对性强。

(2)可根据雷达观测经验,在复杂的回波环境中辨识和捕获目标,避免捕获杂波、假回波和不需要捕获的目标。

(3)如驾驶员疏忽视觉瞭望及雷达瞭望,可能遗漏相关目标,从而造成漏警。

(4)操作过程费时,随着会遇局面不断变化,对新出现的相关目标或丢失后需再次捕获的目标需要额外操作,增加驾驶员工作负担。

(二) 自动捕获

自动捕获是由驾驶员在雷达屏幕上设定某个闭合的捕获区,对闯入或处于该区域内的目标显示闪烁的红色捕获标识"⬚"发出报警,并被跟踪器自动捕获。驾驶员确认后或经过程序设定的一段时间后,捕获标识停止闪烁。自动捕获区也可以根据驾驶员的设置作为警戒区,对闯入或处于该区域内的目标只发出报警,驾驶员可根据情况人工捕获需要的目标,对不需要捕获的目标可以通过确认取消报警。

根据 IMO 雷达性能标准要求,所有 10 000 GT 及以上的船舶所配备的雷达必须具备自动捕获功能。自动捕获目标时,可使用警戒/捕获区和排除区协助完成。

1. 警戒/捕获区

警戒/捕获区设置如图 5-2-1 所示,当目标由区域外部闯入内部或处于区域内部时,目标便符合触发报警/捕获的条件。为了避免回波闪烁引起处于区域边缘目标的虚警,通常目标闯入区域边界一定深度(如 0.1 n mile)时才视为触发报警/捕获条件。警戒/捕获区可设置为多种图形区域,图 5-2-1(a)所示的警戒/捕获区为环形区,通常可以设置最多两个警戒/捕获区,每个警戒/捕获区的内边缘到本船的距离和警戒/捕获区的宽度都可根据需要调整,有些型号较陈旧的雷达的警戒/捕获区宽度是固定的。如果根据需要限定警戒/捕获区的范围,则可以将警戒/捕获区设置为图5-2-1(b)所示的环/扇形区。图5-2-1(c)所示为多边形(不规则)区,每个顶点的位置都可以根据需要方便地自由调整。

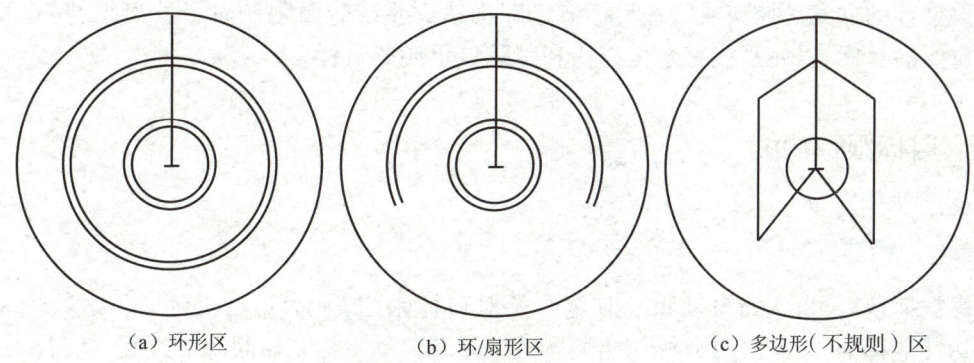

（a）环形区   （b）环/扇形区   （c）多边形（不规则）区

图5-2-1 警戒/捕获区设置

2. 排除区

排除区也称限制区,是驾驶员在雷达屏幕上设置的拒绝自动捕获目标的区域。设置排除区的目的是防止雷达捕获陆地、岛屿、杂波区域等不需要捕获跟踪的目标,以及限制雷达捕获近距离且没有实际跟踪意义的目标,可提高雷达自动捕获的目的性,合理利用雷达目标容量资源,增强重点目标屏幕显示信息的可读性。如果驾驶员认为在排除区内有需要跟踪的目标,则可以人工捕获。

3. 自动捕获设置

一般地说,距本船8～12 n mile范围可设置为雷达警戒区,在6 n mile左右设置目标捕获区,近于1.5 n mile的范围最好设置为排除区。此外还可以根据航行水域的情况,酌情复合利用圆环、扇区或多边形合理设置雷达警戒区和/或目标捕获区及排除区。

4. 使用自动捕获功能注意事项

自动捕获功能具有以下特点:

(1)捕获速度快,可满足多目标快速逼近复杂会遇局面中及时捕获目标的需要。

(2)能根据驾驶员自动捕获区和排除区的设置,按照优先方案捕获目标。

(3)如果捕获区设置不合理,容易过多地捕获没有跟踪意义的目标,浪费系统资源,分散驾驶员注意力。

(4)会误将干扰杂波、陆地或岛屿等当作有用目标捕获,造成虚警。

(5)可能因捕获区设置不合理,无法捕获相关目标。

(6)可能因杂波干扰或阴影扇形区域影响,漏失弱小目标,造成漏警。

(7)不可免除驾驶员雷达观测职责,必须与人工捕获配合使用,确保不漏失对相关目标的捕获和跟踪。

(三)捕获方案选择

人工捕获和自动捕获各有优缺点,驾驶员应根据航行需要综合考虑目标捕获方案。人工捕获适合各种海域和会遇局面,是辅助驾驶员判断会遇局面必须使用的功能。自动捕获是捕获目标的辅助手段,更适合在气象海况条件良好的大洋中使用,在回波复杂的环境,对目标的选择性要求较高,不适合自动捕获。但在任何会遇局面中,适当设置自动捕获区,并配合排除区是值得推荐的方案。捕获或跟踪目标数量即将达到系统容量限制时会发出报警,驾驶员应消除不重要的目标,以使系统有余量捕获和跟踪更重要的目标。

三、目标跟踪功能

(一)目标跟踪

目标被捕获后,雷达的自动跟踪装置开始对目标跟踪、显示并更新目标跟踪数据。按照 IMO 雷达性能标准,捕获是对目标初始位置的记录和启动目标初始跟踪的过程,从目标初始位置记录在跟踪器的时刻开始,性能标准要求雷达应在 1 min 之内指示目标的运动趋势,即建立目标的初始跟踪,通常是在雷达图像区域显示目标的矢量(标准只要求显示相对矢量)和 CPA。目标运动趋势数据精度较低,驾驶员可参考此数据初步判断碰撞危险,但不可仅凭此数据采取避碰行动。在 3 min 之内,雷达指示目标的预测运动,显示目标稳定跟踪信息,即可以根据驾驶员的需求,在雷达图像显示区域显示目标跟踪的图示数据和标识,如目标相对矢量、真矢量、过去位置、PAD(Predicted Area of Danger)、危险标识等,并在雷达数据显示区域显示目标跟踪数据,包括目标相对本船的距离/方位(或真方位)、目标 CPA/TCPA 和目标真航向/真航速,以及目标过船首距离 BCR(Bow Crossing Range)/过船首时间 BCT(Bow Crossing Time)和目标的地理经纬度等,用于协助驾驶员判断目标碰撞危险和采取避碰行动。表 5-2-2 列出了当雷达及相关传感器(如陀螺罗经、计程仪)的误差满足相应性能标准规定时,雷达跟踪真航速在 30 kn 以内的目标。性能标准对跟踪精度的要求,是对雷达目标跟踪性能的最低要求。

表 5-2-2　目标跟踪精度(95%概率)

稳定状态时间 (min)	相对航向 (°)	相对航速 (kn)	CPA (n mile)	TCPA (min)	真航向 (°)	真航速 (kn)
1 min 运动趋势	11	1.5 或 10% (取大者)	1.0	—	—	—
3 min 预测运动	3	0.8 或 1% (取大者)	0.3	0.5	5	0.5 或 1% (取大者)

当被跟踪目标发生机动航行时,雷达目标跟踪表现为不能够及时指示出目标船的机动变化,对目标机动的预报存在处理延时。当然,本船机动也会造成对所有目标跟踪数据产生处理延时,只是本船机动数据已经通过传感器输入给了雷达,对比目标机动而言,对数据的精度影响相对较小。因此可以认为,雷达目标跟踪功能通常适合于本船和目标船保速保向稳定航行的环境,而在高机动性的航行环境中,雷达目标跟踪数据的精度将受到较大的影响。如果再附加强杂波干扰或处于目标密集区,还容易导致目标丢失或目标交换。这就要求驾驶员在使用雷达做避碰决策时,首先应保持本船保速保向航行,并应使用视觉瞭望、尾迹显示或 AIS 报告信息等其他观测手段验证雷达目标跟踪数据的可靠性。

"机动"航行是指船舶首向或/和航速具有一定数量或幅度的改变过程,船舶存在加速度或转向速率的情形。这里可以借鉴以往的性能标准中给出的本船机动的参考数据:"在 1 min 之内航向有±45°的改变"。这里有两个数值得注意,即船舶转向动作持续的时间和船舶回转速率。由于雷达信息滤波处理会把短时间内船舶首向和/或航速的变化,尤其是无规律的变化,以及对船舶首向和/或航速的连续微小变化当作扰动因素滤除,因此在弯度不十分曲折的水道内船舶沿航道做一定程度的顺势转向航行,并不能看作机动航行;或者说在机动不显著的情况下,跟踪器会忽略船舶的机动。但同时也应注意到,船舶频繁小角度地变向航行,也必然会影响雷达目标的跟踪精度,影响目标跟踪数据的可靠性。

雷达对目标的跟踪范围与跟踪器特性有关,也与船舶在会遇局面中按照海上避碰规则实施有效机动措施的距离范围相关。处理延时降低了雷达对近距离快速逼近目标的跟踪精度,因此对于近在本船 1.5 n mile 之内的目标,才开始使用雷达捕获,以获得的跟踪数据实施避碰是不可靠的。从避碰的角度看,对远于 12 n mile 的目标船过早捕获或继续跟踪的意义并不大,因此性能标准要求,自动跟踪装置至少应在 3 n mile、6 n mile 和 12 n mile 量程上有效,跟踪距离应至少延伸至 12 n mile。

(二) 矢量

矢量(Vector)是源自目标位置(雷达目标跟踪位置或 AIS 报告位置)和本船 CCRP 位置,预测目标和本船未来一段时间(时间长度可由驾驶员选定)运动的线段。线段的方向指示目标未来的运动方向,线段的长度指示在选定的时间内目标未来的运动航程,如果选定单位时间作为矢量的长度,则矢量的长度就代表了目标未来的航速。矢量显示是雷达目标跟踪的重要功能,对目标的预测运动提供了直观的图示。借助矢量指示,驾驶员可以快速地从雷达图像显示区域获得目标的预测运动,判断目标碰撞危险,了解会遇局面,求取避碰措施,实施避碰行动。

雷达目标跟踪矢量显示方式可分为相对矢量(RV - Relative Vector)和真矢量(TV - True Vector)两种。相对矢量适合目标危险判断,真矢量适合在采取避碰行动时掌握会遇局面,做出避碰决策。

1. 相对矢量

(1)相对矢量含义

相对矢量的始端表示目标当前的雷达目标位置;矢量的方向表示目标相对本船的运动方向;矢量的长度表示在设定的矢量时间内目标相对本船运动的航程;矢量的末端表示在设定的矢量时间后(假定在该时间段内本船和目标未出现机动)目标相对于本船的位置。

(2)相对矢量特点

①相对矢量为目标相对于本船的运动矢量,可在延长后看作目标的相对运动线(R.M.L),如图 5-2-2(a)和(b)中目标 T_1 和 T_3 所示。

②在无风流影响水域中,固定目标相对矢量方向与本船罗经航向相反,大小与本船航速相等,如图 5-2-2(a)和(b)中目标 T_4 所示。当有风流影响时,固定目标的相对矢量方向与本船航迹向相反,大小与本船航迹速相等。

③本船无相对矢量显示,如图 5-2-2(a)和(b)所示。与本船同向、同速的运动目标也无相对矢量显示,如图 5-2-2(a)和(b)中目标 T_2 所示。

④从本船作目标相对矢量路径的垂线,垂线段为目标 CPA,目标从矢量的始端到航行至

CPA 的时间为 TCPA,如图 5-2-2(a)和(b)所示。

⑤相对矢量的显示与雷达图像的指向方式(H-up、N-up、C-up 等)和运动方式(TM、RM)无关,如图 5-2-2(a)和(b)所示。

(3)相对矢量应用

①根据相对矢量设定的时间以及矢量的长度,驾驶员可快速判断出目标逼近本船的速度。

②通过调整矢量时间,改变矢量长度,驾驶员可快速直观地从雷达显示器上估测目标的 CPA 和 TCPA,与设定的安全界限 CPA LIM 和 TCPA LIM 比较,评估本船与目标船的碰撞危险程度。

③使用相对矢量可快速判定本船与多个目标船是否有碰撞危险。具体使用时,以本船 CCRP 为圆心,以设定的安全界限 CPA LIM 为半径,在屏幕上设置 CPA LIM 圆,当目标的相对矢量或其延长线与 CPA LIM 圆相交时,表明目标与本船有碰撞危险,如图 5-2-2(a)和(b)中目标 T_3 所示;当目标的相对矢量或其延长线与 CPA LIM 圆相离时,表明目标与本船无碰撞危险,如图 5-2-2(a)和(b)中目标 T_1 所示。为方便观测,在使用中需要经常调节矢量的长度。

④在本船机动的情况下,相对矢量不能直观判断目标船的机动情况,因此不适合在避碰操纵环境下使用。

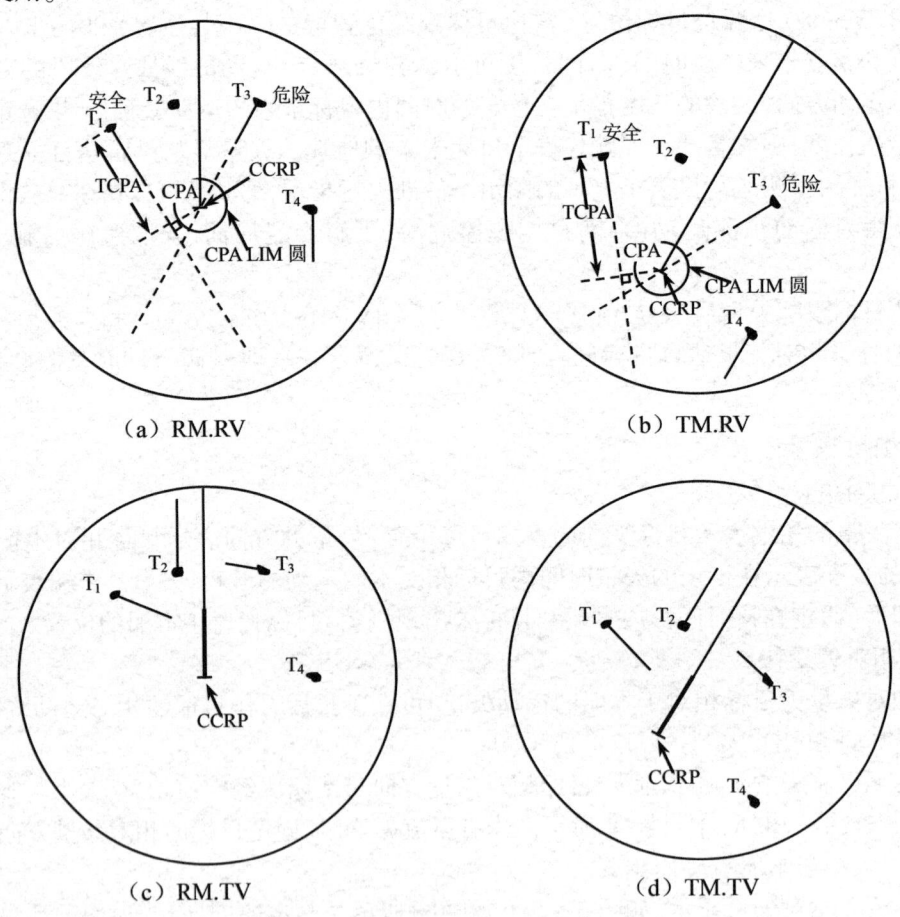

图 5-2-2　相对矢量与真矢量示意图

2. 真矢量

(1) 真矢量含义

本船和目标船都有真矢量。本船真矢量的始端为本船 CCRP 点,目标真矢量的始端表示目标当前的雷达目标位置;真矢量的方向表示本船或目标的真运动航向;矢量的长度表示在设定的矢量时间内目标真运动的航程;矢量的末端表示在设定的矢量时间后(假定在该时间段内本船或目标未出现机动)本船或目标真运动到达的位置。从人工标绘的角度讲,本船或目标的真矢量延长后实质上等同于本船或目标的真运动线(T.M.L)。

(2) 真矢量特点

①本船与运动目标均有真矢量,两个真矢量的长度比即为两者的航速比,如图 5-2-2(c) 和(d)中本船及目标 T_1、T_2、T_3 所示,其中目标 T_2 与本船同向同速。

②真矢量显示特点依赖于本船航速输入方式。当雷达输入 SOG 时,真矢量为对地真矢量,雷达图像适合于狭窄水域和近岸航行时兼顾导航;当雷达输入 STW 时,真矢量为对水真矢量,雷达图像适合于船舶避碰。当航行水域无风流时,本船 SOG 与 STW 相等,因此对地真矢量也与对水真矢量相等。根据海上避碰规则,会遇局势的判断应采用对水真矢量。根据 IEC 62388 雷达性能及测试标准要求,本船速度矢量可以指示雷达的稳定方式。

③真矢量的显示与雷达图像的指向方式(H-up、N-up、C-up 等)和运动方式(TM、RM)无关,如图 5-2-2(c) 和(d)所示。

(3) 真矢量应用

①在真矢量显示模式下,驾驶员可以直观地看出本船与目标船以及目标船与目标船间的会遇局面,明确船舶在会遇中的责任与义务,根据相互间的会遇局面做出符合当时航行环境及国际海上避碰规则的避让措施。如图 5-2-2(c) 和(d)所示,从图中可以看出本船与目标 T_1 成交叉局面,本船为直航船,目标 T_1 为让路船;本船与目标 T_2 同向同速,互不影响;本船与目标 T_3 成交叉会遇局面,本船为让路船,目标 T_3 为直航船;T_4 为固定目标,互不影响。

②使用真矢量判断是否存在碰撞危险时,可通过连续调整矢量时间,改变矢量长度,观察本船真矢量与目标真矢量的末端距离的变化,如果两末端距离的最小值小于 CPA LIM,则意味着本船与该目标有碰撞危险,矢量末端接近的海域为船舶可能碰撞区域。显然,真矢量判断碰撞危险不如相对矢量直观方便。仅就判断碰撞危险而言,意义不大,不建议驾驶员使用。但是在单船避碰操纵过程中,如果按照上述方法调整好矢量时间,运用真矢量实施操纵监控,对于随时了解目标船的动态,同时兼顾碰撞危险的判断十分有利。

③在追越航行环境中,通过连续调整矢量时间改变矢量长度可以直观地预测追越过程,判断追越结束的时间和海域,对弯曲航段和狭水道追越环境,尤其对即将进入禁止追越航段的船舶操纵具有参考意义。

④能见度恶劣环境的靠泊操纵,可以借助本船真矢量协助船舶操纵以最佳方案靠泊。

3. 矢量综合运用

从以上分析可以看出,相对矢量和真矢量显示是应用雷达判断碰撞危险和采取避碰行动的重要功能。在判断碰撞危险阶段应采用相对矢量;在制定避碰决策阶段应采用真矢量;在避碰方案实施阶段应根据需要随时切换真矢量与相对矢量,兼顾掌握会遇局面和危险判断。在单船会遇局面中,也可以通过调整矢量时间仅采用真矢量兼顾危险判断、避碰决策和避碰行动实施。

（三）过去位置

过去位置（Past Position）是用一系列等时间间隔的点标记雷达跟踪目标、AIS报告目标或本船过去时刻所对应的位置，能够很好地诠释目标或本船在过去一段时间内的位置及机动情况。过去位置可以是相对的或真的，过去位置总的时间以及时间间隔可以调整。根据雷达性能标准，在改变量程或雷达图像偏心和复位或在真过去位置和相对过去位置间切换时，过去位置应在两个天线扫描周期内予以显示。

1. 过去位置模式切换

真过去位置与相对过去位置模式的切换有两种方式。早期的雷达曾有设计使目标的过去位置模式与图像运动方式保持一致，即真运动方式时显示为真过去位置，相对运动方式时显示为相对过去位置。新的性能标准要求雷达的过去位置模式与矢量模式保持一致，即真矢量模式记录真过去位置，相对矢量模式记录相对过去位置。

2. 过去位置应用

（1）过去位置模式选择

在本船保速保向航行时，相对过去位置有助于判断目标相对本船的运动变化，简单判断目标过去一段时间内的机动情况。对水真过去位置有助于在避碰行动中了解目标机动航行情况，对地真过去位置有助于在导航中了解本船是否沿正确航道航行。

（2）在避碰行动中应用

既然过去位置是对目标过去一段时间内的等时间间隔的位置记录，因此避碰行动中使用对水真过去位置判断目标是否有过机动就十分方便。当目标对水真过去位置不在一条直线上时，表明目标有过航向机动；当目标对水真过去位置点间隔先密后疏或先疏后密时，表明目标有过加速或减速机动。如图5-2-3所示为对水真过去位置，从图中可以看出本船O保速右转（对水真过去位置点间隔相等且不在一条直线上），目标T_1保速保向（对水真过去位置点间隔相等且在一条直线上）；目标T_2加速保向（对水真过去位置点间隔先密后疏且在一条直线上）；目标T_3保速右转（对水真过去位置点间隔相等且不在一条直线上）；目标T_4为水上漂浮目标（无真矢量与真过去位置）。

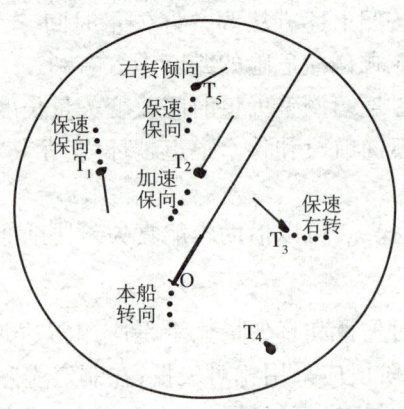

图5-2-3　TM/TV 过去位置显示

（3）检查雷达目标跟踪能力

在本船保速保向航行时，如果所有目标过去位置出现不规则或不稳定的显示情况，说明此时雷达目标跟踪环节有问题，雷达目标跟踪数据不可轻信，需要通过其他方法核查数据的准确性。过去位置功能还可以用来检测雷达自动跟踪设备应对机动航行时的目标跟踪性能，当本船或目标大幅度机动造成被跟踪目标丢失时的船舶机动参数即为雷达能够维持对目标正常跟踪的极限能力。此时过去位置的记录可以直观地指示出在船舶机动航行状态下雷达目标跟踪的极限能力。

（4）与矢量配合使用时注意事项

过去位置是雷达对目标过去一段时间内运动情况的平滑滤波记录（不代表目标的实测位置），不具有判断目标当前和未来运动状态的功能。矢量是在对目标跟踪的基础上，对目标未来最佳运动的预测，但受到处理延时的影响，矢量的指示通常与目标的实际运动存在一定的滞后。驾驶员在过去位置与矢量配合使用时，应注意目标过去机动状况、现在航行状态和未来运动趋势既保持相对独立，又具有紧密联系。在过去位置功能启动后的短暂时间内，显示的过去位置少于4个记录点时，驾驶员不应轻易依据不充足的图形信息对目标的机动状况下结论，也不应该因为矢量指示与过去位置不在一条直线上，就贸然断定目标正在改向。以图 5-2-3 中目标 T_3 为例，其过去位置说明目标实施了右转机动，但当前是否仍在机动状态或机动状态已经结束，无法仅凭此时的雷达目标跟踪信息贸然断定，需要再等待一段时间，继续观察随后的过去位置才能下结论。而对于目标 T_5，我们可以这样判断，在过去的时间内目标保速保向航行，而当前有转向的倾向，需要继续观察以确认是否转向。当然，这种情况还可以采用其他航海方法，如核实该目标 AIS 报告信息中的船舶回转速率，或使用该目标 AIS 报告信息中的艏向与航迹向对比，或使用 VHF 无线电话联系来证实等方法，确认目标当前的机动状态。

需要注意的是，过去位置不是一个完全独立显示的目标跟踪功能，必须与矢量共同显示。仅仅凭过去位置判断目标过去的运动状态，对航行安全并不具有实际意义，只有将过去位置、当前回波和矢量指示的信息综合考虑，才能全面地了解和解释目标的动态。

（四）预测危险区

预测危险区是指在目标保速保向、本船保速的条件下，本船与目标可能发生碰撞的区域。显然，由于船舶本身有不可忽视的尺寸及两船交会时必须保持足够宽裕的会遇距离，雷达探测和跟踪处理等环节存在误差等原因，两船可能发生碰撞的范围对应为一个区域。如果将这个区域以闭合图形的方式显示在屏幕上，即是预测危险区（Predicted Area of Danger-PAD）。预测危险区不是性能标准要求雷达必备的功能，最新雷达性能标准也不再提及此功能。

无论预测危险区的图形形式如何，所实现的功能都相同。下面以使用较为普遍的六边形 PAD 为例，讨论预测危险区的功能及其应用。

（1）PAD 在雷达屏幕上显示为目标真矢量路径上的对称六边形"◇"，如图 5-2-4 所示，其轴线为目标船真航向线。PAD 轴线长度和本船与目标船航速比有关，PAD 宽度为 CPA LIM 的 2 倍。

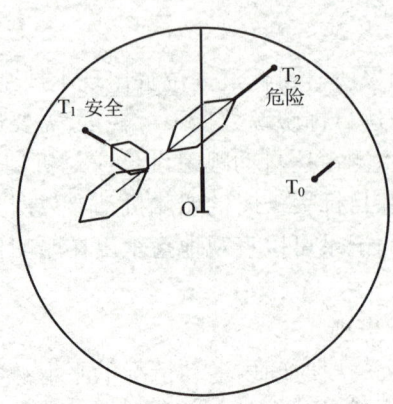

图 5-2-4 PAD 显示

（2）使用 PAD 模式时，不提供相对矢量显示，可显示真矢量。

（3）因目标船和本船的航速比及会遇局面不同，目标的 PAD 数目可以有 0、1、2 个不等，如 T_0、T_1、T_2 所示。

（4）PAD 与目标之间可由连接线指示，连接线长度与目标航速无关。IEC 62388 雷达性能及测试标准不再规定目标与其 PAD 之间应有连接线指示。

（5）当本船首线与目标 PAD 相交时，两船有碰撞危险，如目标 T_2。IEC 62388 雷达性能及测试标准规定，对于危险目标 PAD 应闪烁报警，直到驾驶员确认后，停止闪烁。

（6）PAD 只表示目标船与本船预测危险区，不表示目标船和目标船之间的会遇关系。

预测危险区功能的优点是图形直观，避免使用舵向试操船就可以获得避碰安全航向，但 PAD 图形线条复杂，不适合狭窄水域、渔区和沿岸航行等大多数航行水域，又涉及专利问题，近年来具有 PAD 功能的雷达并不多见。

第三节 AIS 协助雷达避碰

在船舶会遇局面中，虽然通过对雷达目标的人工或自动标绘/跟踪可以获得目标的避碰信息，但缺少目标船名称、种类等有助于识别目标的关键信息，为协调避碰行动带来了很大阻碍。AIS 的出现及 AIS 报告目标与雷达跟踪目标的关联，巧妙地解决了困扰雷达避碰多年的"瓶颈"问题，进一步增强了雷达在避碰行动中的作用。

一、AIS 报告信息内容

AIS 报告目标提供了目标的四类信息：静态信息、动态信息、航次相关信息和安全相关短消息，其中前三类为基本信息。静态信息是指 AIS 设备正常使用时，通常不需要变更的信息，主要包括 MMSI、呼号和船名、IMO 编号、船长、船宽、船舶类型、定位天线的位置等，在 AIS 设备安装的时候设定，在船舶买卖移交时需要重新设定。动态信息是指能够通过传感器自动更新的船舶运动参数，主要包括船位信息，UTC 时间，SOG、COG，艏向，人工输入航行状态如失控

（NUC）、在航、锚泊等，船舶旋回速率（ROT,如果有）,艏倾角（如果有）,纵倾与横摇（如果有）等,通过这些信息,能够掌握船舶的实时航行状态。航次相关信息亦称航行相关信息,是指驾驶员输入的,随航次而更新的船舶货运信息,包括船舶吃水、危险品货物、目的港/ETA、航线计划、开航前最大吃水等项目。安全相关短消息亦称安全短消息,可以是固定格式的,如岸台发布的重要的航行警告、气象报告等,也可以是驾驶员以自由格式输入的与航行安全相关的文本消息。安全相关短消息可以寻址方式单独发送或群发给以 MMSI 为地址的特定船舶或船队,也可以用广播的方式发送给所有船舶。与雷达目标跟踪能够提供的信息,如目标距离/方位、CPA/TCPA、目标真航向/真航速、BCR/BCT 相比,AIS 报告目标提供了更为丰富的目标参考信息,尤其是目标识别信息,非常有利于在复杂的会遇局面中建立有效的通信联系,为航行安全开通了有效的沟通渠道。

二、AIS 报告信息在雷达显示器上显示特点

雷达信息处理器依据一定准则将 AIS 报告目标与雷达跟踪目标关联,关联后的雷达显示器能够根据驾驶员的设置,提供最佳航行信息。比起 AIS 设备自身配置的 MKD,雷达显示器能够在丰富的航行背景下,以图标标识和字母数字方式直观显示 AIS 目标报告丰富的信息内容,有助于驾驶员掌握会遇局面,做出正确避碰决策,是 AIS 信息理想的显示器。根据《SOLAS 公约》和 IMO 船舶导航雷达设备性能标准 MSC.192(79)决议案要求,不同吨位/类别船舶配置的雷达应显示休眠 AIS 目标和激活 AIS 目标的数量如表 5-3-1 所示。

表 5-3-1 不同吨位/类别的船舶配置的雷达应显示休眠 AIS 目标和激活 AIS 目标的数量

船舶大小	500 GT 以下	500 GT 至 10 000 GT 以下 及 10 000 GT 以下高速船	所有 10 000 GT 及以上船舶
最少激活 AIS 目标数	20	30	40
最少休眠 AIS 目标数	100	150	200

当 AIS 目标处理/显示容量即将饱和时,会有相关提示信息。显示的休眠目标和激活目标之间可以通过激活或休眠操作相互转化。当屏幕上显示的 AIS 目标过多影响雷达观测时,可以通过设置相关参数（如目标距离、区域、CPA/TCPA 或 A/B 类 AIS 目标）过滤全部或部分休眠 AIS 目标。

AIS 目标能够以图标标识和字母数字数据两种方式显示。在雷达图像显示区,AIS 报告目标和雷达跟踪目标图标标识对比如表 5-3-2 所示。图标标识显示可以清楚地指示出 AIS 目标的类型（休眠、激活、被选、危险、丢失或轮廓等）,与本船的相对位置关系,用预测矢量指示 AIS 目标的航向和航速。在这种显示方式下,AIS 目标默认显示为休眠目标。在休眠 AIS 目标被激活后,雷达显示器上将会出现 AIS 目标的预测矢量线段。图标标识显示方式可以直观地显示本船周围的交通动态和目标船的主要动态信息。

表 5-3-2　AIS 报告目标与雷达跟踪目标图标标识对比

AIS 船载设备报告目标			雷达跟踪目标	
目标类型	图标标识	说明	目标类型	图标标识
休眠目标		底边 3 mm、高度 4.5 mm 的锐角等腰三角形，指向为艏向或 COG（艏向信息缺失时），中心为目标报告位置	雷达目标	雷达回波点
激活目标		底边 4 mm、高度 6 mm 的锐角等腰三角形，指向为艏向或 COG（艏向信息缺失时），中心为目标报告位置。间隔为线宽 2 倍的短划线表示目标 COG/SOG 矢量，沿矢量可标注时间增量。起点在顶点比速度矢量细的实线表示目标艏线，其长度为三角形长度的 2 倍。在艏线末端固定长度的折线指示船舶转向。可用曲线矢量指示路径预测。如果无法计算避碰数据，则用虚线	被跟踪目标	
被选目标		以图标标识和字母数字方式显示目标详细数据，在激活目标图标标识周围用正方形顶角方框指示	被选目标	
危险目标		底边 5 mm、高度 7.5 mm 的闪烁粗体三角形，红色粗线条显示速度矢量，确认后停止闪烁	危险目标	
丢失目标		不能继续收到信号的目标，在最后已知位置显示带十字交叉线（或被一直线交叉）的三角形，指向最后已知方位，不显示矢量、艏向和旋回速率。图标标识闪烁，直到确认后停止	丢失目标	
轮廓目标		在小量程上，根据目标船长、船宽和天线位置，可显示实船轮廓	本船轮廓	

三、雷达跟踪目标与 AIS 报告目标关联

（一）雷达跟踪目标与 AIS 报告目标关联概念

雷达将分别来自雷达传感器和 AIS 传感器关于目标的位置、航向、航速等精度离散的信息，按照时间和位置以及按照航向和航速，依据一定的准则优化处理、充分利用和合理支配，根据驾驶员的要求输出关于目标一致性的最佳动态信息，称为雷达跟踪目标与 AIS 报告目标关联。由于 B 类 AIS 目标报告更新间隔较低和其所配备船舶的属性，雷达性能标准和设备生产时主要考虑雷达跟踪目标与 A 类 AIS 目标关联。

（二）雷达跟踪目标与 AIS 报告目标独立性与相关性

船舶配备 AIS 设备前，获取目标船航行动态信息的设备主要依赖于雷达对目标的探测、跟踪和解算，这些航行动态信息包括目标的距离、方位、CPA、TCPA、真航向、真航速、BCR、BCT 等。雷达跟踪目标信息的精度取决于本船配备的雷达、艏向传感器和航速传感器的精度，还取

决于本船与目标船的动态和海域气象海况。AIS 配备后,船载 AIS 设备能够通过广播方式周期性自动播发本船的静态信息、动态信息、航次相关信息和安全相关短消息,以及接收来自周围他船的同类信息。AIS 报告目标动态信息的精度取决于目标船所配备的 GNSS 接收机、舶向传感器、航速传感器及其他传感器,也在一定程度上受到气象海况和具体设备因素的影响,对目标避碰参数的解算还受到本船 GNSS、COG 和 SOG 精度的影响。雷达目标跟踪信息和 AIS 目标报告信息分别通过相互独立的两个传感器系统获得,有各自独立的信息传播和获取途径,无法保持完全同步,两者关于同一个目标的信息必定存在误差,这就会给驾驶员判断会遇局面,决策避碰措施带来不确定性,直接影响航行安全。但是对于同一个目标而言,目标跟踪信息与 AIS 报告信息又必然具有较好的相关性。为减轻信息过载给驾驶员带来的负担,需要按照一定的准则将雷达跟踪目标与 AIS 报告目标关联,输出该目标最佳动态信息。

(三)性能标准规定

IMO 雷达设备性能标准对雷达跟踪目标与 AIS 报告目标的关联做出了明确规定,要求船舶导航雷达必须具备基于统一条件的自动目标关联功能,避免将同一物理目标显示为两个目标图标标识。雷达跟踪目标与 AIS 报告目标两者的关联必须满足一定的关联准则(预置值,如位置、运动),当满足该准则且雷达跟踪目标和 AIS 报告目标信息都可用时,两者将被认为是同一个物理目标显示在雷达显示器上,在默认状态下,将显示激活 AIS 目标图标标识及其字母数字数据,也可将雷达跟踪目标设置为显示状态,并自由选择显示雷达跟踪目标的或 AIS 报告目标的字母数字信息;不满足该准则时,雷达跟踪目标和 AIS 报告目标将被视为两个不同的目标,并显示为一个雷达跟踪目标和一个激活 AIS 目标,且不发生报警,这大大降低了屏幕数据的冗余,提高了雷达输出数据的可利用性。根据 IEC 62388 雷达性能及测试标准,在系统设计时,对于已经关联的目标,当雷达跟踪目标与 AIS 报告目标背离关联准则(预置值)300%时,应考虑将其视为两个独立的物理目标。雷达跟踪目标与 AIS 报告目标的关联是对设备的全局设置,不能完成对某个目标或某些目标的局部关联。

值得注意的是,在雷达图像区域跟踪目标与报告目标的关联表现为位置和航迹的关联。对于同一个物理目标而言,当本船雷达及其传感器和目标船 AIS 的传感器都满足精度要求时,一般均可满足两者的关联准则,实现两者的位置和航迹关联。如发现雷达跟踪目标和 AIS 报告目标未能很好地关联(局部或全局),则需要驾驶员仔细分析判断其中原因,确定哪一个传感器的信息为可用目标信息,本节稍后将举例讨论这种情况。

(四)雷达跟踪目标与 AIS 报告目标关联设置原则

AIS 报告目标的精度基于 GNSS,不低于雷达跟踪目标的精度;尤其在雷达目标跟踪使用的常规量程(3 n mile、6 n mile 和 12 n mile 量程),AIS 在精度上更具有优势。因此,在通常航行状态下,系统满足精度要求时,目标关联设置的基本原则是以 AIS 信息为参考。正如雷达性能标准规定:如果来自 AIS 和雷达跟踪目标的数据都可用,且满足关联准则(如位置、运动),则认为 AIS 和雷达信息为同一个物理目标,在默认状态下,应自动选择和显示激活 AIS 目标图标标识及其字母数字数据。

在低于 1.5 n mile 量程,在系统满足精度要求的航行状态下,雷达跟踪精度与 AIS 目标精度相当,驾驶员可以根据航行需要选择关联设置原则。

在任何量程中,当驾驶员对 AIS 精度有任何怀疑,或本船 GNSS 误差较大时,如发现 AIS 报告目标位置与雷达跟踪目标位置均有较大偏离,应考虑以雷达跟踪目标为准设置目标关联。

在大多数雷达设备上,完成关联需要设置的参数包括目标的距离差值、方位差值和航速差值,即满足了性能标准要求的位置、运动关联准则;也有设备还需要设置目标的航向差值和地理位置差值。驾驶员在设置这些参数时,应考虑海域船舶密度、设备的精度以及气象海况对航海仪器精度的影响等因素,比如:

(1)在开阔海域船舶的间距通常不小于 1.5 n mile,在近岸航行船舶密度较大情况下也一般不小于 0.8 n mile;

(2)根据 IMO 雷达性能标准和 IEC 62388 雷达性能和测试标准,在船舶横摇±10°的条件下,雷达跟踪距离精度应在 50 m 或目标距离的±1%,取其大者,方位精度应在 2°之内;

(3)不同厂家的设备性能差异以及海上无线电信号传播环境的影响,造成 AIS 报告目标动态数据更新间隔的实际情况与性能标准的要求可能存在较大的背离;

(4)在稳定跟踪情况下雷达系统提供的目标真航向误差不超过 5°,真航速误差不超过 0.5 kn(大型商船),但考虑到实际海况影响,尤其在恶劣气象海况环境中,实际的跟踪精度可能低于标准要求。

如果在设置目标关联参数时未考虑以上因素的影响,容易引起目标关联困难或发生目标关联错误。前者产生冗余安全信息,不利于驾驶员迅速决策;后者产生错误信息,对航行安全造成危害。

由于 AIS 精度通常不低于雷达精度,因此在实际设置关联准则时主要考虑雷达跟踪目标精度。根据表 5-2-2,典型的关联参数可以是:目标距离差小于 0.15 nm;目标方位差小于 3°;目标速度差小于 0.5 kt;目标航向差小于 5°;目标地理位置差小于 0.1 nm。当然这里只是一个通常情况下的典型参数举例。海上航行环境千变万化,具体海域航行时,还需要驾驶员根据以上基本原则,酌情设置。

(五)雷达与 AIS 目标关联异常

雷达跟踪目标与 AIS 报告目标的关联是非常复杂的航海信息处理过程,涉及设备的硬件和软件系统,不同厂家和型号的雷达和 AIS 设备处理方法各有不同,也经常会出现目标关联异常的问题。

1. 个别或部分目标无法关联

出现这种情况通常有以下原因:

①雷达跟踪目标信息与 AIS 报告目标信息分别来自彼此独立的传感器,船长超过 250 m 的超大型目标船舶雷达回波前沿位置可能与其 AIS 目标报告位置(主 GNSS 天线位置)相距超过 200 m,再受到气象海况和雷达系统误差等因素的影响,超大型船舶的雷达跟踪目标位置与 AIS 报告目标位置之差超过 300 m 是经常出现的情况。

②实测数据表明,受到海上通信条件的和具体设备性能的影响,经常会使目标船舶 AIS 信息的实际更新间隔远低于理论值,造成 AIS 报告目标位置更新不及时。

③个别目标船的 GNSS 接收机或 AIS 设备出现了较大误差,位置报告误差超常。

④个别型号陈旧的 GNSS 接收机输出设置不当(如设置了非 WGS-84 坐标),人为因素造成 AIS 报告位置异常。

以上因素及其共同影响,会出现个别目标或部分目标无法正常关联的现象。驾驶员需要加强对该目标的瞭望,主动与之沟通。

2. 所有目标均无法关联

如果所有 AIS 图标标识均偏离相应的雷达回波一个稳定位置,这种情况通常是由于本船雷达或 GNSS 误差造成,雷达探测到的所有目标的位置(方位或距离)或其 WGS-84 地理位置有误差,而 AIS 报告目标位置(目标船 GNSS 位置)准确,从而无法实现目标关联。驾驶员需要及时调整雷达或 GNSS 误差或向公司申请维修。

3. 关联效果失常

这种情况表现为所有或多数目标关联不稳定,目标的 AIS 图标标识与雷达回波无规律偏离。如果确认本船 GNSS 接收机定位正常,则通常是目标跟踪环节出现问题。驾驶员应尽快设法判断故障情况,向公司申请维修。

第四节　会遇局面与碰撞危险判断

雷达作为被国际海上避碰规则认可的唯一能用于船舶避碰的助航设备,在船舶会遇局面判断和避碰行动中发挥着不可替代的作用。近年来随着卫星定位、数字通信、信息处理等新技术在航海仪器中的应用,AIS 已成为雷达的必备传感器。雷达跟踪目标与 AIS 报告目标关联,使雷达在避碰中的应用愈加完善。

一、会遇局面判断

真矢量能够指示本船及目标船(雷达跟踪目标或激活 AIS 目标)的真航向和真航速,结合国际海上避碰规则,驾驶员可以准确地判定本船和目标船的会遇局面,确定避让责任,进而采取相应的避碰行动保证船舶的航行安全。

二、碰撞危险判断

通过目标跟踪,图示会遇局面,进而判断碰撞危险是跟踪器的核心功能,也是现代雷达系统无可替代的重要功能。目前,雷达提供了数据比较、矢量指示和 PAD 图示三种方法帮助驾驶员判断被跟踪目标碰撞危险。

(一)数据比较

这种方法要求驾驶员通过核实被跟踪目标数据,将目标 CPA/TCPA 与设置的 CPA LIM/TCPA LIM 比较,及早评估会遇局面,判断碰撞危险。判断方法如下:

1.CPA≥CPA LIM 时,来船为非危险目标;

2.CPA<CPA LIM,但 TCPA≥CPA LIM 时,来船为非紧迫碰撞危险目标,驾驶员需要视

TCPA 酌情关注；

3.CPA<CPA LIM，且 TCPA<TCPA LIM 时，来船为紧迫碰撞危险目标，雷达会发出声光报警，需要立即考虑避碰措施。

（二）矢量指示

矢量可以用于直观快速地评估目标碰撞危险，是驾驶员必须掌握的雷达避碰方法。使用这种方法的关键是适时合理切换相对矢量和真矢量，辅助以 CPA LIM 圆，使用相对矢量判断碰撞危险，使用真矢量辅助避碰决策，交替切换相对矢量和真矢量采取避碰措施。具体方法在前面已经详细探讨过，这里不再赘述。

（三）PAD 图示

使用 PAD 判断碰撞危险是最直观的一种方式，根据 PAD 的原理可知，在目标保速保向及本船保速的前提下，当本船首线与目标的 PAD 区域相交时，如图 5-2-4 中目标 T_2 所示，说明本船与目标存在碰撞危险，可能在 PAD 区域内发生碰撞。当本船首线与目标的 PAD 区域不相交时，如图 5-2-4 中目标 T_1 所示，说明本船与目标无碰撞危险。但 PAD 不是雷达性能标准要求的标准配置功能，目前多数雷达不具有该功能，而且该功能不适合多目标会遇的雷达环境，使用不是很普遍。

第五节　雷达试操船功能及操作

一、试操船概念及特点

（一）试操船含义

当本船与目标船存在碰撞危险时，首先需要根据国际海上避碰规则判断本船的责任与义务。当确定本船为让路船时，雷达的试操船（Trial Manoeuvre）功能能够通过图形模拟方式帮助驾驶员验证拟采取避碰方案的可行性。试操船的理想结果是对已构成碰撞危险的目标报警解除，并不对其他目标产生新的危险报警。

在避碰决策过程中，特别是在复杂会遇环境下对于大型及超大型船舶试操船是十分重要的功能。《SOLAS 公约》要求所有吨位大于 10 000 GT 的船舶所配备的雷达必须具备试操船功能，并且性能标准要求该功能应包括本船动态特性的模拟，显示模拟开始时刻至操船时刻的倒计时。在试操船过程中，雷达还应对实际目标继续跟踪并显示其字母数字数据。

（二）试操船特点

试操船功能具有以下特点，驾驶员在使用中需要做到心中有数：

（1）试操船仅对被跟踪目标和至少对激活 AIS 目标有效，也可以对休眠 AIS 目标有效。

(2)试操船的过程是在雷达图像显示区域,以试操船启动时刻被跟踪目标和 AIS 报告目标的数据为准模拟本船机动的过程。试操船过程中,雷达图像显示区域显示的不再是雷达探测到的实时海面图像,而是试操船模拟画面。

(3)试操船功能启动时刻的初始试操船艏向/航速通常为该时刻本船的实际艏向/航速,驾驶员可在此基础上修改作为试操船首向/航速。

(4)新的雷达性能标准要求试操船应能够模拟本船的动态操纵特性,包括旋回特性(设置船舶旋回速率或旋回半径)和速度变化特性(设置速度变化率),这一点先前的标准并未要求。

(5)试操船功能应模拟操船前时间延迟,并提供至操船时刻的倒计时。所谓操船前时间延迟,是指从试操船功能启动时刻到本船实际操船机动真正开始时刻的时间延迟,需要驾驶员在启动试操船前根据航行需要、船舶特性和避碰策略等多方面因素预先设置。

(6)试操船的过程实际上可以视为 3 个模拟阶段。首先,操船前时间延迟内模拟本船以当前艏向/航速保速保向航行;其次,在时间延迟时刻按照输入的本船旋回特性和速度变化特性模拟本船动态操纵特性;最后,模拟本船以试操船艏向/航速保速保向航行。

(7)试操船的过程可以是试操船首向/航速计算结果的最终呈现,也可以是操船过程的时间比例演示,即以一定比例的时间进度快速模拟避碰过程。

(8)试操船画面用闪烁的大写英文字母“T”标注,提醒驾驶员注意。

(9)在使用试操船的过程中,海域的实际航行情况不断变化,因此不可在模拟画面停留太长时间。目前多数雷达在试操船的画面上停留不超过 1 min,超时则自动返回实际画面。

(10)在试操船过程中,雷达继续跟踪目标,在字母数字显示区显示的目标数据是雷达真实跟踪数据。因此,为了有效监视目标船的动态,在启动试操船功能之前,应选择在试操船过程需要监视其动态的目标船,显示其字母数字数据。

二、试操船操作方法

试操船按机动措施可分为艏向试操船、航速试操船以及混合试操船。以试操船首向代替本船当前艏向的试操船称为艏向试操船。以试操船航速代替 SDME 航速的试操船称为航速试操船。以试操船首向代替本船当前艏向,同时以试操船航速代替 SDME 航速,这种试操船称为混合试操船。在海上避碰实践中,通常采用转向措施,很少使用其他机动方式。如果发生通过转向无法达到避让效果的情况,可适当配合减速措施。对于试操船功能是否带操船前时间延迟和动态特性,其操作方法有较大差异,下面分别予以探讨。

(一)不带操船前时间延迟和动态特性试操船操作方法

对于早期不带操船前时间延迟和动态特性的试操船功能,其操作相对简单,不同的设备在操作方法上差别不大,但试操船模拟情况和实际情况有较大出入。下面以航行中普遍使用的艏向试操船为例,介绍不带时间延迟和动态特性的试操船操作方法。与判断碰撞危险的方式相同,试操船也可采用数据比较、矢量评估和 PAD 图示三种方法。

1. 数据比较试操船

使用目标 CPA/TCPA 与 CPA LIM/TCPA LIM 比较实施试操船,是精度最高的操作方法。使用时逐渐改变试操船艏向,直到恰好目标危险报警解除,此时的试操船艏向即为临界安全艏向。由于数据比较试操船直观性差,通常会与矢量试操船配合使用。

2. 矢量模式试操船

矢量具有快速判断碰撞危险和直观掌握会遇局面的特点,矢量模式试操船适用于所有航行环境。具体操作步骤如下:

①首先应在相对矢量模式下判断碰撞危险,如图 5-5-1(a)所示,目标 T_2 的相对矢量线与本船的 CPA LIM 圆相交,有碰撞危险。

②切换至真矢量,如图 5-5-1(b)所示,根据国际海上避碰规则判断会遇局面,确定本船为让路船,需要采取避碰措施。

③启动试操船,显示器的下方出现试操船标识"T",结合国际海上避碰规则,在相对矢量模式下求取临界安全艏向为 050,如图 5-5-1(c)所示。

④切换至真矢量,如图 5-5-1(d)所示,核实采取避碰措施后的效果。同时作为辅助参考,可以验证所有目标的真矢量线的终端与本船真矢量的终端不重叠、不靠近,危险解除。

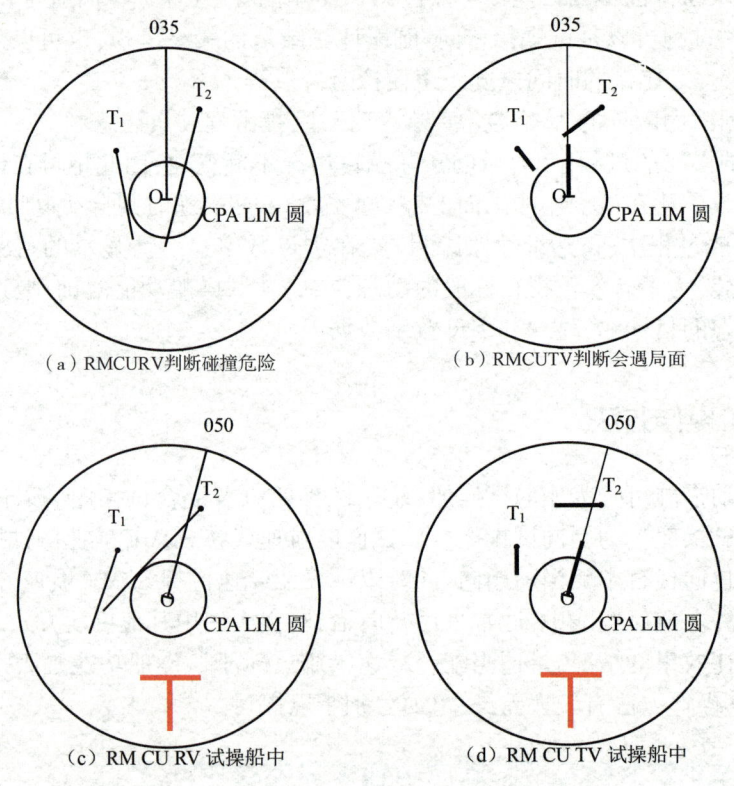

图 5-5-1　CU RM RV 模式下艏向试操船

3. PAD 模式试操船

在 PAD 显示模式下可通过电子方位线(EBL)直接量取安全艏向,因此不需要艏向试操船。如果需要改变航速避让,可以实施航速试操船,只需输入试操船航速,观察本船首线不与任何目标的 PAD 相交便可。

(二)带操船前时间延迟和动态特性试操船操作方法

对于带操船前时间延迟和动态特性的试操船功能,新的雷达性能标准并未做出明确的规定,这使得目前各大设备厂商在设计试操船功能时有很大的发挥空间,出现了试操船操作方法因设备而异的情况,现就两种典型雷达设备的试操船功能予以介绍。

1. FURUNO FAR 28X7 系列

该雷达设备上的试操船功能可以实现本船和目标船的动态预演。在使用试操船功能前,需要预先输入船舶的转舵速率和航速变化率,设定新的舵向和/或新的航速,设定操船前时间延迟,而后启动试操船功能,出现如图 5-5-2 所示的画面,本船、所有被跟踪目标及激活 AIS 目标会以 1 s 的间隔连续模拟本船及目标的未来运动,并以 1 min 间隔显示本船和目标的预测位置。模拟过程中,在操船前时间延迟内,本船仍保持当前的舵向和航速,操船前时间延迟结束后开始模拟本船的动态特性,最终模拟本船的新舵向和/或新航速。试操船模拟在无人工终止的情况下将持续 3 min,无论是否操作雷达控钮或菜单,3 min 后自动返回雷达实际画面。当在模拟的情况下预计出现碰撞危险时(即小于 CPA LIM 和 TCPA LIM),代表目标的图标标识就会变成三角形并闪烁,说明该避碰方案不合适,需要驾驶员重新调整试操船舵向或航速或操船前时间延迟,而后重新试操船,直到不出现上述情况为止。

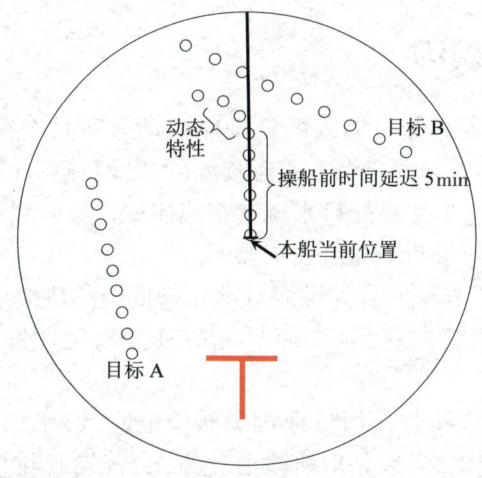

图 5-5-2　带延迟时间和动态特性的试操船(1)

2. KONSBERG Databridge 10TM 雷达

该雷达设备使用了 Curved EBL 协助完成试操船。在使用试操船功能前,需要预先输入船舶的转向半径和航速变化率,设定新的舵向和/或新的航速,设定操船前时间延迟,而后启动试操船功能。图 5-5-3 为该试操船功能的示意图,曲线 OT 即为 Curved EBL。其中 O 点代表本船当前真实的位置,A 点和 B 点代表目标的真实位置,A′点和 B′代表目标船的预计到达位置,线段 OC 为本船当前的真矢量,D 点代表本船的模拟机动时刻,E 点代表本船的模拟机动结束时刻,T 点代表本船的预计到达位置,T 点为圆心的圆即为 CPA LIM 圆。从图中可以看出线段 OD 所代表的时间即为操船前时间延迟,曲线 DE 模拟了本船的动态特性。在试操船的过程中,驾驶员通过不断调整 T 点在 Curved EBL 上的位置,所有被跟踪目标和激活 AIS 目标的预测位置 A′和 B′点将随之改变,驾驶员只需要观测在调整过程中目标的预测位置 A′和 B′点与 CPA LIM 圆之间的关系,若侵入 CPA LIM 圆即说明该避碰方案不合适,需要驾驶员重新调整艏向或航速或操船前时间延时,而后重新启动试操船,直到不出现上述情况为止。

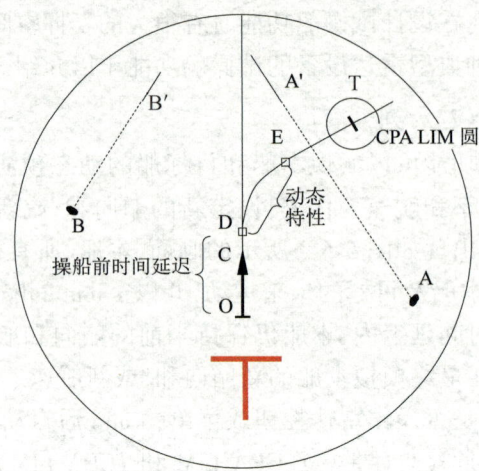

图 5-5-3　带延迟时间和动态特性的试操船(2)

三、试操船使用注意事项

(1)试操船功能不能判断驾驶员输入的试操船机动方案是否符合国际海上避碰规则,因此在使用中驾驶员应该选择符合国际海上避碰规则的试操船模拟艏向和航速。在海上船舶避碰实践,一般采用转向避让。但如果航行水域狭窄或船舶密集限制本船转向机动,或仅靠采用转向机动无法完成避让时,应果断采取航速试操船。

(2)试操船后,原来未被跟踪的目标可能对本船构成新的碰撞危险。因此,在实施试操船之前应及时(提前 3 min)捕获这些目标,使目标应处于稳定跟踪状态,做好试操船的准备工作。

(3)理想的试操船结果应不与任何目标构成碰撞危险,但在复杂的会遇环境中无法通过一次方案实现这一理想结果时,可以采取阶段避让方案,首先避开紧迫危险目标,随后再考虑其他会遇目标。

(4)使用试操船功能时,雷达图像区域呈现的是试操船模拟画面,而海面实际情况在这期间不断变化,因此需要在启动试操船之前,选择试操船目标和其他需要关注的目标,以便能够在数据显示器上看到这些目标的字母数字数据,监视海面实际会遇局面。

(5)不可在试操船画面下长时间停留,以免影响正常的雷达观测。在无任何操作动作时,目前多数雷达在试操船画面上的停留时间一般不超过 1 min,便自动返回雷达实测画面。

(6)试操船功能对船舶操纵特性的模拟和实际情况有一定出入,因此在设置操船前时间延迟时,需要综合考虑本人船艺水平、航海经验、舵工水平、CPA LIM/TCPA LIM 设置值、船舶尺寸、船舶操纵性能、船舶会遇局面和操纵策略等因素,合理设置操船前延迟时间。

(7)无论是雷达跟踪目标还是 AIS 报告目标的数据都存在误差,在使用试操船功能做决策时需要注意这些误差带来的影响,为安全避让留出适当的余量。

（8）试操船的结果仅在本船和目标船不发生机动的前提下才有效,在试操船期间或操船前时间延迟内,一旦本船或目标船出现了机动,应立即终止试操船,等待两船航向和航速稳定后再做新的决定。

（9）试操船功能不仅仅用于避碰决策,还可以用于复杂会遇局面下为机动航行提供决策参考,例如在转向点航行时,可以预先使用试操船功能评估转向机动对航行的影响。

第六节　雷达避碰评估要素及评价标准

一、评估要素及评价标准

雷达避碰为《雷达操作与应用》科目中的第四项评估任务,主要涉及目标跟踪设置、目标捕获、目标跟踪、使用 AIS 协助雷达避碰、判断碰撞危险及会遇局面和试操船操作等六项评估要素,其中评估要素"判断碰撞危险及会遇局面"为关键要素,该要素不合格会导致《雷达操作与应用》科目的评估不通过。相关的评价标准和实操能力的具体要求如表 5-6-1 所示。

表 5-6-1　"雷达避碰"评估要素及评价标准

序号	评估要素	关键要素	评价标准	标准解读
1	目标跟踪设置	否	1.正确设置量程、显示方式和航速来源; 2.正确设置 CPA 和 TCPA 安全界限	1.根据航行水域实际情况合理设置量程,理解 H-UP/C-UP/N-UP 三种指向模式和 TM/RM 两种运动模式特点并合理选择,理解 STW/SOG 区别并合理选择速度源; 2.理解 CPA/TCPA 安全界限,根据航行水域、船舶密度、操纵性、跟踪精度等合理设置
2	目标捕获	否	1.掌握手动捕获的方法; 2.掌握自动捕获的方法	1.理解手动捕获特点及手动捕获的优先区域,理解目标尾迹协助手动捕获目标的方法,能够熟练操作雷达手动捕获目标; 2.理解自动捕获特点,能够熟练操作和设置自动捕获区进行自动目标捕获

续表

序号	评估要素	关键要素	评价标准	标准解读
3	目标跟踪	否	1.掌握目标跟踪精度及稳定跟踪条件； 2.能够获取目标的跟踪数据； 3.了解目标丢失和目标交换可能的原因及应对措施	1.理解目标跟踪时间（1 min/3 min）对跟踪精度的影响,理解本船和目标船机动对跟踪精度的影响,理解目标稳定跟踪的条件； 2.准确理解并读取目标跟踪数据（RNG/BRG、CSE/SPD、CPA/TCPA、BCR/BCT）,并能结合雷达图像及矢量等图符准确解读以上目标跟踪数据； 3.理解目标丢失和交换发生的可能原因及应对措施
4	使用 AIS 协助雷达避碰	否	1.开启并设置雷达的 AIS 目标显示功能； 2.能够识别各类 AIS 目标,并读取 AIS 目标相关信息； 3.正确设置 AIS 目标与雷达跟踪目标关联	1.能开启雷达 AIS 目标显示功能,并熟悉 AIS 操作的相关功能和菜单； 2.能够根据雷达图像的 AIS 图符识别并理解各类 AIS 目标（休眠目标、激活目标、危险目标、丢失目标等）,能够从雷达上读取并解读 AIS 提供的各类目标信息（静态信息、动态信息、航次相关信息等）； 3.能够正确理解 AIS 目标与雷达目标关联的概念,理解两组不同数据的独立性和相关性,理解和准确设置各项关联参数,并结合雷达图像有效识别出已关联目标和未关联目标
5	判断碰撞危险及会遇局面	是	掌握判断目标碰撞危险及会遇局面的方法（包括以下一种或多种方法）: 1.使用 CPA 和 TCPA 判断； 2.使用方位和距离变化判断； 3.使用真矢量和相对矢量判断	1.能够通过读取目标数据,通过 CPA/TCPA 数据比较的方式判断目标是否存在危险、是否紧迫危险以及是否危险解除； 2.能够利用 EBL 等工具通过一段时间观察判断目标方位和距离的变化,判断目标是否存在危险； 3.能够利用目标矢量方法判断会遇局面及碰撞危险: (1)真矢量结合避碰规则判断目标的会遇局面； (2)通过真矢量时间调整,通过矢量端点的变化判断是否存在碰撞危险； (3)通过设置 CPA LIMIT 圆,利用相对矢量判断目标是否存在碰撞危险

续表

序号	评估要素	关键要素	评价标准	标准解读
6	试操船操作	否	1.能够完成以下其中一项试操船： (1)根据避碰规则、航行环境及本船操纵性能进行航向和(或)航速试操。 (2)使用试操船延迟功能确定恢复原航向和(或)航速的时机； 2.理解试操船功能的局限性	1.试操船功能操作： (1)能够打开试操船功能，并理解试操船功能各项参数的准确含义，根据目标船的会遇态势及碰撞危险，结合避碰规则、航行环境及本船操纵性能进行航向和(或)航速试操； (2)在采取避碰行动后，采用试操船延迟功能确定恢复原航向和(或)航速的时机。 2.理解试操船功能的局限性

二、评估练习题

使用雷达模拟器或雷达真机评估。雷达处于开机状态，雷达增益、调谐和杂波抑制等已调整到最佳状态。

考生根据评估员要求完成以下操作：

(1)大洋航行中，根据海上避碰需要，合理设置雷达量程、指向模式，并选择合适的速度数据源，设置合理的避碰安全门限；

(2)在雷达屏幕上按照捕获原则依次手动捕获目标回波；

(3)在雷达屏幕上读取跟踪目标的数据，并解释跟踪时间对精度的影响；

(4)打开雷达 AIS 目标显示功能，读取某 AIS 目标的动态数据，对该雷达跟踪目标做目标关联操作；

(5)利用矢量功能判断某一目标船的会遇局面和碰撞危险；

(6)针对某一危险目标，打开试操船并进行航向试操(右转30°)，并判断当前试操船方案是否可行。

第六章

航海雷达智能评估

第一节　雷达智能评估系统概述

　　全国海船船员智能评估考试系统对我国的船员队伍建设、提高船员业务素质具有重要意义,雷达智能评估系统是全国海船船员智能评估考试系统的一个重要组成部分。系统主要依据根据《海船船员适任评估规范》中《雷达操作及应用》科目内容进行建设,模拟主流的航海雷达及其功能,开发相应的智能试题库,通过船员考务系统对船员进行航海雷达考试并自动评估考生操作能力,增加海船船员适任考试的交互性、智能性和实操评估的客观性。

一、系统组成

　　雷达智能评估系统可分为服务器端和考试端两部分,服务器端主要具有组织试题功能,即考官根据评估规范的要求和仿真设备的操作规程制定评估标准,在考务系统的服务器端组织试题;考试终端主要具有考试和自动评估功能,即考试终端下载试题,根据试题题目、内容和考试时间实施考试,记录考生使用雷达设备的过程数据,考试完成后,根据评估标准以及所记录考生使用雷达设备的过程数据,对考生进行综合评估,给出评估成绩,并上传该成绩到考务系统的服务器。雷达智能评估系统主要由以下三部分组成:

(一)仿真设备子系统

　　设备仿真子系统主要完成包括雷达设备和标绘系统的仿真,完成评估规范所涉及的相关功能,同时仿真子系统可以完整地记录相关的操作步骤及结果数据,为设备评估子系统提供考生的操作相关数据,该子系统集成于考试终端,面向各位考生,是整个智能评估系统的基础和平台。

（二）智能试题子系统

评估试题子系统主要负责试题库和成绩库的维护和管理。该子系统集成于服务器端,主要面向评估员和考务人员,是整个智能评估系统的后台。

（三）评估子系统

设备评估子系统完成评估试题的读取与显示,考生根据评估试题的要求,操作相应的航海雷达仿真设备。评估子系统读取考生操作仿真设备的步骤及结果数据,根据后台的评估标准和评估模型,给出考生的评估成绩。该子系统集成于考试终端,面向各位考生,是整个智能评估系统的核心。

二、系统主要功能

（一）智能试题编制

出题人员根据《海船船员适任评估规范》中《雷达操作及应用》科目的评估要素和标准编制评估试题脚本,而后根据考试的要求在考务系统的服务器端进行出题。

（二）评估操作及记录

考试终端下载试题,根据试题题目、内容和考试时间进行考试,记录考生操作过程数据。

（三）结果自动评估

根据评估标准以及考生操作记录数据和结果数据,对考生操作进行综合评估,给出考试成绩,并上传考试成绩到考务系统的服务器。

第二节　雷达与标绘仿真系统

一、雷达设备仿真系统

雷达设备仿真系统以商船上主流型号 JRC JMA-9100 系列雷达为仿真原型,采用计算机仿真技术进行开发。系统仿真界面和主要功能与真设备完全一致,且可以在评估试题的数据驱动下,显示对应海区岸线、目标船、航标等回波以及雷达设备的初始状态。以下介绍雷达设备仿真系统的主要功能及操作。

（一）开机

雷达设备启动后,自动开启三分钟预热。预热结束后,屏幕左上角 Preheat 自动切换至

StandBy ,单击转为 Transmit 显示回波,如图 6-2-1 所示。

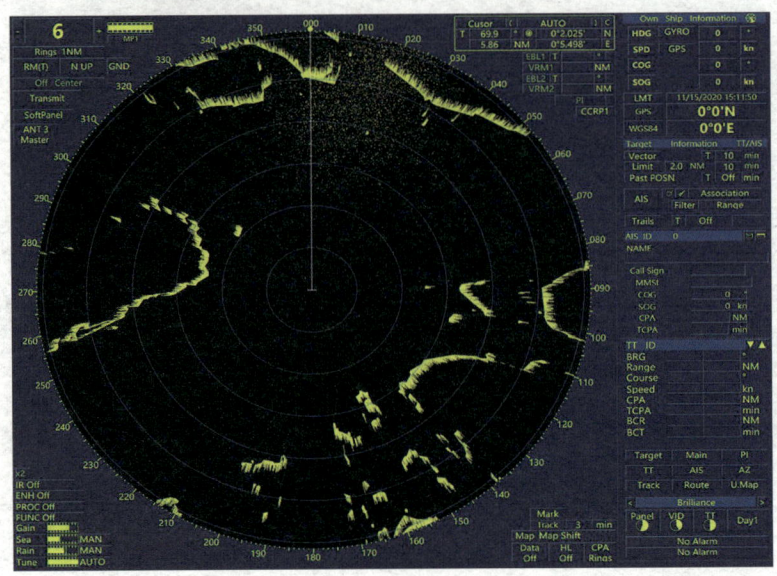

图 6-2-1　雷达仿真设备及开机过程

(二) 量程和图像模式切换

1. 量程切换

量程切换 6 ,按住 + 进行量程增加,按住 - 进行量程减少,量程范围为 0.125~96 n mile,量程调节的过程中脉冲宽度也会随之改变。

2. 图像模式切换

(1)指向模式切换

指向模式切换,分为船首向上(Head-Up)、航向向上(Course-Up)、北向上(North-Up)。具体操作为单击屏幕左上角指向模式切换键。

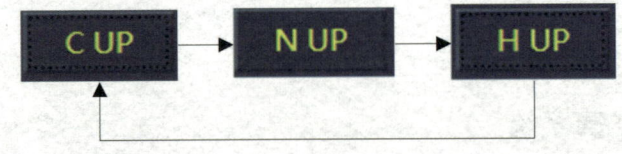

(2)运动模式切换

左击屏幕左上角运动模式切换按钮进行切换,真运动模式将会被选择。在真运动模式下,本船在雷达屏幕上的位置与其传入位置信息有关。选择真运动模式,本船初始屏幕位置会被设置到反航向 60%屏幕半径处,当其位置抵达 66%屏幕半径处时,设备会自动设置其初始位置为反航向 60%屏幕半径处,如图 6-2-2 所示。

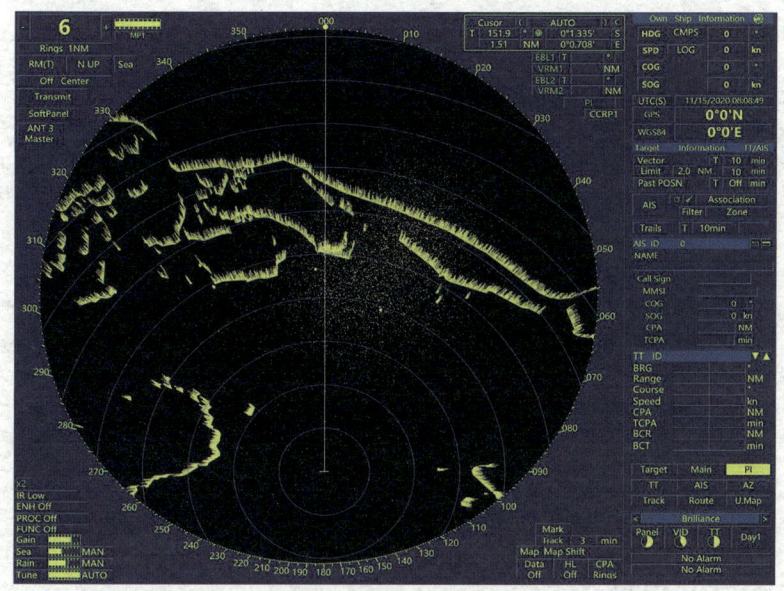

图 6-2-2　雷达真运动模式

点击模式切换按钮,相对运动模式将会被选择。本船位置将会回到屏幕中心。

(3)稳定模式切换

稳定模式可分为对地稳定(GND)和对水稳定(Sea),单击屏幕左上角的稳定模式切换键,通常情况下对地稳定用于雷达导航,对水稳定用于雷达避碰。

(4)中心/偏心显示

具体操作为点击屏幕左上角偏心显示按钮 Off Center ,待按钮高亮 Off Center ,鼠标回到屏幕中心,拖动鼠标来确定理想位置,然后单击鼠标左键。注意,偏心位置不允许超过屏幕半径的 66%。取消偏心为长按 Off Center 按钮 2 s。

(5)局部区域放大

点击屏幕左下角 x2 按钮,待按钮高亮 x2 ,移动鼠标到预放大位置左击,实现以鼠标点击位置为中心的局部放大功能。取消此功能,需再次点击 x2 按钮。

(三)距离方位测量

距离方位测量功能快捷菜单主要集中在 PPI 右上方,如图 6-2-3 所示。

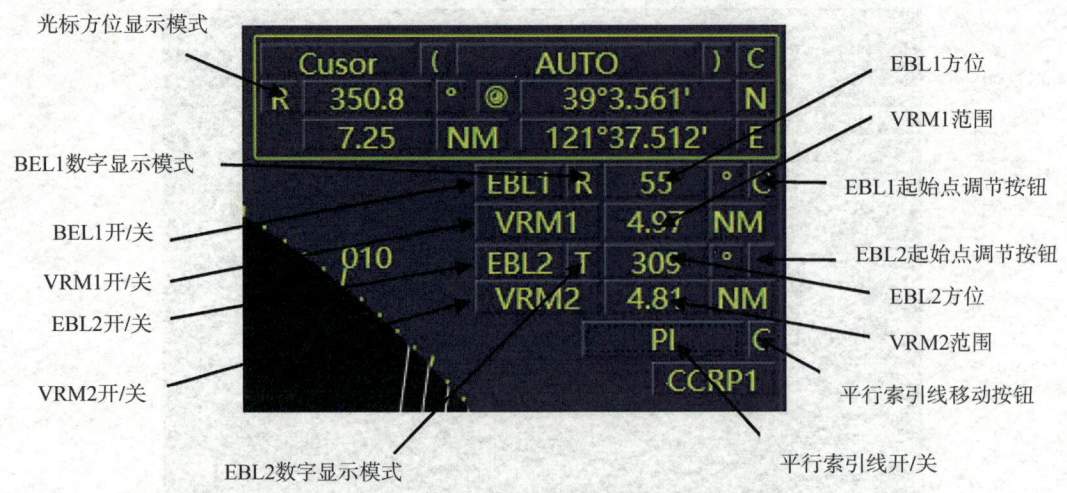

图 6-2-3　雷达距离方位测量功能

1. 使用固定距标圈

点击屏幕左上角的 Rings 按钮,显示或关闭固定距标圈,固定距标圈间距会显示在 Rings 上。

2. 使用电子方位线

电子方位线有两组,下面针对 EBL1 进行说明,EBL2 操作与 EBL1 完全一致。

(1)显示电子方位线

点击显示区域右上角 EBL1 按钮,按钮高亮 EBL1 ,电子方位线显示并可操作。值得注意的是,当点击电子方位线按钮,按钮转为高亮时,光标不可移动,此时转动鼠标滚轮,可调节电子方位线方位。转动完毕,再次点击 EBL1 ,光标可移动。

(2)关闭电子方位线

再次点击 EBL1 ,电子方位线关闭。

(3)调整电子方位线起始点

首先显示电子方位线,点击电子方位线起始点调节按钮,当按钮由■变为 C 时,光标自动移动到电子方位线默认起始点,当移动到预定起始点时左击,即确定光标起始点。点击按钮,当按钮由 D 变为■时电子方位线恢复默认起始点。

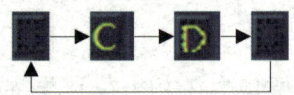

(4)设置电子方位线数字显示模式

电子方位线数字指示分为相对/真方位两种模式,将光标放置在 EBL1 数字指示按钮 T

上,点击,电子方位线数字指示模式将按下列方位进行切换,其中 T 为真方位,R 为相对方位。

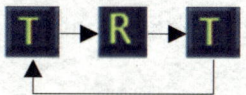

(5)使用光标调节电子方位线方位

首先同时需显示 EBL1 和 VRM1,将光标放入 EBL1 和 VRM1 的交点圆内,点击拖动光标即可。

3. 使用活动距标圈

活动距标圈有两组,说明书只对 VRM1 进行说明,VRM2 操作与 VRM1 完全一致。

(1)显示活动距标圈

点击显示区域右上角,**VRM1** 按钮,按钮 **VRM1** 高亮,活动距标圈显示并可操作。值得注意的是,当点击活动距标圈按钮,按钮转为高亮时,光标不可移动,此时转动鼠标滚轮,可调节活动距标圈范围。调节完毕,再次点击,光标可移动。

(2)关闭活动距标圈

再次点击 **VRM1**,活动距标圈关闭。

(3)其他

活动距标圈 VRM1 的中心点,数字显示模式切换,使用光标调节范围的操作方式与电子方位线 EBL1 一致。

4. 使用平行索引线

(1)显示平行索引线

点击显示区域右上角按钮 **PI**, **PI** 高亮,平行索引线显示,平行索引线菜单栏显示。平行索引线功能菜单栏显示,如图 6-2-4 所示。

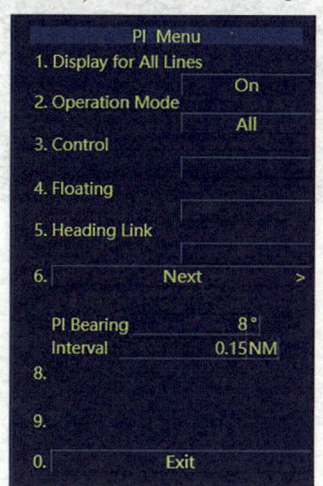

图 6-2-4　雷达平行索引线功能菜单

(2)关闭平行索引线

再次点击 **PI**,平行索引线关闭。

(3)旋转平行索引线

将光标放置在靠近 PPI 中心的平行索引线上,光标变为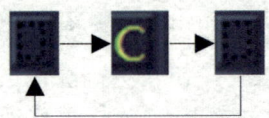,点击光标,旋转滚轮旋转平行索引线,旋转到预定角度,再次点击光标,光标恢复正常,停止旋转。

(4)调节平行索引线间距

将光标放置在靠近 PPI 边缘的平行索引线上,光标变为 ←——→,点击光标,旋转滚轮调节平行索引线间距,旋转到指定间距,再次点击光标,光标恢复正常,停止调节。

(5)移动平行索引线

首先显示平行索引线,点击平行索引线移动按钮■,按钮变为■,光标移动到平行索引线默认中心位置。此时移动光标平行索引线随之移动,到达预计位置,左击,停止移动。按如下操作,平行索引线中心恢复到默认位置。

5. 光标信息显示

当光标进入视频显示区时,光标信息菜单将会显示,如图 6-2-5 所示。信息包括光标方位、距离、经纬度。点击光标方位显示模式切换按钮 T / R ,切换光标方位显示模式,其中 T 为真方位,R 为相对方位。

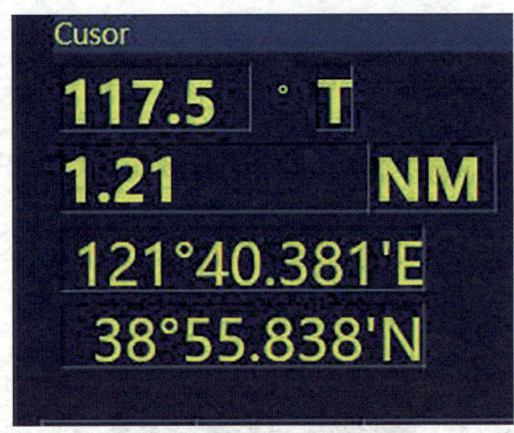

图 6-2-5 雷达光标信息显示

6. 统一公共基准点设置

为保证船舶综合导航系统测量基准点的统一性,在综合导航系统中需要设置统一公共基准点,该点可设置为本船上的任意一个位置。设置完成后本船所有的水平测量,如目标距离、方位、相对航向、相对速度、最近会遇距离(CPA)或至最近会遇距离的时间(TCPA),均参照此位置。典型位置为驾驶台的指挥位置。

左键单击位于显示区域右上角的 CCRP1 按钮,调出统一公共基准点 CCRP 设置界面,如图 6-2-6 所示。在界面中通过输入 X/Y 坐标值可设置 GPS 天线位置、雷达天线位置及 CCRP 位置。

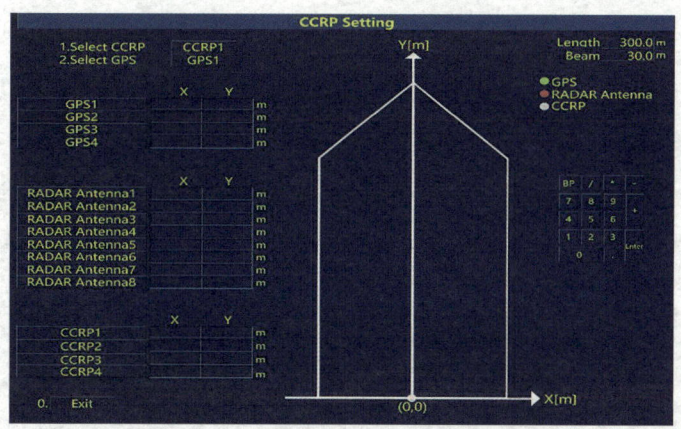

图 6-2-6　统一公共基准点设置界面

7. 关闭/显示船首线

单击并按住位于显示区域右下角的 [HL Off] 按钮,船首线隐藏,抬起鼠标,船首线显示。

(四) 观察与调整

1. 亮度调节

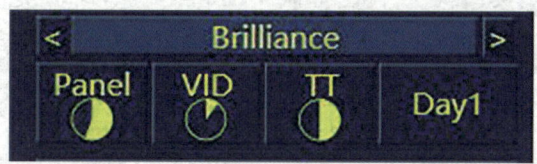

(1)面板亮度调节

点击 [Panel] 按钮,调节面板亮度,左击为增,右击为减。

(2)视频区亮度调节

点击 [VID] 按钮,调节回波亮度,左击为增,右击为减。

(3)目标标识亮度调节

点击 [TT] 按钮,调节目标标识亮度,左击为增,右击为减。

2. 白天/黑夜显示模式切换

点击白天/黑夜显示模式切换按钮,根据亮度需要进行白天/黑夜模式切换。

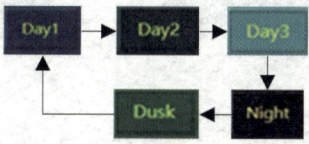

3. 调谐调节

点击 [AUTO / MAN] 按钮,进行自动调谐和手动调谐切换。手动调谐时,如需改变调谐

大小,点击 [Tune] ,此时光标不可移动,出现 [5 Tune] ,滚动鼠标滚轮,调整调谐大小。调整完毕,

再次点击鼠标,恢复正常。调谐最佳时,雷达回波显示饱满清晰,且调谐指示最大。

4. 增益调节

调整增益,点击 Gain ,此时光标不可移动,出现 Gain 44 ,滚动鼠标滚轮,调整调谐大小。调整完毕,再次点击鼠标,恢复正常。增益太小易导致回波强度弱及目标丢失,增益太大易导致杂波过强。

5. 海浪抑制

点击 AUTO / MAN 按钮,进行海浪抑制自动和手动模式切换。手动模式下,如需改变海浪抑制大小,点击 Sea ,此时光标不可移动,出现 Sea 36 ,滚动鼠标滚轮,调整海浪抑制大小;调整完毕,再次点击鼠标,恢复正常。

6. 雨雪抑制

点击 AUTO / MAN 按钮,进行雨雪抑制自动和手动模式切换。手动模式下,如需改变雨雪抑制大小,点击 Rain ,此时光标不可移动,出现 Rain 8 ,滚动鼠标滚轮,调整雨雪抑制大小;调整完毕,再次点击鼠标,恢复正常。

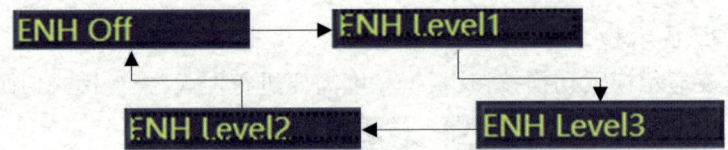

7. 同频干扰抑制

点击位于显示区域左下角的 IR Off 按钮,同频干扰抑制等级被切换。

IR Low → IR Middle → IR High

8. 目标增强

点击位于显示区域左下角的 ENH 按钮,目标增强等级被切换。

ENH Off → ENH Level1
↑ ↓
ENH Level2 ← ENH Level3

9. 脉冲宽度调节

点击位于显示区域左上角的 MP1 按钮,可调节脉冲宽度,脉冲宽度的调节会影响到雷达回波的纵向扩展及近距离盲区。注意:脉冲宽度会随着量程的改变而改变。

10. 尾迹设置

选择尾迹显示模式按钮,进行尾迹显示模式切换。

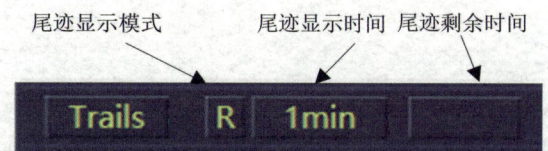

尾迹显示模式　　　尾迹显示时间　尾迹剩余时间

左击雷达尾迹显示时间按钮,尾迹时间长度值被切换。雷达开机发射,尾迹开始标绘。即使尾迹关闭,系统并不停止尾迹标绘。

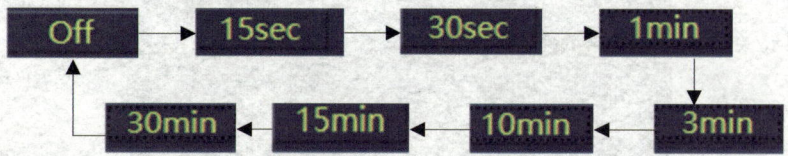

长按 Trails 按钮 5 s,所有存储尾迹数据将被擦除,尾迹恢复初始状态。

11. 软面板调用

通过点击屏幕左上角 SoftPanel 键,以显示软面板,其具体操作与真实雷达一致,如图6-2-7 所示。

图 6-2-7　雷达操作面板

(五)TT/AIS 目标操作

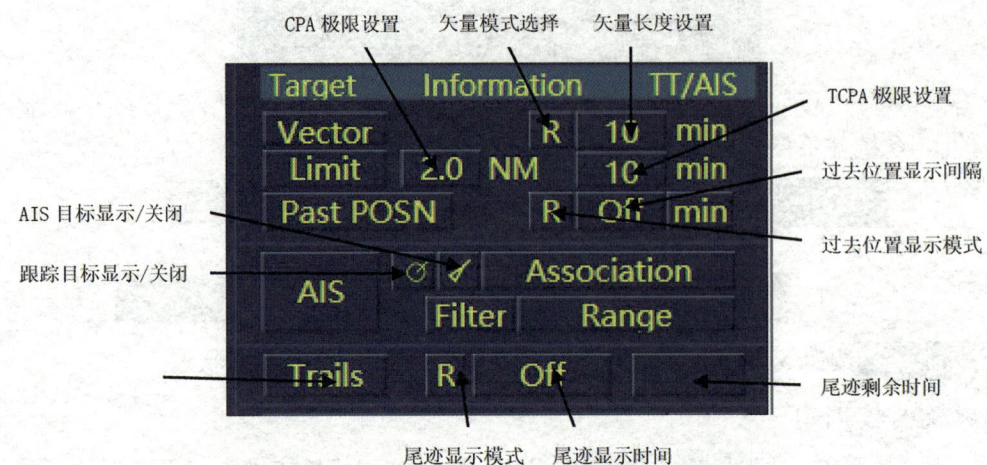

1. 本船信息显示与设置

(1)艏向信息显示与设置

屏幕右上角显示了本船的艏向信息 HDG,左键点击 HDG 右侧按钮,可切换艏向传感器,其中 GYRO 为陀螺罗经,CMPS 为电子罗盘。

(2)船速信息显示与设置

屏幕右上角显示了本船的船速信息 SPD,左键点击 SPD 右侧按钮,可切换航速传感器,其中 LOG 为单轴对水计程仪;2AXW 为双轴对水计程仪;2AXG 为双轴对地计程仪;GPS 为卫星导航仪船速。

(3)COG/SOG 信息显示

屏幕右上角显示了本船的对地航向 COG 及对地航速 SOG,通常情况下由卫星导航仪提供。

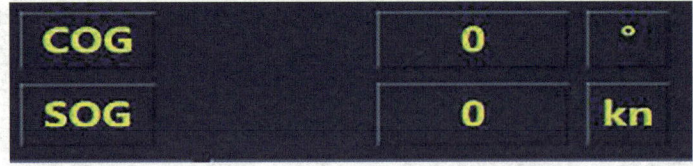

(4)时间信息显示与设置

屏幕右上角显示了本船的时间信息,通常情况下由卫星导航仪进行授时。点击本船信息栏上的 UTC(S) / I.MT 按钮,在世界时/地方时之间切换。

UTC(S)   11/15/2020 07:54:00

（5）位置信息显示

屏幕右上角显示了本船的位置信息（纬度/经度），通常情况下由卫星导航仪提供，其中WGS84代表了当前定位所采用的坐标系。

2. 目标跟踪操作

（1）自动捕获

①打开关闭自动捕获和AIS目标激活

点击 AZ 按钮，AZ菜单出现，点击AZ菜单 ON / Off 按钮显示或关闭警戒圈1或2。

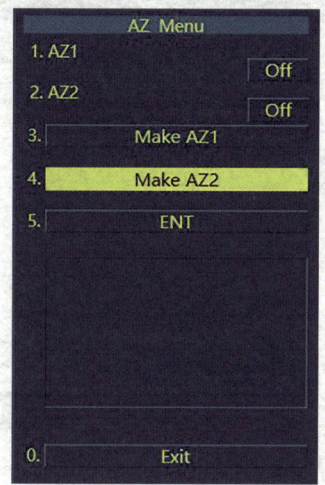

②警戒圈的调整

首先显示AZ菜单，左击按钮 3. Make AZ1 或 4. Make AZ2 ，按钮变为高亮 Make AZ2 或者 Make AZ1 ，此时将光标置于警戒圈上，左击，警戒圈上出现8个拖动圆圈，将光标置于圆圈之上，点击拖动光标至合适位置，左击停止调整，如图6-2-8所示。

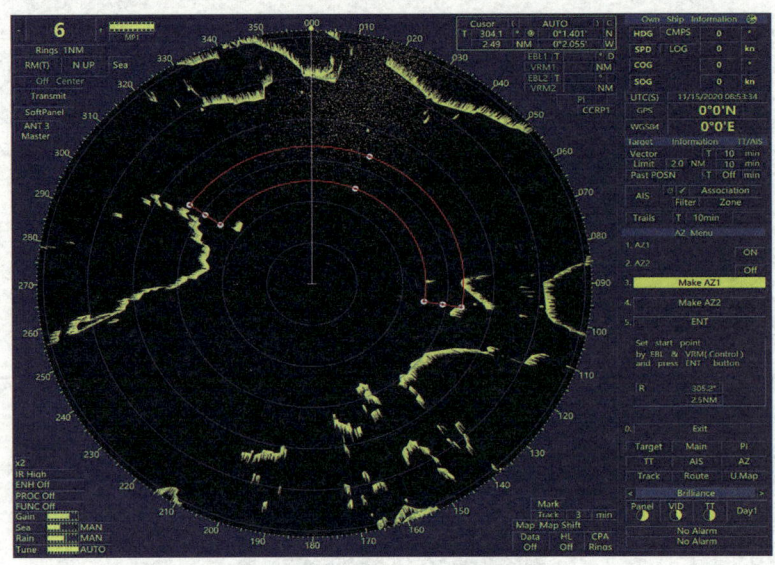

图 6-2-8　雷达警戒圈调整

（2）手动捕获

移动光标到未捕获目标上，双击，目标被捕获。

（3）取消捕获

逐一取消捕获目标——将光标放置到欲取消捕获目标上，点击右键选择 CNCL TT，或按下软面板 按钮取消捕获。

（4）捕获目标信息显示

将光标置于跟踪目标上，右击，操作菜单显示，选择 3 TGT Data ，跟踪目标数字信息显示，如图 6-2-9 所示。或者直接选择数字信息栏，捕获目标信息栏里 ▼ ▲ 按钮直接进行捕获目标信息切换。

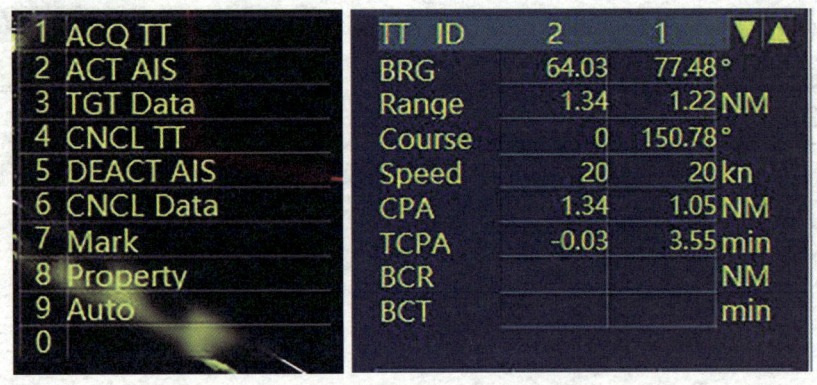

图 6-2-9　雷达捕获目标菜单及信息

其中，BRG 为目标船方位；Range 为目标船距离；Course 为目标船航向；Speed 为目标船航速；CPA 为目标船最近会遇距离；TCPA 为目标船到达最近会遇距离所需时间；BCR 为目标船过船头距离；BCT 为目标船过船头时间。

（5）取消数字信息显示

将光标置于显示有数字信息的捕获目标上，右击，选择操作菜单 **6 CNCL Data** 按钮，显示的数字信息将被取消。

3. AIS/TT 目标及矢量显示

（1）AIS/TT 目标显示

点击 按钮，TT（跟踪目标）将显示或关闭。点击 按钮，AIS 目标将显示或关闭。

（2）矢量模式选择

目标矢量分为相对和真矢量两种模式，选择目标矢量模式切换按钮 **R / T**，进行模式选择，其中 T 为真矢量，R 为相对矢量。

（3）矢量长度设置

点击矢量长度设置按钮，进行矢量长度设置，矢量长度可设置的范围为 1~60 min。

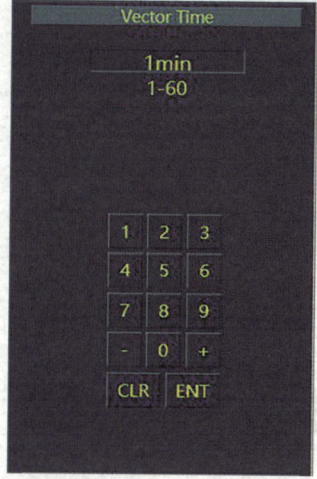

4. 设置碰撞决策标准

（1）CPA 门限设置

点击 CPA 门限设置按钮，CPA 门限值输入屏幕出现，输入完毕点击 **ENT** 确定，CPA 门限值输入屏幕关闭；点击 **CLR**，取消输入，CPA 门限值输入屏幕关闭。

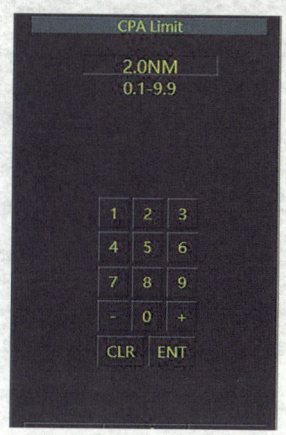

（2）TCPA 门限设置

点击 TCPA 门限设置按钮，TCPA 门限值输入屏幕出现，输入完毕点击 ENT 确定，TCPA 门限值输入屏幕关闭；点击 CLR，取消输入 TCPA 门限值输入屏幕关闭。

（3）CPA 圈设置

CPA 圈半径为 CPA 门限设定值，点击位于显示区域右下角 CPA Rinas 按钮，以显示或关闭 CPA 圈。值得注意的是在真矢量显示模式下，CPA 圈并不显示。

5. AIS 目标操作

激活 AIS 目标并显示目标矢量线，做出避碰决策。

（1）目标激活

将光标置于未激活目标上 ，双击，目标被激活 。

（2）AIS 目标信息显示

将光标置于 AIS 目标上，右击，操作菜单显示，选择 3 TGT Data ，AIS 目标数字信息显示，如图 6-2-10 所示。

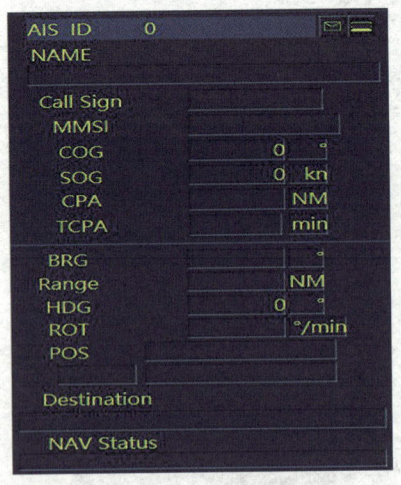

图 6-2-10　雷达 AIS 目标信息显示窗口

其中,NAME 为目标船船名;Call Sign 为目标船呼号;MMSI 为目标船海上移动业务识别码;COG 为目标船对地航向;SOG 为目标船对地航速;CPA 为目标船最近会遇距离;TCPA 为目标船到达最近会遇距离所需时间;BRG 为目标船方位;Range 为目标船距离;HDG 为目标船船首向;ROT 为目标船转艏速率;POS 为目标船位置;Destination 为目标船的目的港;NAV Status 为目标船航行状态。

（3）取消 AIS 目标信息显示

将光标置于欲取消信息显示的已激活 AIS 目标上,右击,选择操作菜单 `6 CNCL Data` 按钮,AIS 目标显示信息被取消。

（4）选择 AIS 目标信息显示详细/简单模式

点击数字信息栏 ▬ / ▬ 按钮,进行 AIS 目标信息显示详细/简单模式切换。

6. TT 与 AIS 目标关联

（1）关联功能

如果来自 AIS 和雷达跟踪目标的数据都可用,且满足关联准则（如位置、运动）,则认为 AIS 和雷达信息为同一个物理目标。

点击屏幕右下角菜单区域,选择 TT 菜单或 AIS 菜单,点击 Association setting 进入 TT 与 AIS 目标关联参数设置界面,如图 6-2-11 所示。

（2）关联参数设置

图 6-2-11　雷达目标关联操作

其中,Association 为关联开关（Off 关闭,On 打开）;Priority 为关联优先（AIS/TT 目标优先）;Bearing 为关联方位值;Range 为关联距离值;Course 为关联航向值;Speed 为关联航速值;Applicable AIS Target 为关联应用的 AIS 目标（ACT 为激活目标;ACT&Sleep 为激活及休眠目标）。

7.过去位置

（1）过去位置显示模式切换

过去位置显示模式　　过去位置显示间隔

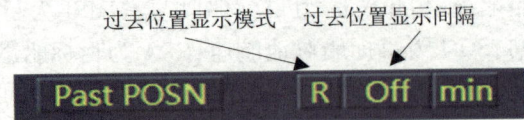

点击过去位置显示模式切换按钮 R / T，进行模式选择，其中 T 为真运动模式，R 为相对运动模式。点击过去位置显示间隔按钮选择过去位置时间间隔，指定时间间隔分别为 0.5、1、2、4，当间隔为 Off 时，关闭过去位置显示。

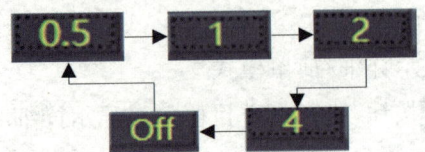

（2）目标 Track

点击 Track 按钮进行目标 Track 颜色选择和 Track 的开启关闭，颜色为 White、Gray、Blue、Green、Yellow、Pink、Red。点击 3 按钮进行 Track 时间间隔选择。

颜色选择　　间隔选择

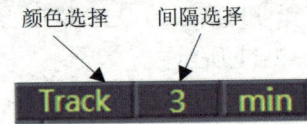

8. 试操船

试操船分为真矢量模式和相对矢量模式，通过目标矢量模式进行切换。试操船过程中，危险目标的目标标识为红色，安全目标的目标标识为白色。

（1）试操船操作

点击 TT，TT 菜单显示，选择3. Trial Maneuver >，左击1. Trail Function，试操船功能开启或关闭。

ON：试操船功能开启。

Off：试操船功能关闭。

点击 **2. Course(EBL)** 和 **3. Speed(VRM)** 进行试操船航向和速度设置。

4. Vector Time：进行矢量时间长度设置（1~60 min）。

5. Time To Maneuver：进行试操船预开始时间设置（1~30 min）。

6. Own Ship's Dynamic Trait：本船动态特性设置。

1. Reach：滞距设置（0~2 000 m）。

2. Turn Radius：旋回半径（0.10~2.00 nm）。

3. Acceleration：加速度（0.0~100.0 knots/min）。

4. Deceleration：减速度（0.0~100.0 knots/min）。

5. Rate Of Turn：转艏速率（0.0~360.0 deg/min）。

9. 警报

出现警报信息，雷达警告区 **No Alarm / No Alarm** 会出现灯光警告 **New Target / No Alarm** ，一些情况下，单击清除警告；一些情况下，单击并不清除警报，直至警报消失，如危险目标警告。

（六）导航信息显示设置

点击 **Main** → **4. Multi Window Setting >** 打开多窗口设置菜单。

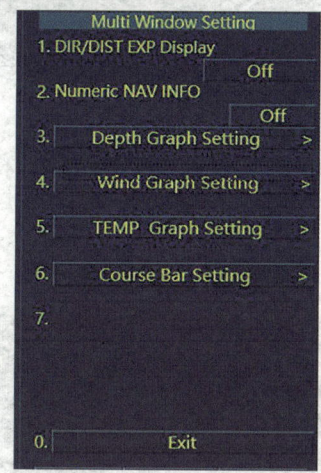

1. DIR/DIST EXP 显示

决定是否扩展光标信息，扩展信息将在数字信息显示区 Area2 显示。

Always On：扩展信息将在数字信息显示区 Area2 显示。

.On：扩展信息将在数字信息显示区 Area2 显示。

.Off：扩展信息不显示。

2. 数字导航信息设置

Area1：数字信息 Area1 区显示数字导航信息。

Area2：数字信息 Area2 区显示数字导航信息。

Off :不显示数字导航信息。

点击 **Target** 按钮,数字导航信息窗口功能将被关闭。

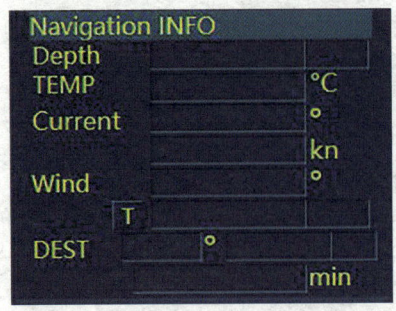

3. 水深指示设置

指示水深信息,点击 **Target** 按钮,多窗口功能将被关闭。

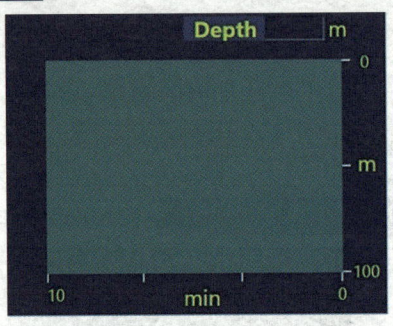

4. 风速指示设置

指示风速信息,点击风速显示模式切换按钮进行真风/相对风速切换。点击 **Target** 按钮,风速指示窗口将被关闭。

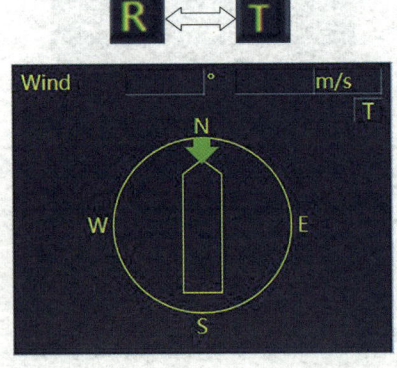

5. 温度指示设置

显示温度信息,点击 **Target** 按钮,温度指示窗口将被关闭。

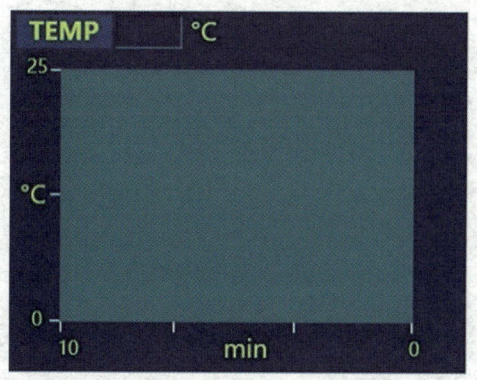

6. 航向指示设置

显示航向信息,点击 `Target` 按钮,航向指示窗口将被关闭。

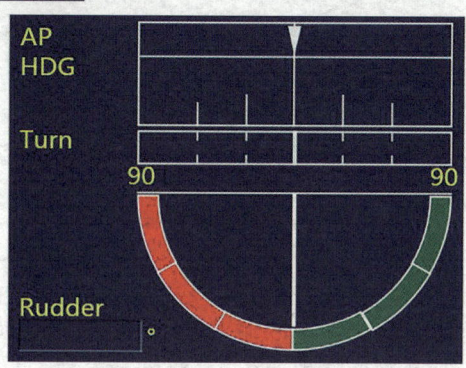

二、雷达标绘仿真系统

雷达标绘仿真系统以通用型的标绘纸及标绘工具为原型,采用计算机仿真技术进行开发。雷达标绘仿真系统可以利用电子标绘工具(分规、平行尺、航用三角板)在电子标绘纸上进行人工标绘作业,以下介绍雷达标绘仿真系统的主要功能及操作。

(一) 雷达标绘纸

1. 舰操绘算图

舰操绘算图是一种标有方位与距离标志、距离比例刻度的专用于绘算目标船运动参数和求取对目标船安全避让措施的专用纸张,是雷达标绘作业的基础。图 6-2-12 为电子化后的舰操绘算图,通过鼠标滚轮可调节舰操绘算图的显示比例,也可通过电子舰操绘算图左上角调节显示比例。

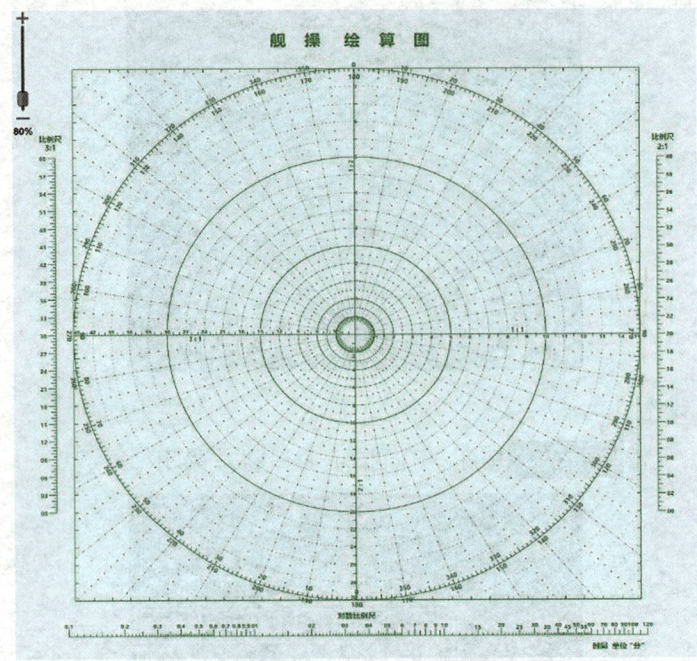

图 6-2-12　雷达舰操绘算图

2. 绘算参数输入区

在电子舰操绘算图下方设置了绘算参数输入区,如图 6-2-13 所示。在该区域可输入本船参数、目标船方位距离、目标船运动及避碰参数、本船机动参数、目标船机动参数等数据。操作中仅需要将光标移动到相关数据的表格内,利用键盘输入即可。

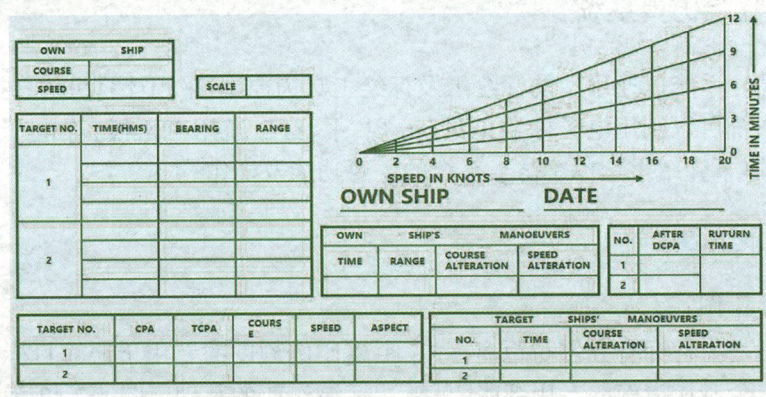

图 6-2-13　雷达舰操绘算参数输入区

(二) 雷达标绘工具

1. 分规

分规是用来截取线段、量取尺寸和等分线段或圆弧线的绘图工具,圆规是用来绘制圆或弦的绘图工具,二者均是雷达标绘和海图作业中必不可少的工具。系统开发的分规功能上兼具二者,外观上采用 TFG-180 型海图分规的外观。

分规的操作主要如下：

（1）分规张角调节：鼠标左键选中分规左脚或右脚，按住左键的同时移动鼠标，如图6-2-14所示。

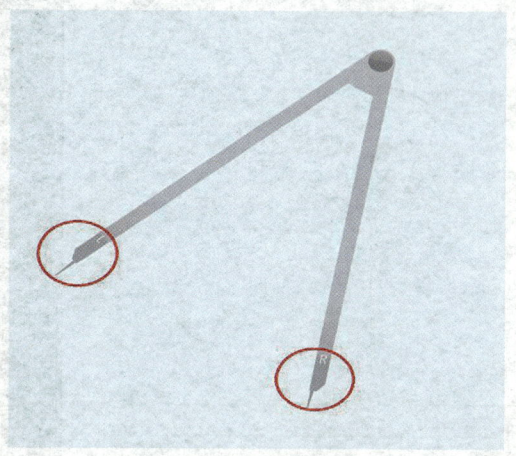

图 6-2-14　分规张角调节

（2）分规旋转调节：鼠标左键选中分规顶端连接处，按住左键的同时移动鼠标，如图6-2-15所示。

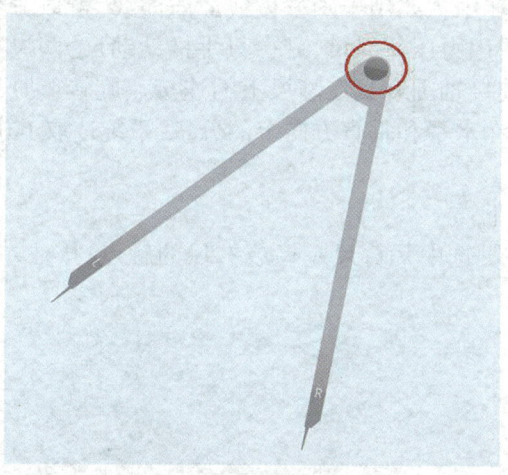

图 6-2-15　分规旋转调节

（3）分规平移：鼠标左键选中分规其他区域，按住左键的同时移动鼠标。

（4）分规画圆弧：鼠标点击右侧工具栏中的"分规"按钮，将分规的右脚移动到圆心位置，点击右侧工具栏的"圆弧"按钮，旋转分规后即可绘制圆弧，如图6-2-16所示。

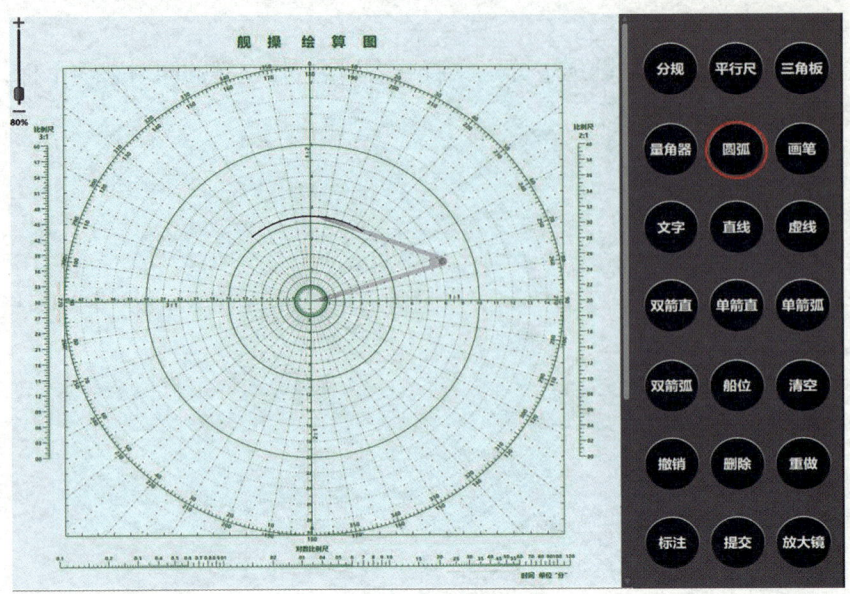

图 6-2-16　分规画圆弧过程

2. 平行尺

平行尺在雷达标绘作业中主要用于画方位线或航向线、量取方位线或航向线度数。平行尺操作过程中,需要一只手用力压住静尺,另一只手推动动尺,两尺交替平行移动。平行尺的分拉过程可看成:两尺的连接轴围绕其在静尺上的连接点旋转;动尺相对静尺平移,水平和垂直平移分量分别为连接轴在水平和垂直方向上的分量,系统选取 IMPA-371001 型航海分拉平行尺作为仿真对象。

平行尺的操作主要如下:

(1)动尺调节:鼠标左键选中平行尺左尺或右尺的触点,按住左键的同时移动鼠标,如图 6-2-17 所示。

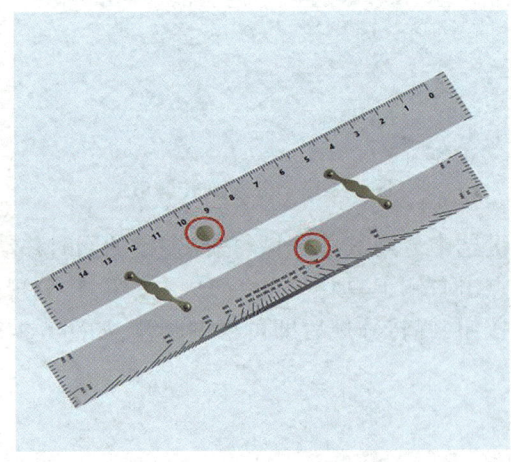

图 6-2-17　平行尺动尺调节

(2)平行尺旋转调节:鼠标左键选中平行尺四个角中的任意一个,按住左键的同时移动鼠标,如图 6-2-18 所示。

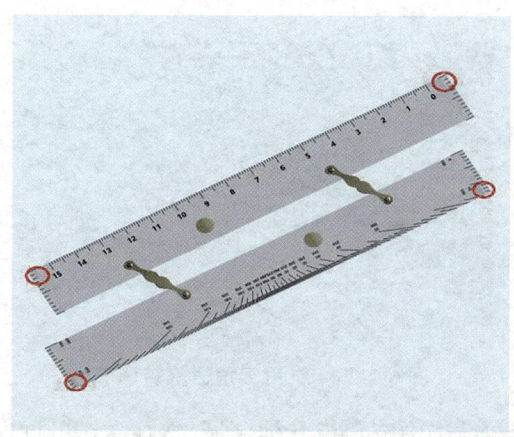

图 6-2-18　平行尺旋转调节

（3）平行尺平移：鼠标左键选中平行尺其他区域，按住左键的同时移动鼠标。

3. 三角板

三角板在绘制直角和直线时应用广泛，是十分重要的雷达标绘作图工具。系统选取 IMPA-371007 型航海三角板作为仿真对象。IMPA-371007 型三角板分等腰直角三角板和细长三角板两种。等腰直角三角板的两个锐角都是 45°，细长三角板的锐角分别是 30° 和 60°。但无论何种三角板，均可看成矩形的一个三角。基于此系统仿真的三角板具有可变形功能，用户可根据需要拉长、缩短和改变三角板的角度。

三角板的操作主要如下：

（1）三角板形状调节：鼠标左键选中三角板上的"L"触点，按住左键的同时移动鼠标，如图 6-2-19 所示。

图 6-2-19　航用三角板形状调节

（2）三角板旋转调节：鼠标左键选中三角板上的"R"触点，按住左键的同时移动鼠标，如图 6-2-20 所示。

图 6-2-20　航用三角板旋转调节

（3）三角板平移：鼠标左键选中三角板其他区域，按住左键的同时移动鼠标。

4.量角器

量角器是用来绘制、量取角度的作图工具，在雷达标绘和海图作业中应用广泛，系统选取 TJ-1 型量角器作为仿真对象。

量角器的操作主要如下：

（1）量角器缩放调节：鼠标左键选中量角器上的"S"触点，按住左键的同时移动鼠标，如图 6-2-21 所示。

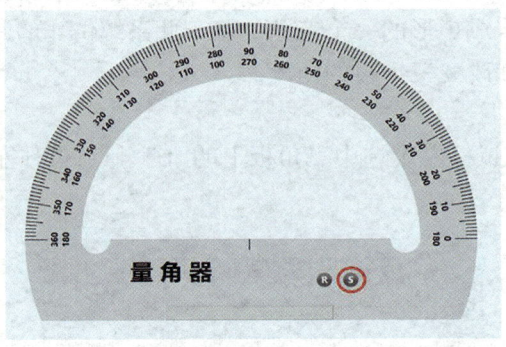

图 6-2-21　量角器缩放调节

（2）量角器旋转调节：鼠标左键选中量角器上的"R"触点，按住左键的同时移动鼠标，如图 6-2-22 所示。

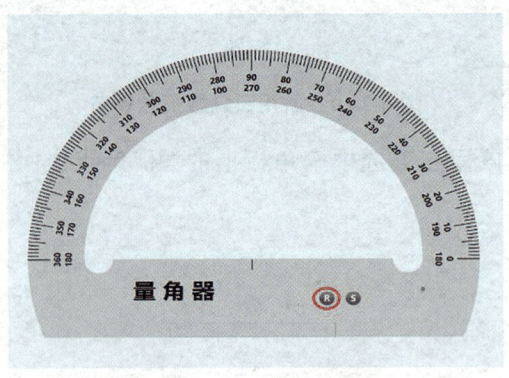

图 6-2-22　量角器旋转调节

（3）量角器平移：鼠标左键选中量角器的其他区域，按住左键的同时移动鼠标。

5. 其他标绘工具

雷达标绘软件提供了系列工具来实现线型与文字添加与删除，包括任意曲线、单箭头直线、双箭头直线、直线、虚线、单箭头椭圆弧、双箭头椭圆弧、圆或圆弧、船位标志、放大镜等，如图 6-2-23 所示。

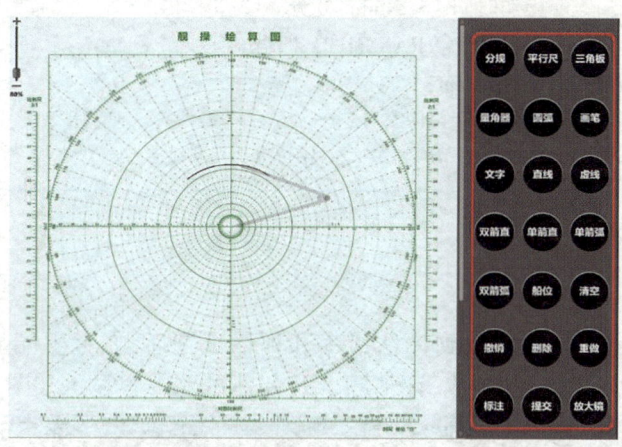

图 6-2-23　其他标绘工具及功能

第三节　雷达智能评估试题及考试

一、雷达智能评估试题

雷达智能评估试题由主考官在智能试题系统上生成，智能试题主要包含智能试题内容、操作过程解析、评估时间、初始变量设置、评估变量设置等信息构成。评估试题内容及评估时间为考生可见信息，初始变量用于初始化仿真设备初始状态，评估变量用于智能评估模型对考生操作进行智能评估。雷达典型智能试题脚本如表 6-3-1 所示。

表 6-3-1　雷达典型智能试题脚本

科目	雷达操作及应用
试题内容	将 JRC JMA9100 雷达调整至发射状态，调整雷达的量程至 3 nm，调整脉冲宽度为 MP2，打开固定距标圈
初始变量设置	发射状态：STANDBY 量程：0.5 nm 脉冲宽度：SP1 固定距标圈：关闭

续表

科目	雷达操作及应用
操作过程解析	点击 STANDBY 将其转换为 TRANSMIT,调节量程至 3 nm,调整脉冲宽度为 MP2,点击 RINGS 打开固定距标圈
评估变量设置	操作时间:≤5 min, 0 分 发射状态:TRANSMIT, 25 分 量程:3 nm, 25 分 脉冲宽度:MP2, 25 分 固定距标圈:打开,25 分

二、雷达智能评估操作

1.智能评估系统考生端在接收到评估指令和评估试题后,在考生端显示评估题卡和评估试题,评估题卡由多道评估试题构成,评估题卡及评估试题内容显示如图 6-3-1 所示:

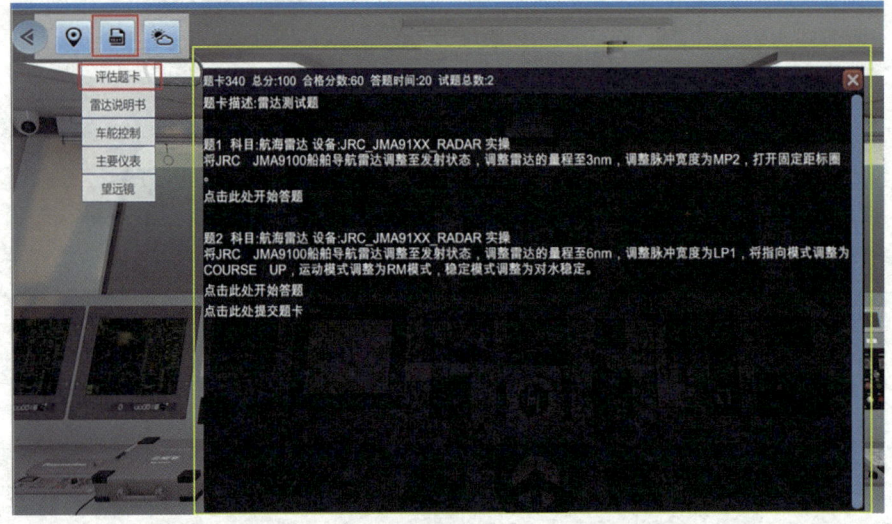

图 6-3-1 评估题卡及评估试题内容显示

2.考生开始答题时,用鼠标点击"点击此处开始答题",考生端会自动推送考试对应的雷达仿真设备,考生根据评估试题内容操作仿真设备,如图 6-3-2 所示:

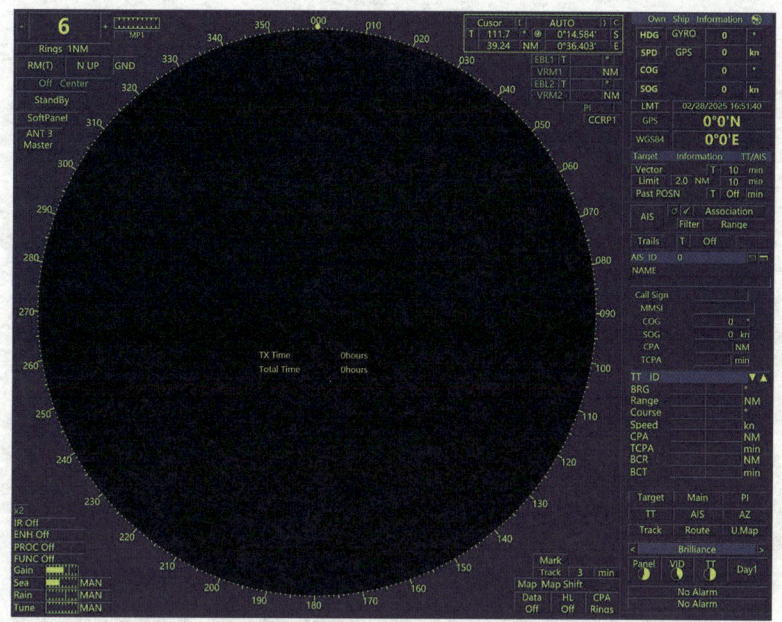

图 6-3-2 仿真设备初始化及评估开始

3.答完一道试题后,点"此题正在进行中,点击此处提交答案",提交该试题答案,如图 6-3-3 所示:

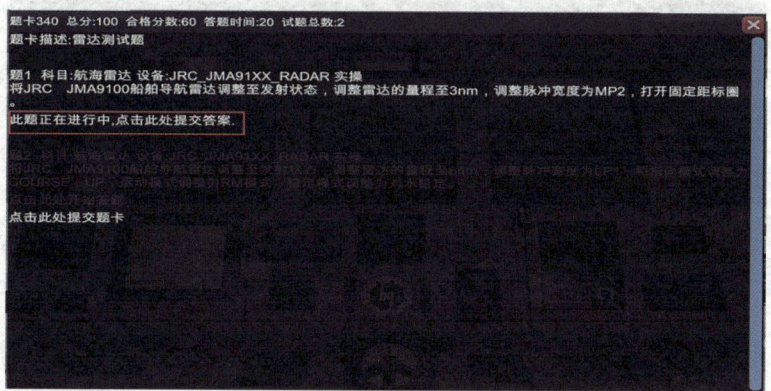

图 6-3-3 评估试题提交答案

4.提交某一道试题后,会显示黄色的"正在计算得分,请耐心等待……",此时请耐心等待自动评估完成。

5.自动评估完成后,会显示"获得评估结果。得分:××",此时可以做下一道试题。

6.做完全部试题后,点"点击此处提交题卡"提交题卡即可,如图 6-3-4 所示。

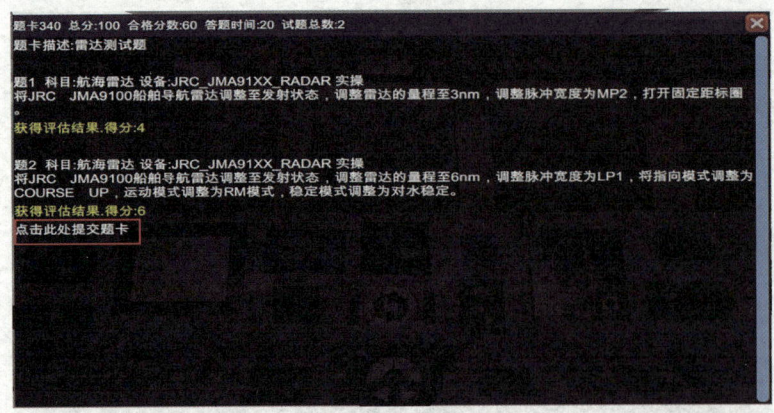

图 6-3-4　提交题卡

7.提交题卡后,点"点击此处查看详细信息"可调出评估结果界面,如图 6-3-5 所示,显示详细的评估结果。

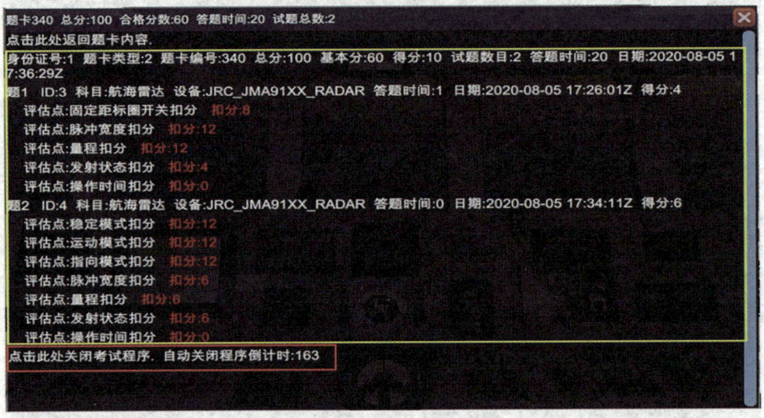

图 6-3-5　评估结果显示